BERICHTE 1/93

UMWELTFORSCHUNGSPLAN DES
BUNDESMINISTERS FÜR UMWELT,
NATURSCHUTZ UND REAKTORSICHERHEIT
– Umweltplanung, Ökologie –
Forschungsbericht 101 03 162
UBA-FB 93-031 – im Auftrag des Umweltbundesamtes

UMWELTSCHUTZ UND INDUSTRIESTANDORT
– Der Einfluß umweltbezogener Standortfaktoren auf
Investitionsentscheidungen –

von

Jürgen Blazejczak
Michael Kohlhaas
Bernhard Seidel
Harald Trabold-Nübler

unter Mitarbeit von **Heike Belitz**
Deutsches Institut für Wirtschaftsforschung, Berlin

und

Klaus Löbbe
Johann Walter
Martin Wenke

unter Mitarbeit von **Rainer Graskamp**
Rheinisch-Westfälisches Institut für Wirtschaftsforschung, Essen

ERICH SCHMIDT VERLAG BERLIN

Herausgeber: Umweltbundesamt
Bismarckplatz 1
W-1000 Berlin 33
Tel.: 030/8903-0
Telex: 183756
Telefax: 030/89032285

Redaktion: Fachgebiet I 2.2
Dr. Werner Schulz
Hans-Holger Lübcke

Der Herausgeber übernimmt keine Gewähr
für die Richtigkeit, die Genauigkeit und
Vollständigkeit der Angaben sowie für
die Beachtung privater Rechte Dritter.
Die in der Studie geäußerten Ansichten
und Meinungen müssen nicht mit denen des
Herausgebers übereinstimmen.

Die Deutsche Bibliothek – CIP-Einheitsaufnahme

Umweltschutz und Industriestandort: der Einfluß umweltbezogener
Standortfaktoren auf Investitionsentscheidungen; Forschungsbericht 10103162 /
[Hrsg.: Umweltbundesamt]. Von Jürgen Blazejczak ...
[Durchführende Inst.: Rheinisch-Westfälisches Institut für Wirtschaftsforschung e. V.;
Deutsches Institut für Wirtschaftsforschung e. V.]. – Berlin: Erich Schmidt, 1993
  (Berichte / Umweltbundesamt; 93,1) (Umweltforschungsplan des
  Bundesministers für Umwelt, Naturschutz und Reaktorsicherheit:
  Umweltplanung, Ökologie)
  ISBN 3-503-03429-3 kart.
NE: Blazejczak, Jürgen; Rheinisch-Westfälisches Institut für
  Wirtschaftsforschung <Essen>; Deutschland / Umweltbundesamt:
  Berichte

ISBN 3-503-03429-3

Alle Rechte vorbehalten
© Erich Schmidt Verlag GmbH & Co., Berlin 1992
Druck: Offsetdruckerei Gerhard Weinert GmbH, Berlin 42

Berichts - Kennblatt

| 1. Berichtsnummer UBA-FB | 2. | 3. |
|---|---|---|//
| 4. Titel des Berichts
Umweltschutz und Industriestandort - Der Einfluß umweltbezogener Standortfaktoren auf Investitionsentscheidungen |||

5. Autor(en), Name(n), Vorname(n) Blazejczak, J. u.a. (DIW) Löbbe, K. u.a. (RWI)	8. Abschlußdatum 30.11.1992
	9. Veröffentlichungsdatum
6. Durchführende Institution (Name, Anschrift) Rheinisch-Westfälisches Institut für Wirtschaftsforschung e.V., Hohenzollernstr. 1-3, 4300 Essen 1 Deutsches Institut für Wirtschaftsforschung e.V., Königin-Luise-Str. 5, 1000 Berlin 33	10. UFOPLAN - Nr. 101 03 162
	11. Seitenzahl 206
	12. Literaturangaben 174
7. Fördernde Institution (Name, Anschrift) Umweltbundesamt, Bismarckplatz 1, 1000 Berlin 33	13. Tabellen und Diagramme 51 und 4
	14. Abbildungen 6

| 15. Zusätzliche Angaben
Endbericht des Forschungsvorhabens ||

16. Kurzfassung

Vor dem Hintergrund einer erneuten Auseinandersetzung um die Qualität des Produktionsstandortes Deutschland geht die Studie der Frage nach, ob und inwieweit die vergleichsweise umfassenden Vorschriften zum Umweltschutz in der Bundesrepublik Deutschland die internationale Wettbewerbsfähigkeit der deutschen Unternehmen beeinträchtigt und ihre Standortwahl beeinflußt haben. Im einzelnen wird geprüft, welche umweltpolitisch bedingten Kosten in den einzelnen Branchen anfallen, welches Gewicht diesen Kosten im Vergleich zu anderen Kostenblöcken und zu anderen Unternehmenskennziffern zukommt und wie diese Kosten im internationalen Vergleich zu bewerten sind. Ferner werden die unternehmerischen Anpassungsmöglichkeiten sowie die Chance untersucht, Erträge aus Umweltschutzaktivitäten zu erzielen. Schließlich wird auf die (wachsende) Bedeutung des Umweltschutzes als einzelwirtschaftliches und gesellschaftliches Ziel eingegangen. Die These, hohe Umweltstandards würden den Standort Deutschland gefährden, ist - den Ergebnissen der Arbeit zufolge - in dieser generellen Form unzutreffend.

17. Schlagwörter
Umweltschutz, Umweltpolitik, Industriestandort, Wettbewerbsfähigkeit, Standortfaktoren, Kosten des Umweltschutzes, Erträge des Umweltschutzes, Umweltschutzindustrie

18. Preis	19.	20.

1. Report No. UBA-FB	2.	3.
4. Report Title The protection of the environment and business conditions for Industry - The influence of environmentally based frameword-conditions on invest-ment-decisions		
5. Author(s), Family Name(s), First Name(s) Blazejczak, J. (DIW) Löbbe, K. (RWI)		8. Report Date 30.11.1992
^^	^^	9. Publication Date
6. Performing Organisation (Name, Adress) Rheinisch-Westfälisches Institut für Wirtschafts-forschung e.V., Hohenzollernstr. 1-3, 4300 Essen 1 Deutsches Insititut für Wirtschaftsforschung e.V. Königin-Luise-Str. 5, 1000 Berlin 33		10. UFOPLAN - Ref.No. 101 03 162
^^	^^	11. No. of Pages 206
7. Sponsoring Agency (Name, Adress) Umweltbundesamt, Bismarckplatz 1, D-1000 Berlin 33		12. No. of References 174
^^	^^	13. No. of Tables,Diag. 51 and 4
^^	^^	14. No. of Figures 6
15. Supplementary Notes Final Report		
16. Abstract Looking at the debate concerning the quality of the framework-conditions for business and investment in the Federal Republic of Germany it is analyzed, to what extent the international competitive-ness and the geographical diversification of German companies was influenced by the ambitious German environmental policy. In detail the height and relative significance of the corresponding policy-induced costs, the possible reactions of companies and the chances of making profit with actions towards environmental protection are examined. A closing address is given to the growing importance of en-vironmental protection as a target for the individual agent as well as for society. The proposition that high standards of environment pro-tection scare away investors (business) from the respective location is-in this general formulation - not supported by the report.		
17. Keywords Environmental protection, business conditions for industry, competi-tiveness,Environmental policy, costs of environmental protection, benefits of environmental protection, environmental industry.		
18. Price	19.	20.

Inhaltsverzeichnis

Die wichtigsten Ergebnisse in Thesenform   I

Einführung   1

1.	**Umweltschutz und Standortqualität - einige grundlegende Zusammenhänge**	4
1.1.	Kosten und Nutzen des Umweltschutzes	4
1.2.	Umweltpolitik in der Bundesrepublik Deutschland	6
1.2.1.	Anfänge und Fortentwicklung der Umweltpolitik	6
1.2.2.	Umweltpolitik als Teil der Wirtschafts- und Gesellschaftspolitik	10
1.2.2.1.	Wettbewerbspolitik und Anpassungsbereitschaft	11
1.2.2.2.	F&E-Politik und umweltschonende Innovationen	13
1.2.2.3.	Wirtschaftswachstum und Anpassungslasten	13
1.3.	Internationale Tendenzen im Umweltschutz	14
1.4.	Internationale Wettbewerbsfähigkeit und Standortqualität	18
1.5.	Umweltschutz als Qualitätsfaktor für Standortentscheidungen	19
2.	**Die Belastung der Unternehmen durch Umweltschutz**	23
2.1.	Argumente in der Standortdebatte	23
2.1.1.	Renditen und Direktinvestitionen als Indikatoren der Standortqualität	23
2.1.2.	Lohnstückkosten und Unternehmenssteuern im internationalen Vergleich	27
2.2.	Quantitative Indikatoren zur Bedeutung der Umweltschutzausgaben	32
2.2.1.	Umweltschutzkosten im internationalen Vergleich	32
2.2.2.	Indikatoren der Bedeutung des Umweltschutzes als Kostenfaktor in den Wirtschaftsbereichen	37
2.2.2.1.	Entwicklung der Gesamtausgaben und -aufwendungen für Umweltschutz	38
2.2.2.2.	Verwendungsstruktur externer Umweltschutzleistungen	43
2.2.2.3.	Umweltschutzinvestitionen der Wirtschaftszweige des Produzierenden Gewerbes	48
2.2.2.4.	Abgaben	52
2.3.	Finanzhilfen im Umweltschutz	56
2.3.1.	Förderprogramme der EG	57
2.3.2.	Fördermaßnahmen des Bundes	58
2.3.3.	Regionalpolitisch motivierte Förderprogramme	62
2.4.	Umweltschutz als qualitativer Standortfaktor	64

2.4.1.	Genehmigungsverfahren	66
2.4.2.	Rechtsmittel	69
2.4.3.	Sanierungsmaßnahmen, Auflagen, Sanktionen	71
2.4.4.	Kontrolle und Information	72
3.	**Unternehmerische Anpassungsreaktionen und ökonomische Wirkungen der Kosten des Umweltschutzes**	**73**
3.1.	Unternehmerische Anpassungsmöglichkeiten	74
3.1.1.	Additive versus integrierte Technologien	74
3.1.2.	Anpassungsstrategien in alternativen Phasen der Umweltpolitik	78
3.2.	Ökonomische Wirkungen der Kosten des Umweltschutzes - ausgewählte empirische Befunde	85
3.2.1.	Zur Auswahl der umweltintensiven Wirtschaftsbereiche	85
3.2.2.	Zu den binnenwirtschaftlichen Wirkungen der Kosten des Umweltschutzes	86
3.2.3.	Internationale Wettbewerbsfähigkeit bei umweltintensiven Gütern	89
3.3.	Anpassungsstrategien in ausgewählten umweltsensiblen Wirtschaftsbereichen	93
3.3.1.	Elektrizitätswirtschaft	93
3.3.2.	Chemische Industrie	96
3.3.3.	Stahlindustrie	100
3.3.4.	Papierindustrie	101
3.3.5.	Maschinenbau	103
3.3.6.	Abschließende Bemerkungen	104
4.	**Indikatoren zu den Erträgen von Umweltschutz**	**105**
4.1.	Innovationswirkungen von Umweltschutz	105
4.2.	Bedeutung des Umweltschutzes als Absatzmarkt	108
4.2.1.	Schwerpunkte der Umweltschutzgüterproduktion im Verarbeitenden Gewerbe in Westdeutschland	110
4.2.2.	Potentiale zur Produktion von umweltschutzrelevanten Gütern in Ostdeutschland	115
4.2.3.	Umweltschutzgüterproduktion international	119
4.3.	Internationale Wettbewerbsfähigkeit und Umweltschutz	121
4.4.	Beschäftigungseffekte des Umweltschutzes	124
4.4.1.	Direkte und indirekte Produktions- und Beschäftigungseffekte	125
4.4.2.	Alternative Verwendungen der Endnachfrage	127
4.5.	Andere Vorteile aus Umweltschutz	129
4.6.	Regionale Aspekte	132
4.6.1.	Umweltschutzinvestitionen nach Bundesländern als Indikator der regionalen Umweltschutzaufwendungen	132

4.6.2.	Regionale Produktion von Umweltschutzgütern	136
5.	**Umweltschutz als einzelwirtschaftliches und als gesellschaftliches Ziel**	**139**
5.1.	Umweltschutz und Unternehmensstrategien	139
5.1.1.	Umweltbezogene Managementkonzepte	139
5.1.2.	Umweltbezogene Organisation	145
5.1.3.	Umweltbezogenes Absatzmarketing	148
5.1.4.	Betriebliche Umwelt-Informationssysteme als Ergänzung der Kostenrechnung	151
5.1.5.	Erfolgskriterien umweltorientierter Managementstrategien	152
5.2.	Umweltschutz als gesellschaftliches Ziel	154
5.3.	Kosten und Nutzen des Umweltschutzes im gesamtwirtschaftlichen Kontext	159
6.	**Zusammenfassung**	166
6.1.	Grundlegende Zusammenhänge	166
6.2.	Die Kosten des Umweltschutzes	168
6.3.	Finanzhilfen im Umweltschutz	171
6.4.	Unternehmerische Anpassungsreaktionen und ökonomische Wirkungen der Kosten des Umweltschutzes	171
6.5.	Erträge aus der Produktion von Umweltschutzgütern	173
6.6.	Umweltschutz als einzelwirtschaftliches und gesellschaftliches Ziel	175
	Anhang	177
	Literaturverzeichnis	194

Verzeichnis der Tabellen, Abbildungen und Übersichten

Tabelle 2.1-1	Indikatoren der Standortqualität	24
Tabelle 2.1-2	Kennziffern zu den Direktinvestitionen im internationalen Vergleich	26
Tabelle 2.1-3	Unmittelbare deutsche Direktinvestitionen im Ausland	27
Tabelle 2.1-4	Belastungsfaktoren für die Standortqualität	29
Tabelle 2.2-1	Umweltschutzausgaben im internationalen Vergleich	33
Tabelle 2.2-2	Anteile ausgewählter Ausgabenarten am Bruttosozialprodukt im internationalen Vergleich	36
Tabelle 2.2-3	Gesamtaufwendungen und Gesamtausgaben für Umweltschutz 1990	39
Tabelle 2.2-4	Gesamtaufwendungen für Umweltschutz nach Wirtschaftsbereichen	40
Tabelle 2.2-5	Gesamtausgaben für Umweltschutz nach Wirtschaftsbereichen	42
Tabelle 2.2-6	Bedeutung der Gesamtaufwendungen für Umweltschutz in den Wirtschaftsbereichen	43
Tabelle 2.2-7	Bedeutung der Aufwendungen für Umweltschutz einschließlich externer Umweltschutzleistungen in den Wirtschaftsbereichen	46
Tabelle 2.2-8	Umweltschutzinvestitionen im Produzierenden Gewerbe	47
Tabelle 2.2-9	Wirtschaftszweige des Produzierenden Gewerbes mit den größten Anteilen an den Umweltschutzinvestitionen	50
Tabelle 2.2-10	Wirtschaftszweige des Produzierenden Gewerbes mit stark auf den Umweltschutz ausgerichteten Investitionen	51
Tabelle 2.2-11	Bedeutung der Investitionen für Umweltschutz im Produzierenden Gewerbe 1990	53
Tabelle 2.3-1	Umweltrelevante Kreditprogramme für den Unternehmensbereich	59
Tabelle 2.3-2	Entwicklung der Subventionen des Bundes für den Umweltschutz	60
Tabelle 2.3-3	Subventionen des Bundes für Umweltschutz nach Wirtschaftsbereichen	61
Tabelle 2.3-4	Finanzplanung der Gemeinschaftsaufgabe "Verbesserung der regionalen Wirtschaftsstruktur"	63
Tabelle 3.1-1	Investitionen für Umweltschutz nach Investitionsarten und Wirtschaftsbereichen	77

Tabelle 3.2-1	Länder mit der höchsten Ausfuhr von umweltintensiven Gütern	92
Tabelle 4.1-1	Zur Klassifizierung der Patentanmeldungen führender Industrieländer auf ausgewählten zukunftsträchtigen Technologiefeldern	107
Tabelle 4.1-2	Struktur öffentlicher und privater Umweltschutzausgaben sowie der Anmeldung von Umweltschutzpatenten im internationalen Vergleich	108
Tabelle 4.2-1	Bedeutung des Umweltschutzes als Absatzmarkt	109
Tabelle 4.2-2	Umweltschutzgüterproduktion im Verarbeitenden Gewerbe	112
Tabelle 4.2-3	Umweltschutzgüterproduktion im Verarbeitenden Gewerbe nach Gütergruppen	113
Tabelle 4.2-4	Angebote von Umweltschutztechnologien nach Schutzbereichen	115
Tabelle 4.2-5	Potentielle Produzenten von Umweltschutzgütern im Verarbeitenden Gewerbe in Ostdeutschland	116
Tabelle 4.2-6	Herkunft der Aussteller auf der Umweltmesse "Terratec 1992"	118
Tabelle 4.3-1	Außenhandelsspezialisierung der Bundesrepublik Deutschland bei umweltschutzrelevanten Gütern	122
Tabelle 4.4-1	Direkte und indirekte Produktions- und Beschäftigungseffekte der Umweltschutzaufwendungen der Unternehmen und des Staates	127
Tabelle 4.4-2	Direkte und indirekte Beschäftigungseffekte erhöhter Umweltschutzinvestitionen des Staates bei gleichzeitiger Kürzung der Rüstungsausgaben	129
Tabelle 4.6-1	Investitionen für Umweltschutz im Produzierenden Gewerbe nach Bundesländern	133
Tabelle 4.6-2	Umweltschutzinvestitionen der Gebietskörperschaften nach Bundesländern	135
Tabelle 4.6-3	Produktion von Umweltschutzgütern im Verarbeitenden Gewerbe nach Bundesländern	137
Tabelle 5.1-1	Stellenwert umweltrelevanter Probleme in West- und Ostdeutschland	154
Tabelle 5.2-1	Bedeutung des Umweltschutzes für die Bevölkerung in den Ländern der EG	155
Tabelle 5.2-2	Wichtige Probleme in Westeuropa	156
Tabelle 5.2-3	Stellenwert umweltpolitischer Akteure im Meinungsbild der Bevölkerung	157
Tabelle 5.3-1	Nutzen-Kosten-Verhältnis ausgewählter umweltpolitischer Maßnahmen	162

Tabelle 5.3-2	Übersicht der Ergebnisse ausgewählter Nutzen-Kosten-Analysen	163
Abbildung 2.2-1	Anteile der Umweltschutzausgaben am Bruttosozialprodukt in ausgewählten Industrieländern	34
Abbildung 2.2-2	Anteile der Umweltschutzausgaben der Unternehmen in ausgewählten Industrieländern	35
Abbildung 2.2-3	Entwicklung der unmittelbaren Einnahmen und Ausgaben der öffentlichen Haushalte in umweltschutzrelevanten Aufgabenbereichen	54
Abbildung 2.4-1	Dauer von Genehmigungsverfahren	70
Abbildung 4.2-1	Absatzproduktion ausgewählter umweltrelevanter Güter in Ostdeutschland	120
Übersicht 3.1-1	Entwicklungen in einzelnen Umweltschutzbereichen	80
Übersicht 3.1-2	Synopse von Schlüsseltechnologien und -bereichen mit Umweltbezug	83
Übersicht 3.3-1	Produktionsintegrierte umweltbezogene Maßnahmen in der Chemischen Industrie	97
Tabelle A 2.2-1	Komponenten der Gesamtaufwendungen und Gesamtausgaben für Umweltschutz	178
Tabelle A 2.2-2	Entwicklung der Investitionen für Umweltschutz im Produzierenden Gewerbe nach Investitionsarten	179
Tabelle A 2.2-3	Struktur der Investitionen für Umweltschutz im Produzierenden Gewerbe nach Investitionsarten und ausgewählten Wirtschaftszweigen	180
Tabelle A 2.2-4	Bedeutung der Investitionen für Umweltschutz im Produzierenden Gewerbe nach ausgewählten Wirtschaftszweigen	182
Tabelle A 2.2-5	Entwicklung der unmittelbaren Einnahmen und Ausgaben der öffentlichen Haushalte in umweltschutzrelevanten Aufgabenbereichen	184
Tabelle A 3.1	Direkte und indirekte Umweltbelastung durch die Endnachfrage nach Produktgruppen 1986	185
Tabelle A 4.2-1	Lieferungen für Umweltschutz nach Gütergruppen	187
Tabelle A 4.2-2	Angebot nach Umwelttechnikbereichen auf der Umweltmesse "Terratec"	188
Tabelle A 4.2-3	Absatzproduktion von ausgewählten umweltschutzrelevanten Gütern in ausgewählten Wirtschaftszweigen des Verarbeitenden Gewerbes in Ostdeutschland	189
Tabelle A 4.2-4	Bezüge und Produktion von umweltschutzrelevanten Gütern in Ostdeutschland	190

Abbild. A 2.2-1 Entwicklung der Investitionen für Umweltschutz
im Produzierenden Gewerbe 191
Übers. A 2.2-1 Indikatoren der Wettbewerbsfähigkeit 192

Die wichtigsten Ergebnisse in Thesenform

Hohe deutsche Umwelt-
schutzstandards ...

(1) In der Bundesrepublik Deutschland wird dem Umweltschutz heute ein relativ hoher Stellenwert eingeräumt: Seit Ende der siebziger Jahre wurde ein vergleichsweise dichtes Regelwerk z.B. für die Errichtung und den Betrieb von Produktionsanlagen aufgebaut, die Grenzwerte für die Emission von Schadstoffen in die Umwelt sind i.a. ziemlich eng gesetzt. Zumindest einigen Unternehmen bzw. Branchen wurden und werden hierdurch hohe Aufwendungen für die Risikovorsorge und Schadstoffminderung abverlangt.

... bei relativ bescheidenen
Ausgabenanteilen ...

(2) Eine generelle Verschlechterung der Standortbedingungen für die (industrielle) Produktionstätigkeit in der Bundesrepublik Deutschland läßt sich hieraus freilich noch nicht ableiten:

- Die Ausgaben des Produzierenden Gewerbes und des Staates für Umweltschutz entsprachen im Jahre 1990 knapp 1,6 vH des Bruttosozialprodukts. Damit wendeten die Unternehmen und der Staat in der Bundesrepublik Deutschland zwar relativ mehr Geld für Umweltschutzzwecke auf als andere westliche Industrieländer, auch scheint sich der Abstand zu diesen Ländern seit 1986 nochmals erhöht zu haben. Er ist aber nach wie vor nicht besonders ausgeprägt.

- Für andere gesellschaftliche Anliegen werden ungleich höhere Beträge aufgebracht. So lagen die Aufwendungen für militärische Zwecke oder für Forschung und Entwicklung in der Bundesrepublik Deutschland mit jeweils 2,8 vH des Bruttosozialprodukts mehr als anderthalbmal, für das Bildungswesen zweieinhalbmal und für das Gesundheitswesen fünfmal so hoch wie die Umweltschutzausgaben.

... und insgesamt eher geringer Kostenbelastung.

(3) Eine eher untergeordnete Bedeutung kommt den Umweltschutzaufwendungen - also den diesbezüglichen Sach- und Personalausgaben sowie den Abschreibungen auf Sachanlagen - auch im Durch-

schnitt des Warenproduzierenden Gewerbes zu: Nach den Ergebnissen der Umweltökonomischen Gesamtrechnung des Statistischen Bundesamtes gaben die Unternehmen des Produzierenden Gewerbes im Jahre 1990 etwa 16 Mrd. DM für den Umweltschutz aus, also gerade 0,7 vH des Produktionswertes. Andere Kostenkomponenten, etwa der Personalaufwand oder die sonstigen Abschreibungen, waren von ungleich größerer Bedeutung.

Dies schließt freilich nicht aus, daß auf der Ebene einzelner Branchen, Unternehmen oder Betriebe teilweise deutlich höhere Belastungen gegeben sind. So machte etwa der Anteil der Umweltschutzinvestitionen an den Gesamtinvestitionen (nur hierfür sind tiefer gegliederte Daten verfügbar) in einzelnen Wirtschaftszweigen bis zu 30 vH aus. Von ihnen hatten allerdings nur zwei - die Elektrizitätsversorgung und die Herstellung von chemischen Grundstoffen - ein größeres Gewicht.

In diesem Zusammenhang sind schließlich die nicht unbeträchtlichen Finanzierungshilfen zu berücksichtigen, die - bei prinzipieller Wahrung des Verursacherprinzips - flankierend vom Bund, den Ländern und Gemeinden oder Spezialkreditinstituten bereitgestellt werden.

Regelungsdichte schafft auch Rechtssicherheit

(4) Wie im Fall der Umweltschutzaufwendungen, so zeigt sich auch im Hinblick auf Genehmigungsverfahren, Rechtsmittel der Betroffenen, Informationspflichten, Sanktionen und Kontrollen ein deutliches Gefälle zwischen den Industrieländern. Die in der Bundesrepublik Deutschland vergleichsweise hohe Regelungsdichte kann sich hemmend auswirken, bietet aber auch den Vorteil einer höheren Rechtssicherheit.

Generell ist in diesem Zusammenhang festzuhalten, daß die in der Bundesrepublik Deutschland eingesetzten Instrumente den ordnungspolitischen Grundsätzen einerseits, den umweltpolitischen Handlungszwängen andererseits weitgehend gerecht werden. Mittelfristig scheint jedoch eine stärkere Beachtung der Grundsätze der Ökonomieverträglichkeit geboten und ein größerer Spielraum für betriebliche Vermeidungsstrategien erwünscht, da dies die ökologische Wirksamkeit wie auch die ökonomische Effizenz der Umweltpolitik erhöhen kann.

Umweltintensive Branchen nach wie vor i.a. wettbewerbsfähig

(5) Am Beispiel von zehn als besonders umweltintensiv eingestuften Branchen (unter ihnen die Elektrizitätserzeugung, die Chemische Industrie, die Eisen- und Stahlindustrie sowie die Zellstoff- und Papiererzeugung) läßt sich zeigen, daß sich die Auswirkungen der unternehmerischen Umweltschutzaufwendungen auf die Entwicklung von Preisen und Absatzmengen, Produktion und Beschäftigung in vergleichsweise engen Grenzen halten. Insbesondere gilt, daß umweltintensiv hergestellte Produkte aus der Bundesrepublik Deutschland auf den internationalen Märkten im allgemeinen nicht schlechter abschneiden als die Konkurrenz: Die internationale Wettbewerbsfähigkeit scheint auch bei diesen Gütern weitgehend ungefährdet. Allerdings ist nicht auszuschließen, daß die Unternehmen in vielen Fällen dem gegebenen Rentabilitätsdruck durch eine Steigerung der Arbeitsproduktivität, notfalls auch auf dem Wege des Arbeitsplatzabbaus, zu begegnen versuchten.

Wachsendes Marktpotential für Umweltschutzgüter

(6) Der Umweltschutz stellt nicht nur eine Kostenbelastung für umweltintensive Produktionszweige dar, er hat auch einen wachsenden Absatzmarkt geschaffen: Mit zunehmender Erfahrung und Erfahrungsvorsprüngen bei der Anpassung an Umweltknappheiten wachsen die Chancen, Erträge aus der Vermarktung von Umweltschutzgütern und -techniken zu erzielen. Das Statistische Bundesamt hat in einer Sonderauswertung der Statistik im Produzierenden Gewerbe das Marktvolumen dieser Umweltgüter für das Jahr 1988 auf etwa 24 Mrd. DM geschätzt; andere Berechnungen kommen zu weit höheren Beträgen.

Hohes Beschäftigungsvolumen durch Umweltschutz

Die gesamtwirtschaftlichen Beschäftigungswirkungen der Nachfrage der Unternehmen, des Staates und des Auslandes nach Umweltschutzgütern sind auf etwa eine halbe Million Erwerbspersonen zu beziffern, wobei

- über 175 000 Erwerbspersonen unmittelbar in den "Umweltschutzgüterindustrien", also im Baugewerbe, im Maschinen- und Anlagenbau oder in der Meß- und Regeltechnik mit der Herstellung von Umweltschutzgütern beschäftigt sind (sog. direkte Beschäftigungseffekte);

- etwa 145 000 Erwerbspersonen mittelbar in den vorgelagerten Wirtschaftsbereichen (etwa der Kunststoffverarbeitung, der Stahlindustrie, der Industrie der Steine und Erden, im Handel oder in den Dienstleistungsbereichen) von der Nachfrage nach Umweltschutzgütern abhängen (indirekte Beschäftigungseffekte);

- etwa 175 000 Beschäftigte beim Staat mit Umweltschutzaufgaben betraut sind, in der privaten Entsorgungswirtschaft tätig sind oder vom Export von Umweltschutzgütern (direkt oder indirekt) abhängen.

Darüber hinaus sind die nicht unbedeutenden - und mutmaßlich überdurchschnittlich wachsenden - Erträge aus Patenten und Lizenzen für Umweltschutztechniken zu berücksichtigen.

Hoffnungen für Ostdeutschland

(7) Auch in Ostdeutschland besteht ein beachtliches technologisches Potential für den Aufbau einer Umweltschutzgüterindustrie. Es ist nicht ausgeschlossen, daß die neuen Bundesländer in Zukunft ein wichtiger Standort der Umweltgüterindustrie sein werden, so daß dort Erträge aus der anstehenden ökologischen Sanierung erzielt werden können. Allerdings haben ostdeutsche Anbieter von Umwelttechnik gegenwärtig noch Akzeptanzprobleme, die teilweise auf das niedrige technische Niveau, teilweise auf Marktzutrittsbarrieren zurückzuführen sind.

Hohe Umweltqualität als weicher Standortfaktor

(8) Ein zunehmend bedeutsames Argument in der Debatte um die Auswirkungen des Umweltschutzes auf die Standortqualität ergibt sich aus der Tatsache, daß umweltbelastete Regionen von den Unter-

nehmen mehr und mehr und gemieden werden: Die Attraktivität eines Standortes hängt nicht nur von rein ökonomischen Faktoren wie etwa den Grundstückspreisen, dem Lohnniveau oder den Transportkosten ab, sie wird vielmehr auch von sog. weichen Standortfaktoren mitbestimmt, zu denen u.a. das soziale und kulturelle Umfeld, der Wohn- und Freizeitwert oder das Image einer Region gerechnet werden. Mehr Umweltschutz trägt in jedem Fall dazu bei, diese weichen Standortfaktoren zu verbessern.

Kosten und Nutzen des Umweltschutzes: überzogene Befürchtungen, zu geringe Erwartungen

(9) Eine kritische Abwägung aller Fakten und Argumente läßt die These, daß die Unternehmen allein oder doch vorwiegend aus Umweltschutzgründen den Industriestandort Bundesrepublik Deutschland meiden und die Produktion mehr und mehr ins Ausland verlagern, als überzogen und in dieser Form wenig plausibel erscheinen. Wer so argumentiert, verkennt den Nutzen des Umweltschutzes auch für die Unternehmen des Produzierenden Gewerbes; er übersieht, daß eine intakte Umwelt offensichtlich zu einem immer bedeutsameren, positiv zu wertenden Standortfaktor wird.

Offensives Umweltmanagement als unternehmerische Aufgabe

Vor diesem Hintergrund ist zu konstatieren, daß die Möglichkeiten eines offensiven Umweltmanagement von den bundesdeutschen Unternehmen derzeit bei weitem noch nicht ausgeschöpft werden. Dabei steht außer Frage, daß eine solche Strategie jederzeit durch Fakten nachweisbar und nachprüfbar sein muß; rein plakative "Ökokampagnen" werden gerade auf den außerordentlich sensiblen Märkten für umweltorientierte Produkte nicht zu einem dauerhaften Erfolg führen. Unternehmen, die langfristig geplante und offensiv angelegte Strategien verfolgen und hierbei zukünftige Umweltschutzanforderungen rechtzeitig berücksichtigen, verzeichnen bereits heute eine steigende Wertschätzung ihrer Produkte bzw. ihres Unternehmens, aber auch eine positive Entwicklung der traditionellen betriebswirtschaftlichen Erfolgsmeßziffern - des Gewinns, der Rentabilität bzw. der Effektivität.

Einführung

(1) Wirtschaftswissenschaft, Wirtschaftspolitik und öffentliche Meinung stimmen offensichtlich darin überein, daß die politischen und gesellschaftlichen Umwälzungen der letzten Jahre - die Herstellung der deutschen Einheit, der Transformationsprozeß in Osteuropa und das Ende des Ost-West-Konflikts - die deutsche Wirtschaft vor gewaltige Aufgaben gestellt haben und - durch die Vollendung des EG-Binnenmarktes und den sich abzeichnenden Nord-Süd-Konflikt - noch stellen werden. Es wird besorgt gefragt, ob die gerade von der Bundesrepublik Deutschland eingeforderten Finanzhilfen und die notwendigen binnenwirtschaftlichen Strukturanpassungen die deutsche Wirtschaft nicht überfordern, ihre internationale Wettbewerbsfähigkeit schmälern und die Qualität als Produktionsstandort mindern könnten. Vor diesem Hintergrund wird - vor allem aus einigen Bereichen der Industrie - darauf verwiesen, daß die Bundesrepublik Deutschland im Umweltschutz bereits eine führende Position erreicht habe und weitere Belastungen nicht mehr verkraften könne: Im Umweltschutz müsse nun eine "Pause eingelegt" werden, da sonst der Produktions- bzw. Investitionsstandort Bundesrepublik Deutschland ernstlich in Gefahr sei, der Verlust an Marktanteilen im internationalen Handel, Produktionsverlagerungen ins Ausland und der Abbau von Arbeitsplätzen die unausweichliche Folge sein müsse.

Dem wird entgegengehalten, daß auch und gerade in den industriell geprägten, hochentwickelten Volkswirtschaften der Umweltschutz selbst zu einem bedeutsamen Standortfaktor geworden ist, und zwar nicht nur, weil er den Unternehmen, die rechtzeitig umweltschonende Technologien und Produkte entwickelt haben, neue Absatzchancen bietet, sondern auch, weil umweltbelastete Regionen von den Unternehmen mehr und mehr gemieden werden: Die Attraktivität eines Standortes hängt - so diese Argumentation - eben nicht nur von rein ökonomischen Faktoren wie den Grundstückspreisen, dem Lohnniveau oder den Transportkosten ab, sie wird vielmehr auch von sog. weichen Standortfaktoren mitbestimmt, zu denen u.a. das soziale und kulturelle Umfeld, der Wohn- und Freizeitwert oder das Image einer Region gerechnet werden.

(2) Die vorliegende Studie will versuchen, durch Auswertung bereits vorliegender Untersuchungen die Tragfähigkeit dieser Argumente zu prüfen, und zwar sowohl unter theoretischen als auch unter empirischen Gesichtspunkten. Zu diesem Zweck sollen zunächst einleitend einige Grundbegriffe und Zusammenhänge geklärt werden. In diesem Zusammenhang wird dargelegt, warum es in allen hochentwickelten Industriestaaten zu mehr oder weniger ausgeprägten Übernutzungen der Umwelt gekommen ist, so daß staatliches Handeln zum Schutz der natürlichen Lebensgrundlagen, aber auch im Interesse einer langfristig stabilen Wirtschaftsentwicklung notwendig wurde. Es wird gefragt, durch welche Leitlinien und Instrumente die in der Bundesrepublik Deutschland praktizierte Umweltpolitik gekennzeichnet ist und wie sie sich in das Gesamtkonzept der Wirtschafts- und Gesellschaftspolitik einordnet. Von hier aus werden auch einige Charakteristika und Entwicklungstendenzen des Umweltrechts der Europäischen Gemeinschaft beleuchtet. Weiterhin wird versucht, den Begriff der Standortqualität näher zu spezifizieren und gegenüber (scheinbar) ähnlichen Sachverhalten abzugrenzen. An diese eher grundsätzlichen Betrachtungen schließt sich - im zweiten Kapitel - ein internationaler Vergleich der Aufwendungen der Unternehmen und des Staates an, mit denen heutige Umweltschäden beseitigt und zukünftige Belastungen verhindert oder vermindert werden sollen. Darüber hinaus sollen die finanziellen Hilfen aufgelistet werden, die der Bund und die Länder den Unternehmen zur Finanzierung von Umweltschutzmaßnahmen gewähren. Im dritten Kapitel wird analysiert, wie sich die Umweltschutzaufwendungen der Unternehmen auf die Produktionswerte, die Produktivität und die Beschäftigung (mutmaßlich) ausgewirkt haben; im vierten Kapitel soll - als Pendant dazu - versucht werden, das Gesamtvolumen des Umweltschutzmarktes in In- und Ausland abzuschätzen. In diesem Zusammenhang werden auch Simulationsrechnungen, die die sektoralen Wirkungen alternativer Verwendungen staatlicher Finanzmittel zeigen, ausgewertet. Im fünften Kapitel wird dargelegt, wie sich der Umweltschutz in ein langfristig angelegtes Konzept der Unternehmenspolitik integrieren läßt und inwieweit die privaten Haushalte bereit und in der Lage sind, dem Umweltschutz zukünftig höhere Priorität einzuräumen.

(3) Obwohl in der Bundesrepublik Deutschland seit nunmehr zwanzig Jahren Umweltpolitik praktiziert wird[1] und umweltbezogene Themen in der Öffentlichkeit, in den Medien und in der wissenschaftlichen Literatur ausführlich und engagiert diskutiert werden, hat sich eine allgemein anerkannte Definition des Umweltbegriffs bislang noch nicht durchgesetzt. Die praktische Umweltpolitik war bislang durch ein eher pragmatisches Vorgehen gekennzeichnet, indem sie vorrangig zu schützende Bereiche bzw. Umweltmedien wie Luft, Wasser Boden formulierte und für sie geeignet erscheinende Strategien entwickelte. Auf diese Weise wurden in

---

[1] Als Beginn einer bewußten Umweltpolitik wird gemeinhin das Umweltprogramm der Bundesregierung vom Oktober 1971 gewertet. Vgl. dazu Der Bundeskanzler, Umweltprogramm der Bundesregierung. Deutscher Bundestag, Drucksache VI/2710, Bonn 1971, S. 6.

vielen Fällen durchaus beachtliche Erfolge erzielt, allzu häufig aber auch die Umweltprobleme nur von einem Medium zum anderen verschoben. So stehen z.B. der sinkenden Schadstoffabgabe an die Luft oder der verminderten Gewässerbelastung höhere Anforderungen an die Deponien durch Filterstäube und Klärschlämme gegenüber. Erst allmählich scheint die Einsicht zu reifen, daß ein sektorübergreifendes Umweltschutzkonzept für die *gesamte* Umwelt zu entwerfen ist[2]. Als Beleg für diese These mag der Hinweis auf das angekündigte "Umweltgesetzbuch" genügen, mit dem der Bundesumweltminister einen "ökologischen Rechtsrahmen" für die Marktwirtschaft schaffen will. Der dort zugrundegelegte Umweltbegriff wird - soweit absehbar - als gemäßigt anthropozentrisch zu bezeichnen sein, als Umwelt also die vom Menschen wahrgenommene, genutzte und gestaltete Umgebung definieren. Ein "Eigenrecht der Natur" - wie es etwa in einigen internationalen Konventionen über die Nutzung bestimmter Regionen (des Meeresbodens und der Antarktis) oder zum Schutz bestimmter Tierarten normiert wird, ergibt sich daraus i.a. nicht. Die Komplexität der menschlichen Umweltansprüche bringt es allerdings mit sich, daß indirekt auch die Umwelt anderer Lebewesen durch eine anthropozentrische Umweltpolitik mit erfaßt wird[3].

---

[2] Vgl. Rat von Sachverständigen für Umweltfragen (Hrsg.), Umweltgutachten 1987, Stuttgart und Mainz 1988, Tz. 3.

[3] Der Sachverständigenrat für Umweltfragen verweist in diesem Zusammenhang beispielhaft auf die Absenkung der Grenzwerte von Luftschadstoffen in der TA Luft (1986), durch die den neuartigen Waldschäden begegnet werden sollte. Leitmotiv war aber nach Meinung des Rates die "Überzeugung, daß Bäume und Wälder ein unentbehrlicher Bestandteil der Umwelt des Menschen sind." Vgl. dazu SRU (1987), a.a.O., Tz. 11. Gegen diese Einschätzung der praktizierten Umweltpolitik spricht nicht, daß die seinerzeit (1971) proklamierte Umweltpolitik der Bundesregierung insoweit noch von einem umfassenderen Umweltbegriff ausgegangen war und explizit den Schutz von "Boden, Luft und Wasser, Pflanzen- und Tierwelt vor nachteiligen Wirkungen menschlicher Eingriffe zu schützen" ankündigte. Vgl. dazu Der Bundeskanzler, Umweltprogramm der Bundesregierung, a.a.O., S. 6.

1. Umweltschutz und Standortqualität - einige grundlegende Zusammenhänge

1.1. Kosten und Nutzen des Umweltschutzes

Kritische Beobachter und engagierte Umweltschützer haben die Ergebnisse der Weltkonferenz über Umwelt und Entwicklung in Rio vom Sommer 1992 einhellig als enttäuschend bezeichnet. Sicherlich sind die - anfangs sehr hoch gespannten - Erwartungen nur zum Teil erfüllt worden, manche Forderungen einzelner Industrieländer und der Länder der Dritten Welt, die sich spät - aber nicht zu spät - ihrer natürlichen Ressourcen besinnen, sind ins Leere gelaufen. Dies sollte aber nicht darüber hinwegtäuschen, daß die Staatengemeinschaft in den Abschlußdokumenten der Konferenz den Umweltschutz endgültig als allgemein anerkanntes Ziel zur Kenntnis genommen und Resolutionen auf den Weg gebracht hat, die - wenn nur eine Minderheit sie ratifiziert - unmittelbar geltendes Recht werden. Wenn auch im Einzelfall unwillig und widerstrebend, haben alle Staaten im Prinzip anerkannt, daß nicht die maximale Ausbeutung der Umwelt, sondern ihre sorgsame Nutzung den gesellschaftlichen, sozialen und nicht zuletzt ökonomischen Interessen dient[1].

Dies kontrastiert deutlich zur Entwicklung in den siebziger und achtziger Jahren, wo nur einige wenige Staaten, vorzugsweise aus der Gruppe der westlichen Industrieländer, daran gegangen sind, ihre Umwelt - also die Luft, das Wasser und den Boden, die Tier- und Pflanzenwelt, die Landschaft und die natürlichen Ressourcen - vor den negativen Auswirkungen des wirtschaftlichen und des Bevölkerungswachstums zu schützen: Ein immer dichteres Netz von Gesetzen und Verordnungen wurde aufgebaut, um gegenwärtige und zukünftige Belastungen zu vermeiden oder doch zu vermindern, hohe und steigende Finanzmittel wurden eingesetzt, um bereits entstandene Umweltschäden zu beseitigen. Dabei wurde in Kauf genommen, daß vor allem die Unternehmen des Produzierenden Gewerbes durch höhere Aufwendungen belastet wurden - etwa in Form steigender Investitionen und höherer Material- bzw. Personalkosten, aber auch in Form zusätzlicher Steuern, Gebühren und Beiträge. Die vordringlich betroffenen Unternehmen - allen voran die Energiewirtschaft und die Chemische Industrie - haben denn auch wiederholt darauf hingewiesen, daß derartige zusätzliche Aufwendungen die internationale Wettbewerbsfähigkeit mindern und die Qualität des jeweiligen Produktionsstandortes in Frage stellen können, wenn und solange an konkurrierenden Standorten die Umwelt nach wie vor zum Nulltarif uneingeschränkt genutzt werden kann. Diese Vorbehalte gegenüber einer forcierten "Vorreiterrolle"

---

[1] Vgl. dazu den Bericht von K. Töpfer, Bundesminister für Umwelt, Naturschutz und Reaktorsicherheit und H.-P. Repnik an die Abgeordneten des Deutschen Bundestages. In: Bundesminister für Umwelt, Naturschutz und Reaktorsicherheit (Hrsg.), "Umwelt", Nr. 7-8, Bonn, Jg. 1992, S. 280-282.

im Umweltschutz sind gerade für die stark außenhandelsorientierte Bundesrepublik Deutschland nicht leicht zu nehmen.

Es sollte aber auch gesehen werden, daß diesen Kosten des Umweltschutzes vielfältige Nutzen bzw. Erträge gegenüberstehen, und zwar sowohl in ökologischer wie in ökonomischer Betrachtung. Ohne hier auf die umfangreichen Forschungsarbeiten eingehen zu können, mit denen der Nutzen des praktizierten (bzw. der Schaden des unterlassenen) Umweltschutzes zu bestimmen versucht wird[2], ist doch darauf hinzuweisen, daß

- die in- und ausländische Nachfrage nach Umweltschutzgütern mittlerweile ein nicht zu unterschätzendes Produktionspotential darstellt, das eine große Zahl von Arbeitsplätzen zu schaffen bzw. zu sichern vermag. Die Wahrscheinlichkeit, daß dieses Produktionspotential von den Unternehmen der heimischen Wirtschaft auch genutzt wird, ist um so größer, je früher - verglichen mit anderen Ländern - der Wirtschaft eindeutige Signale zur Entwicklung umweltschonender Technologien gesetzt werden;

- die Verbesserung der Umweltqualität die Chancen eines Produktionsstandortes im interregionalen bzw. internationalen Wettbewerb erhöht. Eine intakte Umwelt ist längst zu einem wesentlichen Standortfaktor geworden; Kapitalanleger, aber auch Manager, Arbeiter und Angestellte meiden umweltbelastete Regionen zunehmend. Hinzu kommt, daß viele Produktionsprozesse (etwa in der Land- und Forstwirtschaft, aber auch in sog. Hochtechnologiebereichen) hohe Anforderungen an die Umweltqualität stellen. So dürfte die unbefriedigende Investitionsneigung in den neuen Bundesländern[3] auch auf die z.T. katastrophalen Umweltbedingungen zurückzuführen sein und - in contradictio - die allmähliche Erholung im Ruhrgebiet nicht zuletzt die unverkennbaren Erfolge in der Luftreinhaltung und der Wohnumfeldverbesserung widerspiegeln. Vergleichbare Beispiele lassen sich auch im internationalen Maßstab finden.

---

[2] Vgl. dazu vor allem A. Endres, J. Jarre, P. Klemmer und K. Zimmermann, Der Nutzen des Umweltschutzes. Synthese der Ergebnisse des Forschungsschwerpunktprogrammes "Kosten der Umweltverschmutzung/Nutzen des Umweltschutzes". (Berichte des Umweltbundesamtes, Bd. 12/91.) Berlin 1991; W. Schulz, Ansätze und Grenzen der Monetarisierung von Umweltschäden. "Zeitschrift für Umweltpolitik und Umweltrecht", Frankfurt a.M., Jg. 12 (1989), S. 55-72; W. Schulz und L. Wicke, Der ökonomische Wert der Umwelt. "Zeitschrift für Umweltpolitik und Umweltrecht", Frankfurt a.M., Jg. 10 (1987), S. 109-156; Umweltbundesamt (Hrsg.), Kosten der Umweltverschmutzung. Tagungsband zum Symposium im Bundesministerium des Inneren am 12. und 13. September 1985. (Berichte des Umweltbundesamtes Bd. 7/86.) Berlin 1986; Umweltbundesamt (Hrsg.), Zur monetären Bewertung von Umweltschäden. Methodische Untersuchung am Beispiel der Waldschäden. (Bearbeiter: H.-J. Ewers) (Berichte des Umweltbundesamtes, Bd. 4/1986.) Berlin 1986; Umweltbundesamt (Hrsg.), Die Nachfrage nach Umweltqualität in der Bundesrepublik Deutschland. (Bearbeiter K. Holm-Müller, H. Hansen, M. Klockmann und P. Luther.) (Berichte des Umweltbundesamtes, Bd. 4/91.) Berlin 1991 sowie L. Wicke, Die ökologischen Milliarden. Das kostet die zerstörte Umwelt - so können wir sie retten. München 1986.

[3] Im Jahre 1992 dürfte das Investitionsvolumen je Einwohner lediglich 60 vH des Westniveaus erreichen (die üblicherweise betrachtete Investitionsquote, definiert als Investitionssumme in Relation zum Bruttoinlands- oder Bruttosozialprodukt, wird wegen des derzeit außerordentlich niedrigen Produktions- und Wertschöpfungsniveaus in Ostdeutschland für irreführend gehalten).

1.2. Umweltpolitik in der Bundesrepublik Deutschland[4]

Die Nutzung von Umweltgütern - also der Abbau von Rohstoffen, die Inanspruchnahme des Bodens als Standort von z.B. Gewerbebetrieben, Verkehrssystemen oder Entsorgungseinrichtungen oder die Abgabe von Rest- und Schadstoffen an die Umwelt - unterliegt in nahezu allen hochentwickelten Volkswirtschaften einer mehr oder weniger ausgeprägten staatlichen Kontrolle: Die Standortbedingungen für die produzierenden Unternehmen unterscheiden sich insoweit in den einzelnen Ländern allenfalls graduell, nicht aber im Grundsatz. Dies spiegelt die Erkenntnis wider, daß Umweltgüter Eigenschaften aufweisen, die eine rein marktwirtschaftliche Zuteilung zumindest erschweren, wenn nicht gar ausschließen: Sie sind als öffentliche Güter anzusehen, mit ihrer Nutzung sind in der Regel externe Effekte verbunden - mit dem Ergebnis, daß in einer sich selbst überlassenen Wirtschaft die Umwelt in einem gesamtwirtschaftlich unakzeptablen Maße in Anspruch genommen würde.

Diese Grundgedanken finden sich bereits im ordnungspolitischen Leitbild der Bundesrepublik Deutschland, in der Grundkonzeption der Sozialen Marktwirtschaft. So verweist Eucken in seinen "Grundsätzen der Wirtschaftspolitik" bereits im Jahre 1952 auf die aus der Rodung der nordamerikanischen Wälder folgenden Beeinträchtigungen des Klimas und der Böden oder z.B. auf die Belastung der Gewässer durch chemische Fabriken; diese Schäden seien eingetreten, weil die Waldbesitzer bzw. Unternehmer die Wirkungen ihrer Handlungen auf die Gesamtinteressen der Gesellschaft nicht oder nur teilweise in ihre Wirtschaftsrechnungen einsetzen müssen. Die Wettbewerbsordnung bedürfe daher der Ergänzung, die Umweltnutzung sei (wie z.B. der Arbeitsmarkt) regulierenden Prinzipien zu unterwerfen[5].

1.2.1. Anfänge und Fortentwicklung der Umweltpolitik

Ungeachtet dieser theoretischen Erkenntnisse, aber auch der zunehmenden Umweltschäden (insbesondere in den Bereichen Luft, Wasser und Boden) war von einer eigenständigen, mit anderen Politikbereichen abgestimmten Umweltpolitik

---

[4] Vgl. zu den nachfolgenden Betrachtungen auch die im Auftrag des Bundesministers für Wirtschaft als Schwerpunktstudie zur sektoralen Strukturberichterstattung erstellte Untersuchung von R. Graskamp, M. Halstrick-Schwenk, R. Janßen-Timmen, K. Löbbe und M. Wenke, Umweltschutz, Strukturwandel und Wirtschaftswachstum. (Untersuchungen des Rheinisch-Westfälischen Instituts für Wirtschaftsforschung, Heft 4.) Essen 1992, S. 27ff.

[5] Vgl. W. Eucken, Grundsätze der Wirtschaftspolitik, 4. unveränd. Auflage Tübingen und Zürich 1968, S. 302f. Heutige Umweltökonomen werden der Euckenschen Sichtweise allerdings einen ausgeprägten "anthropozentrischen Bias" bescheinigen: das Gesamtinteresse ist zunächst und vor allem das Interesse der Bevölkerung, vor allem der Arbeitnehmer. Zur Diskussion um diesen "anthropozentrischen Bias" vgl. auch Rat von Sachverständigen für Umweltfragen (Hrsg.), Umweltgutachten 1987, Ziff. 11.

auch in der Bundesrepublik Deutschland bis in die sechziger Jahre hinein wenig zu spüren. Sicherlich enthielten zahlreiche Gesetze z.T. schon seit den dreißiger Jahren Vorschriften zum Schutz der natürlichen Lebensgrundlagen und der Bodenschätze, so etwa das Wasserhaushalts- und das Naturschutzgesetz, das Energie- und Bergrecht, die Gewerbe- und die Baunutzungsverordnung oder das Gesundheits- und das Lebensmittelrecht. Diese Gesetze waren (und sind) aber jeweils auf Einzelbereiche beschränkt, d.h. Teil anderer Handlungs- bzw. Politikbereiche und behandeln aus diesem Grunde den Umweltschutz zwangsläufig nachrangig[6]. Erste Umweltgesetze im engeren Sinne entstanden auf Länderebene: 1962 in Nordrhein-Westfalen[7] und 1965 in Bayern; der Bund zog mit einer ersten TA Luft im Jahre 1964, und mit der TA Lärm im Jahre 1968 nach. Insgesamt läßt sich die Zeit bis zum Ende der sechziger Jahre als *Vor- bzw. Frühphase der Umweltpolitik* kennzeichnen, die durch eine eher nach- als vorsorgende, auf unübersehbare Fehlentwicklungen kurzfristig reagierende und von anderen Politikbereichen dominierte Umweltpolitik gekennzeichnet ist. Die ökonomischen Wirkungen dieser Politik sind naturgemäß schwer ermittelbar; es ist aber plausibel anzunehmen, daß die gesamtwirtschaftlichen, sektoralen und regionalen Belastungswirkungen überwiegen. Eine durchgreifende Verbesserung der Lebens- und Arbeitsbedingungen und damit der Standortqualität ergibt sich noch nicht; ein quantitativ bedeutsamer und beständiger Markt für Umweltschutzgüter ist noch nicht entstanden.

Als eigentliche Geburtsstunde der Umweltpolitik in Deutschland gilt jedoch das in der Regierungserklärung von 1969 angekündigte und 1971 veröffentlichte Umweltprogramm der Bundesregierung. Hierdurch sollte eine langfristig orientierte, den anderen Politikbereichen gleichrangige Umweltpolitik durchgesetzt werden, die die wichtigsten Schutzbereiche (Boden, Luft, Wasser, Pflanzen- und Tierwelt) umfaßt und dem Verursacherprinzip unterworfen sein sollte. Ausdrücklich wird die Notwendigkeit betont, die Methoden, Verfahren und Bewertungsmaßstäbe des Umweltschutzes international abzustimmen und ein internationales Umweltrecht zu schaffen[8].

Mit diesem "Umweltrahmenprogramm" befand sich die Bundesrepublik Deutschland allerdings im Vergleich zu anderen hochentwickelten Industrieländern keineswegs in einer Vorreiterrolle; eher ist das Gegenteil der Fall: Nach einer Reihe spektakulärer Umweltskandale (der jeweils von Abwasservergiftungen ausgelösten Minamata- und der Itai-Itai-Krankheit) und als Endpunkt einer langen, konflikt-

---

[6] Vgl. Rat von Sachverständigen für Umweltfragen (Hrsg.), Umweltgutachten 1974, Ziff. 19.

[7] Immerhin hatte die SPD den Wahlkampf des Jahres unter dem Slogan vom "blauen Himmel über der Ruhr" geführt

[8] Vgl. Bundeskanzler, Umweltprogramm der Bundesregierung. Deutscher Bundestag, Drucksache VI/2710. Bonn 1971, S. 7f.

reichen Entwicklung[9] hat das japanische Parlament in den Jahren 1967 und 1970 erste Umweltrahmengesetze erlassen; es folgten Schweden (1969), die Schweiz und die Vereinigten Staaten (jeweils 1970). Nachhaltigen Eindruck auf das Umweltbewußtsein der Öffentlichkeit und der Politiker scheinen auch die Aktivitäten einiger internationaler Organisationen ausgeübt zu haben[10].

Folgerichtig war die Umweltpolitik der siebziger und achtziger Jahre nicht nur in der Bundesrepublik Deutschland durch den schrittweisen Aufbau eines umfassenden Gesetzeswerkes zum Schutz der einzelnen Umweltgüter (Luft, Wasser, Boden, Lärmbekämpfung, Arten- und Landschaftsschutz) gekennzeichnet, so daß es gerechtfertigt ist, diese Zeit als die *Ausbreitungsphase der Umweltpolitik* zu bezeichnen. Angesichts des aufgestauten Handlungsbedarfes ist dabei nur zu verständlich, daß überwiegend Instrumente des Ordnungsrechts eingesetzt wurden; ökonomische Anreizmechanismen dagegen - weil tatsächlich oder vermeintlich nur auf lange Frist wirksam - kaum berücksichtigt wurden. Dies dürfte freilich dazu beigetragen haben, daß die Impulse zur Entwicklung neuer, umweltverträglicher Produkte und Produktionstechniken vergleichsweise schwach ausgeprägt waren, d.h. daß sog. additive Umweltschutzmaßnahmen gegenüber den integrierten Techniken bevorzugt wurden[11]. Eher kritisch zu bewerten ist auch der partikulare, schutzbereichsorientierte Ansatz der Umweltpolitik, der vielfältige Verlagerungsprozesse induziert hat: So wurden bekanntlich die unbestreitbaren Erfolge in der Luftreinhaltung und in der Abwasserreinigung mit wachsenden Abfallmengen (Gips und Klärschlamm) erkauft.

Ein im vorliegenden Zusammenhang besonders bedeutsamer Sachverhalt ist jedoch, daß die im Umweltprogramm angekündigte internationale Harmonisierung der Methoden und Verfahren des Umweltschutzes und die Entwicklung eines internationalen Umweltrechts nur schleppend vorangekommen ist. Erst seit Ende der achtziger Jahre scheinen sich zumindest innerhalb Europas die Interessen anzugleichen; in einigen Bereichen - etwa in der umstrittenen Trinkwasser-Richtlinie - versucht sich die EG sogar in der Rolle eines umweltpolitischen Promotors bzw. Moderators (zur EG-Umweltpolitik vgl. Abschnitt 1.3.). Die Möglichkeiten und

---

[9] Vgl. dazu S. Tsuru und H. Weidner (Hrsg.), Ein Modell für uns: Die Erfolge der japanischen Umweltpolitik. Köln 1985, S. 31f. Vor einer Überschätzung der Erfolge der japanischen Umweltpolitik ist gleichwohl zu warnen.

[10] Vor diesem Hintergrund hat E. Müller die Auffassung vertreten, daß der Umweltschutz "von außen gleichsam in die Bundesrepublik Deutschland importiert wurde". Vgl. E. Müller, Sozialliberale Umweltpolitik - von der Karriere eines neuen Politikbereiches. "Aus Politik und Zeitgeschichte - Beilage zur Wochenzeitung Das Parlament", Nr. B 47-48/89 vom 17.11.1989, S. 4. In ungleich stärkerem Maße dürften allerdings die (in Deutschland Mitte der siebziger Jahre veröffentlichten) Berichte an den "Club of Rome" die Öffentlichkeit für Umweltfragen sensibilisiert haben. Vgl. D.L. Meadows und J.W. Forrester, Die Grenzen des Wachstums. Reinbek 1974, M. Mesarovic und E. Pestel, Mankind at the Turning Point. London 1975 und D. Gabor et al., Das Ende der Verschwendung. Stuttgart 1976.

[11] Diese Tendenz ist nach allgemeiner Einschätzung durch die steuerliche Förderung von Investitionen, die nachweislich ganz oder teilweise dem Umweltschutz dienen, noch verstärkt worden.

Notwendigkeiten einer international harmonisierten Umweltpolitik sollten jedoch nicht überschätzt werden: Divergierende Umweltschutznormen sind zu einem gewissen Teil das Resultat unterschiedlicher Umweltknappheiten, und daraus resultierende Abweichungen in den Kosten der Umweltnutzung sind als "natürliche" Standortvor- und -nachteile im internationalen Wettbewerb hinzunehmen[12]. Im übrigen ist anzunehmen, daß einige der heute noch bestehenden Divergenzen in den Umweltgesetzen der westlichen Industrieländer nur vorübergehend bestehen und auf mittlere Frist ohnehin abgebaut werden: Eine umfassende Umweltpolitik läßt sich nicht von einem auf den anderen Tag "einführen", sie ist - gerade in der sog. Ausbreitungsphase - ein langwieriger Prozeß, in dessen Verlauf wechselnde Schwerpunkte gesetzt werden müssen[13], so daß immer wieder temporäre Vorreiterpositionen eines Landes in dem einen oder anderen Bereich denkbar und wahrscheinlich sind.

Seit Anfang der neunziger Jahre scheint die Umweltpolitik in Deutschland in einen neuen Abschnitt, die *Phase der Ausreifung und Konsolidierung* eingetreten zu sein. Durch die Erweiterung der Gefährdungshaftung (in der Neufassung des Bundesimmissionsschutzgesetzes und im Umwelthaftungsgesetz) und durch die Einführung einer Umweltverträglichkeitsprüfung sollen u.a. das Verursacher- und das Vorsorgeprinzip weiter gestärkt, durch die zunehmende Anwendung ökonomischer Instrumente soll die Effizienz der Umweltpolitik erhöht werden. Der medienbezogene, auf einzelne Schutzbereiche gerichtete Ansatz soll durch eine an Gefahrstoffen bzw. Stoffkreisläufen orientierte Politik ergänzt werden[14]; bisher vernachlässigte Bereiche (etwa die Grundwasserbelastung aus diffusen Quellen) oder in ihrer Bedeutung möglicherweise unterschätzte Entwicklungen (z.B. globale Klimaveränderungen) sollen einbezogen werden. Ihren Abschluß könnte diese Phase in Gestalt des geplanten Umweltgesetzbuches finden, das die bestehenden Umweltgesetze in einen systematischen Zusammenhang stellen und gewissermaßen den "ökologischen Rahmen für die Soziale Marktwirtschaft" bilden soll.

Es mag sein, daß ein solcher ökologischer Rahmen des Wirtschaftsprozesses als (weitere) Einschränkung der unternehmerischen Dispositionsfreiheit gewertet

---

[12] Eine Harmonisierung der Umweltpolitik läßt sich allenfalls bei grenzüberschreitenden Schadstoff-Frachten, nicht zuletzt aus verteilungspolitischen Gründen fordern. Vgl. dazu P. Klemmer, Harmonisierung der Umweltpolitik in der EG. "Wirtschaftsdienst", Hamburg, Jg. 71 (1991), S. 262-268.

[13] Im übrigen ist darauf hinzuweisen, daß gerade in der medienorientierten Ausbreitungsphase der Umweltpolitik intersektorale Wettbewerbsverzerrungen nahezu unvermeidlich sind: die Luftreinhaltepolitik der siebziger Jahre hat vor allem diejenigen Branchen belastet, die direkt oder indirekt vom Einsatz fossiler Energieträger abhängen; die seit einigen Jahren forcierte Politik der Abfallvermeidung wird vor allem die Verbrauchsgüterindustrien (die Hersteller von Nahrungs- und Genußmitteln, Kraftfahrzeugen und Elektrogeräten) sowie die Bauwirtschaft treffen.

[14] Auch durch die erwähnte Einführung einer Umweltverträglichkeitsprüfung wird die medienübergreifende Umweltpolitik akzentuiert. Vgl. dazu Rat von Sachverständigen für Umweltfragen (Hrsg.), Umweltgutachten 1987, Ziff. 121.

wird; und es ist in der Tat nicht auszuschließen, daß hierdurch in kurzfristiger bzw. kurzsichtiger Perspektive die eine oder andere Investition verhindert wird. Wenn es aber richtig ist, daß das Umweltbewußtsein der Verbraucher und - in ihrem Gefolge - der Unternehmen gestiegen ist und weiter steigt, dann wird gerade die Zurückdrängung umweltintensiver Prozesse dazu beitragen, den Produktions- und Investitionsstandort Bundesrepublik Deutschland auf Dauer zu sichern: Es ist schwer vorstellbar, daß zukünftig "umweltverträgliche" Produkte in einem durch hohe Luftschadstoffkonzentrationen, Grundwasserkontaminationen, Störfälle und Entsorgungsengpässe gezeichneten Umfeld hergestellt werden können und/oder ihren Weg zu umweltbewußten Verbrauchern finden. Im Rahmen der heutigen und zukünftigen Bedürfnisstrukturen und Werteordnungen der Konsumenten, der Arbeitnehmer und der Manager, aber auch der Kapitalgeber sind strenge Umweltschutznormen kein Standortnachteil, sondern ein nicht zu unterschätzender Standortvorteil. Der ordnungspolitisch gebotene, mit den Grundprinzipien der Sozialen Marktwirtschaft konforme Weg zu einer intakten Umwelt aber ist eine entsprechende Ausgestaltung der Rahmenbedingungen für privates Handeln, der den Wirtschaftssubjekten eindeutige Signale für ihre Dispositionen, insbesondere den Unternehmen verläßliche Daten für ihre Standortentscheidungen gibt.

1.2.2. Umweltpolitik als Teil der Wirtschafts- und Gesellschaftspolitik

Mit dem Hinweis auf die Grundprinzipien der Sozialen Marktwirtschaft ist bereits angedeutet, daß die Umweltpolitik nicht isoliert betrieben werden darf, sondern in die Wirtschafts- und Gesellschaftspolitik des jeweiligen Staates zu integrieren ist. Dies gelingt um so eher, je mehr die Umweltpolitik den (bereits erwähnten) Kriterien der Ökonomieverträglichkeit gerecht wird[15], d.h.

- je weniger die unternehmensinternen Handlungspielräume eingeschränkt sind: Ziel der Umweltpolitik ist die Reduktion der Emissionen bzw. die Erhaltung bestimmter Naturgüter. Der Freiraum für die dazu notwendigen Produktions-, Technik- oder Inputentscheidungen sollte durch bindende Vorgaben der Umweltpolitik so wenig wie möglich eingeengt werden. Anders sind (staatliche) Informationsaktivitäten zu werten, die dazu beitragen, unternehmerische Handlungsspielräume zu erweitern;

- je mehr unternehmensexterne Austauschprozesse zugelassen werden: Solange die Transmissionsmechanismen zwischen Emissionen und Immissionen vernachlässigt werden können und Synergieeffekte nicht zu befürchten sind, kann und muß die Umweltpolitik allein an einer Minderung der Emissionen interes-

---

15 Vgl. P. Klemmer (I), Umweltschutz und Wirtschaftlichkeit. Grenzen der Belastbarkeit der Unternehmen. (Wirtschaftspolitische Kolloquien der Adolf-Weber-Stiftung, Bd. 17.) Berlin 1990, S. 19, und P. Klemmer (II), Gesamtwirtschaftliche Effekte ökonomischer Instrumente des Umweltschutzes. In: Umweltschutz - Herausforderungen und Chancen für die Wirtschaft. (Beihefte der Konjunkturpolitik, Heft 38.) Berlin 1991, S. 135.

siert sein. Welches Individuum diese Minderung letztlich realisiert, sollte irrelevant sein;

- je nachhaltiger und unmittelbarer die Gewinn- und Liquiditätseffekte bei den Wirtschaftssubjekten spürbar werden: Umweltschädigendes Verhalten sollte durch finanzielle Lasten "bestraft", Wohlverhalten durch höhere Erlöse belohnt werden;

- je vorhersehbarer und kalkulierbarer die Umweltpolitik ist.

In diesem Sinne könnte die Ökonomieverträglichkeit der Umweltpolitik in der Bundesrepublik Deutschland gestärkt werden, wenn die Voraussetzungen für flexible Lösungen erweitert würden. Hier ist zunächst auf die in Deutschland nach wie vor recht restriktiv gehandhabten Kompensationsregeln des Bundes-Immissionsschutzgesetzes zu verweisen[16]. "Mehr Umweltschutz mit weniger Geld" könnte ferner erreicht werden, wenn umweltbezogene Informationssysteme stärker genutzt würden: So könnte durch die Förderung des Informationsaustausches zwischen den Nachfragern und den Anbietern von Umweltschutzeinrichtungen bzw. -dienstleistungen das Wissen um intelligente und kostengünstige Umweltschutzlösungen erweitert und ihre Anwendung erleichtert werden. Zu erwägen wäre schließlich auch, inwieweit etwa den Energieversorgungsunternehmen, die aus umwelt-, aber auch aus energiepolitischen Gründen staatlich reguliert werden, stärker dienstleistungsorientierte Marktstrategien zugestanden werden können. Hier ist z.B. auf das für die regulierten Strommärkte der USA entwickelte Konzept des least-cost-planning zu verweisen, das darauf abzielt, den volks- und betriebswirtschaftlichen Nutzen intelligenter Strategien zur Energieeinsparung in geeigneter Weise auf das Versorgungsunternehmen und den Abnehmer aufzuteilen.

1.2.2.1. Wettbewerbspolitik und Anpassungsbereitschaft

Umweltpolitik und Wettbewerbspolitik stehen in einem durchaus ambivalenten Verhältnis zueinander: Es ist, wie erwähnt, nicht auszuschließen, daß hohe Umweltanforderungen die Wettbewerbsfähigkeit der heimischen Industrie und damit die Attraktivität des (Investitions-)Standortes zumindest vorübergehend beeinträchtigen. Gleichwohl läge es weder im gesamtwirtschaftlichen noch im wohlverstandenen (langfristigen) einzelwirtschaftlichen Interesse, wenn versucht würde, mit den Mitteln der Struktur-, Außenhandels- oder Wettbewerbspolitik die Marktanteile der heimischen Industrie zu sichern und drohende Beschäftigungseinbußen zu verhindern (etwa durch Exportsubventionen, Importkontingente oder sonstige "Marktregulierungen"). Notwendig und erwünscht ist im Gegenteil ein möglichst intensiver inter- und intranationaler Wettbewerb, der die Unternehmen zu mög-

---

[16] Kompensationsvereinbarungen zielen darauf ab, eine anderweitig (u.U. kostengünstiger) bewirkte Emissionsminderung auf konkrete umweltpolitische Anforderungen "mildernd" anzurechnen.

lichst raschen Anpassungen an die veränderten Marktbedingungen zwingt und ihnen über "learning by doing" frühzeitig Kenntnisse in der Entwicklung und Vermarktung umweltschonender Produkte und Produktionsverfahren vermittelt.

Umweltpolitische Vorreiterpositionen (bei nationalen Umweltproblemen)[17] bzw. umweltpolitische Alleingänge (bei bilateralen bzw. globalen Umweltproblemen) sind - unabhängig von der Ausgestaltung der Umweltpolitik und der gesamtökologischen Rationalität dieses Vorauseilens[18] - für die anpassungspflichtigen Unternehmen des betreffenden Landes mit Vor- und Nachteilen verbunden. Stehen Umweltnutzer in einem Vorreiterland oft vor völlig neuartigen Problemen, kann im Nachzüglerland tendenziell auf die in anderen Ländern gemachten Erfahrungen zurückgegriffen werden. Dabei ist allerdings der allgemeine Entwicklungsstand eines Landes zu berücksichtigen. Ein wirtschaftlich, technisch und institutionell hoch entwickeltes Vorreiterland wird hinsichtlich der flexiblen Anpassung an neue Probleme zumeist weniger Schwierigkeiten haben als ein rückständiges Nachzüglerland. Dem Technologievorsprung auf dem Gebiet des Umweltschutzes steht im Vorreiterland für eine gewisse Zeit ein Ballast aus Kosten- und Wettbewerbsnachteilen gegenüber. Wettbewerbsnachteile können allerdings im Vorreiterland in Wettbewerbsvorteile umschlagen, wenn später andere Regulierungsgebiete nachziehen (müssen) und die heimischen Anbieter von Umweltschutzeinrichtungen einen Technologie-, Erfahrungs- und Marktvorsprung besitzen[19]. Daß diese Vorteile "dort, wo durch nationale Auflagen das technisch Machbare mittelfristig ausgereizt ist"[20], nicht zu erzielen seien, ist angesichts des raschen technischen Fortschritts bei nahezu allen Umwelttechnologien eine nicht allzu schwerwiegende Befürchtung. Wenn immer mehr Länder in den einzelnen Schutzbereichen in die integrierte Phase des Umweltschutzes eintreten, könnte überdies ein Wettbewerb um die effizienteste und zugleich für Anbieter und Anwender von Umweltschutzgütern "standortverträglichste" Art der Umweltregulierung beginnen, hinsichtlich welcher ebenfalls die umweltpolitischen Vorreiterländer über einen Erfahrungsvorsprung verfügen.

---

[17] Ob eine solche eingenommen wird oder nicht, ist vielfach nicht in das Belieben der Politik gestellt, sondern hängt in erster Linie von dem konkreten umweltbezogenen Problemdruck "vor Ort" ab.

[18] Letztere hängt auch vom gewählten Instrumentarium ab. So kann eine (angesichts des geringen deutschen Verursachungsanteils zunächst wenig wirksam anmutende) deutsche Vorreiterrolle bei der CO_2-Minderung in Verbindung mit einer Kompensationsregelung, welche weltweit bewirkte CO_2-Minderungen hinsichtlich der Erfüllung heimischer Umweltauflagen erleichternd anrechnet, durchaus effizient sein.

[19] So auch G. Voss mit Blick auf die nationalen Umweltprobleme (vgl. dazu G. Voss, Standort Bundesrepublik Deutschland. "IW-Trends", Köln, Jg. 1992, Nr. 2, S.43ff.). Das Wachstum der deutschen Umweltschutzindustrie zeige, daß in Folge des vorauseilenden nationalen Umweltschutzes "first mover advantages" bereits heute realisiert würden. (Ähnlich auch H. Kaiser (Hrsg.) Umweltschutz macht Märkte, Statusbericht. Tübingen 1992, an verschiedenen Stellen.)

[20] Vgl. G. Voss, a.a.O., S.48.

1.2.2.2. F&E-Politik und umweltschonende Innovationen

Staatliche F&E-Politik und betriebliche F&E-Ausgaben können offenkundig umweltschonende Innovationen fördern und erleichtern. Dies gilt sowohl direkt bezogen auf Umwelttechnologien als auch indirekt, was die Bedeutung umweltrelevanter Querschnitts- bzw. Schlüsseltechnologien betrifft. Die Beherrschung und der Einsatz solcher Schlüsseltechnologien sind zudem mit ähnlichen strategischen Vorteilen verbunden wie die Einnahme umweltpolitischer Vorreiterpositionen[21]. Sie ermöglichen technologische Systemführerschaften bei umweltbedeutsamen Großprojekten und halten die Produktionsteile mit hoher Wertschöpfung im Lande. Wenngleich sich der genaue Zusammenhang zwischen umweltbezogenen F&E-Anstrengungen und Effizienz des Umweltschutzes nicht quantifizieren läßt, ist doch unbestritten, daß Strategien, die auf Low-Tech im Umweltschutz zielen, langfristig schlechtere Ergebnisse erzielen.

Wie bei der Forschung und Entwicklung generell, ist auch bei der umweltbezogenen Forschung und Entwicklung nicht allein das Niveau der Anstrengungen, sondern auch die sinnvolle Ergänzung öffentlicher und privater Aktivitäten von Bedeutung. Allein staatlich betriebene Grundlagenforschung reicht nicht aus. Die Unternehmen müssen selbst durch angewandte Forschung und Entwicklung marktfähige Umwelttechnologien entwickeln und einsetzen.

Vor diesem Hintergrund ist auch die technologische Kompetenz von Unternehmen von Bedeutung. Unternehmen mit hoher technologischer Kompetenz können neue (umweltbezogene) Problemlösungen eher unternehmensintern erbringen und externe Leistungen besser beurteilen. Der frühere Erwerb technologischer Kompetenz ist zudem in der Regel mit organisatorischem Lernen hinsichtlich der generellen Aneignung von Neuerungen verbunden (z.B. die erforderliche Rekrutierung entsprechend qualifizierten Personals), welches sich auch später vorteilhaft auswirkt. Staatlicherseits ist somit indirekt auch die Bildungspolitik angesprochen.

1.2.2.3. Wirtschaftswachstum und Anpassungslasten

Eine gute gesamtwirtschaftliche Konjunktur bzw. ein stabiles Wachstum ist aus mehreren Gründen der reibungslosen umweltbezogenen Anpassung förderlich:

---

[21] Auf dem ENVITEC-Kongreß "Ressourcenschonende Techniken - Chancen einer umweltfreundlichen Entwicklung" wurden diesbezüglich sowohl Biotechnologie als auch Mikroelektronik diskutiert. Vorsprünge in der Umwelttechnik können durch Schaffung wichtiger und zukunftsträchtiger Anwendungsfelder zugleich die heimische Entwicklung von Schlüsseltechnologien stärken, deren Beherrschung für Volkswirtschaften und Unternehmen insgesamt zunehmend wichtig wird.

- Im Zuge reger Investitionstätigkeit werden umweltbelastende Anlagen, Verfahren und Produkte schneller gegen moderne umweltschonendere ausgetauscht,
- Entwicklung und Diffusion moderner Querschnitts- und Schlüsseltechnologie beschleunigen sich (nicht zuletzt gespeist aus zunehmenden öffentlichen und privaten Forschungs- und Entwicklungsausgaben),
- die öffentlichen Hände sind bei entspannterer Finanzlage eher zu solchen Umweltinvestitionen bereit, die sich in gewissem Umfang zeitlich verschieben lassen (z.B. Sanierung der Kanalisation),
- die Konsumenten sind bei steigenden Einkommen und günstigen Einkommenserwartungen eher zu tatsächlichen Mehrausgaben für Umweltschutz bereit,
- ökonomisch gesunde (kapitalkräftige) Unternehmen haben zudem größeren Spielraum hinsichtlich langfristiger und umfassender (integrierter) Umweltschutzmaßnahmen, während Unternehmen in finanziellen Schwierigkeiten eher gezwungen sein könnten, zur Erfüllung von Auflagen kurzfristigen, letztlich aber oft ineffektiven Umweltschutz zu betreiben.

Dem steht die im Gefolge einer zunehmenden Wirtschaftsaktivität wachsende momentane Umweltbelastung gegenüber (z.B. Verkehr, Verpackungen, Tourismus). In wichtigen Wirtschaftsbereichen - so z.B. in der Elektrizitätswirtschaft, in der Chemischen Industrie und in der Stahlindustrie - konnte allerdings in der Vergangenheit eine zunehmende Wirtschaftsleistung bei abnehmender Umweltbelastung realisiert werden (vgl. dazu Kapitel 3). Wenngleich somit der letztendliche Zusammenhang zwischen Wirtschaftswachstum und Anpassungslasten offen bleibt, ist auf längere Sicht - bei entsprechend ausgestalteter Umwelt- sowie F&E-Politik - zumindest kein unüberwindlicher Zielkonflikt zu unterstellen.

1.3. Internationale Tendenzen im Umweltschutz

Im Vergleich mit den anderen EG-Mitgliedstaaten hatte die Bundesrepublik Deutschland bereits zum Anfang der achtziger Jahre wohl mit die umfassendste Regelungsdichte - nach der Einschätzung von Knoepfel/Weidner zumindest im Hinblick auf die Luftreinhaltepolitik[22]. Daraus ergibt sich jedoch nicht ohne weiteres ein Standortnachteil. Dabei sind zwei Aspekte zu unterscheiden: einmal die Frage, inwieweit bei Verstößen gegen Umweltnormen mit Sanktionen zu rechnen ist, zum anderen jene, mit welcher Strenge internationale Vereinbarungen oder Auflagen - etwa im EG-Zusammenhang - in nationales Recht umgesetzt werden und so mit von den Unternehmen zu beachten sind. Der Tendenz nach haben beide Aspekte einen Einfluß auf die Kosten, die den Unternehmen für Umweltschutzmaßnahmen entstehen.

---

[22] Vgl. P. Knoepfel und H. Weidner (I), Handbuch der SO_2-Luftreinhaltepolitik, Teil II: Länderberichte. (Beiträge zur Umweltgestaltung A 72.) Berlin 1980, S. 17.

Unternehmen können Kosten sparen, wenn Umweltschutzauflagen vernachlässigt werden können, weil die Administration es mit der Durchsetzung des entsprechenden Rechts nicht sehr genau nimmt. Ein solches Verhalten kann dadurch begünstigt werden, daß eine Unterrichtung der Öffentlichkeit über die Entwicklung der Umweltqualität, deren Ursachen und entsprechenden Abhilfemaßnahmen nicht besteht[23]. Abgesehen davon, daß sich eine solche Betrachtung der Konsequenz von Rechtsverstößen in den verschiedenen nationalen Rechts- und Verwaltungssystemen einer vergleichenden Analyse weitgehend entzieht, ist bei der Bewertung der Aspekt der Rechtssicherheit nicht zu vernachlässigen. Er schlägt hier sogar noch stärker zu Buche als bei den Genehmigungsverfahren.

Bei der Umsetzung internationaler Regelungen in nationales Recht verfährt der Staat im Rahmen seiner Rechtssetzung strikter oder großzügiger. Im nationalen Rahmen wäre zwar die Rechtssicherheit gegeben. Offen ist allerdings, inwieweit bei einer laxen Anwendung der vorgegebenen Prinzipien zur Umweltpolitik von inter- oder supranationaler Seite Druck auf die nationalen Institutionen ausgeübt werden kann und welche Konsequenzen dies für die Unternehmen hinsichtlich Nachbesserung hätte. Im EG-Zusammenhang gibt es gewisse rechtliche Zwänge. Soweit die gemeinsame Umweltschutzpolitik zur Verabschiedung von EG-Richtlinien durch den Ministerrat geführt hat, sind die nationalen Regierungen durch die EG-Verträge gehalten, diese Richtlinien in nationales Recht umzusetzen. Geschieht dies entweder nicht innerhalb der vorgesehenen Fristen oder nur mangelhaft, so kann die EG-Kommission im Wege der Vertragsverletzungsverfahren auf den Vollzug des Gemeinschaftsrechtes klagen. Sie macht von diesem Recht auch rege Gebrauch: Im Herbst 1988 liefen gegen die Mitgliedstaaten insgesamt 213 Vertragsverletzungsverfahren wegen der unzureichenden Umsetzung oder wegen der Verletzung einzelner in den Richtlinien festgelegter Bestimmungen[24].

Hier gibt es wohl kein eindeutiges Gefälle zwischen den Ländern der Europäischen Gemeinschaft; so betrafen 22 dieser Verfahren die Bundesrepublik Deutschland. Pernice weist freilich auch darauf hin, daß das Vertragsverletzungsverfahren durchaus keine schwere Waffe ist. Denn einmal ist die Kommissionsverwaltung in der Kontrolle von Rechtssetzung und Praxis in den Mitgliedstaaten eher überfordert und bedarf der Unterstützung - nicht zuletzt durch Beschwerden - von einzelnen Betroffenen oder Verbänden; zum anderen gibt es gegen säumige

---

[23] Vgl. W. Lauber und H. Draxler: Betriebsgeheimnis Schadstoffe? Umweltdaten und Öffentlichkeitsarbeit. Wien 1988; P. Kromarek, Vergleichende Untersuchung über die Umsetzung der EG-Richtlinien Abfall und Wasser. Bonn 1986.

[24] Vgl. I. Pernice, Kompetenzordnung und Handlungsbefugnisse der Europäischen Gemeinschaft auf dem Gebiet des Umwelt- und Technikrechts. In: Umwelt- und Technikrecht in den Europäischen Gemeinschaften - Antrieb oder Hemmnis? 4. Trierer Kolloquium zum Umwelt- und Technikrecht vom 21. bis 23. September 1988. (Umwelt- und Technikrecht, Band 7.) Düsseldorf 1989, S. 49.

Mitgliedstaaten, die die Urteile des Europäischen Gerichtshofes nicht befolgen, keine weiteren Sanktionsmöglichkeiten, sondern nur den politischen Druck[25].

Gleichwohl ist nicht zu übersehen, daß mit voranschreitender Regelung des Umweltschutzes auf der EG-Ebene die einzelnen nationalen Umweltschutzbestimmungen bei der Wahl von Standorten nicht nur innerhalb der EG, sondern wegen des absehbaren Beitritts der EFTA-Länder im Hinblick auf ganz Westeuropa für Unternehmen an Einfluß verlieren. Mit der Einheitlichen Europäischen Akte, die 1987 in Kraft getreten ist, wurde die Umweltschutzpolitik im EWG-Vertrag verankert. Der EWG-Vertrag enthält in den Artikeln 130 r-t den Auftrag zu einer aktiven Umweltpolitik[26]. Dabei werden das Vorsorgeprinzip, das Verursacherprinzip und das Integrationsprinzip, nach dem der Umweltschutz Bestandteil der übrigen Politikbereiche ist, als Handlungsgrundsätze festgelegt. Bei Umweltschutzmaßnahmen sind allerdings der Stand von Wissenschaft und Technik, regionale Umweltbelastungen, die Verhältnismäßigkeit von Vorteilen und Kosten sowie nicht zuletzt der wirtschaftliche und soziale Entwicklung in der Gemeinschaft zu berücksichtigen. Darüber hinaus soll die Gemeinschaft nur dann tätig werden, wenn die genannten Ziele auf Gemeinschaftsebene besser erreicht werden können als in nationalem Rahmen.

Hemmend für eine aktive einheitliche Umweltpolitik dürfte sich auswirken, daß konkrete Beschlüsse nach den Artikeln 130 r-t einstimmig zu fassen sind. In dieser Situation kommt es auf den politischen Druck auf die Entscheidungsträger an, wenn die europäische Umweltpolitik vorangetrieben werden soll. In der Prioritätenskala der Bevölkerung hat zwar der Umweltschutz überall in der Gemeinschaft einen hohen Stellenwert[27], die Umweltverbände sind aber bislang auf der europäischen Ebene deutlich unterrepräsentiert[28].

In einem Spannungsfeld zu den Rechtsgrundlagen für die EG-Umweltpolitik (Art. 130 r-t) stehen die primär wirtschaftlich motivierten Vorschriften des Artikels 100a EWGV. Sie dienen der Harmonisierung der nationalen Rechtsvorschriften zur Vollendung des Binnenmarktes zum Ende 1992 vor allem durch Produkt- und Dienstleistungsrichtlinien, soweit nicht die gegenseitige Anerkennung der nationalen Normen und Standards als Bedingung für den freien Warenverkehr ausreichend ist. Hier sind Umweltschutzaspekte ein wichtiges Element: Die Kommission

---

[25] Vgl. I. Pernice, 1988, S. 49 ff.; P. Kromarek, 1986, a.a.O.

[26] Vgl. E. Rehbinder, Rechtliche Rahmenbedingungen der EG- Umweltpolitik: Korrektiv für die ökologischen Folgen des Binnenmarktes? In: Der Minister für Umwelt, Raumordnung und Landwirtschaft des Landes Nordrhein-Westfalen, 1990, S. 73-81.

[27] Vgl. B. Weber, EG-Binnenmarkt und Umweltschutz aus der Sicht des Europäischen Parlaments. In: Der Minister für Umwelt, Raumordnung und Landwirtschaft des Landes Nordrhein-Westfalen, 1990, S. 67-72.

[28] Vgl. H. Hohmann, Die Entwicklung der internationalen Umweltpolitik und des Umweltrechts durch internationale und europäische Organisationen. In: Aus Politik und Zeitgeschichte, B 47-48/1989, S. 29-45.

soll hier bei ihren Vorschlägen ein hohes Schutzniveau zu Grunde legen[29]. Im Gegensatz zu den spezifischen umweltpolitischen Rechtsgrundlagen reicht für Ratsbeschlüsse im Bereich der Harmonisierungsrichtlinien für Produkte und Dienstleistungen die qualifizierte Mehrheit.

Die Angleichungstendenzen, die aus den europäischen umweltpolitischen Bemühungen resultieren, sind unübersehbar[30]. Einmal bestimmen die EG - Richtlinien, die es inzwischen für die wesentlichen Bereiche des Umweltschutzes gibt[31], ein für alle Mitgliedstaaten geltendes Mindestschutzniveau, das sich an möglichst hohen Standards orientieren sollte. Zwar können die Mitgliedstaaten durchaus strengere nationale Umweltschutzmaßnahmen beibehalten. Nur in Ausnahmefällen darf damit aber eine Einschränkung des freien Waren- und Dienstleistungsverkehrs in der Gemeinschaft einhergehen, und zwar nur dann, wenn die Gemeinschaft mit qualifizierter Mehrheit gegen den betroffenen Mitgliedstaat entschieden hat und dieser sein dringendes Schutzbedürfnis geltend gemacht hat. In diesem Fall könnte er Waren aus anderen Mitgliedstaaten, die den weniger strengen EG-Normen entsprechen, den Zugang verwehren (Beispiel: dänischer Pfandflaschenfall). Rechtlich zumindest stark umstritten ist es, ob und inwieweit die überstimmten Staaten ein über die Gemeinschaftsvorschriften hinausgehendes, strengeres Umweltrecht überhaupt neu einführen dürften, zumindest wenn damit gleichfalls der Leistungsaustausch in der Gemeinschaft behindert würde[32].

Insgesamt sind also folgende Tendenzen festzuhalten: Die Angleichung der Umweltpolitik in den Mitgliedstaaten der Gemeinschaft und in den zumindest nachziehenden - wenn nicht sogar voranschreitenden[33] - Beitrittskandidaten wird "von unten" vollzogen werden. Die Kommission wird verstärkt bemüht sein, daß die EG-Vorschriften von den Mitgliedstaaten nicht nur formell, sondern auch materiell umgesetzt werden. Darüber hinaus unterliegt die eigenständige nationale Umweltpolitik merklichen Einschränkungen. Bei härterem Wettbewerb im europäischen Binnenmarkt dürften zudem die nationalen Regierungen die Umweltko-

---

[29] Vgl. R.-U. Sprenger, Die EG muß auch eine Umweltschutzgemeinschaft werden, Zur ökologischen Dimension der Vollendung des Binnenmarktes. "Ifo-Schnelldienst", Berlin und München, Jg. 43 (1990), Heft 5-6, S. 31ff.

[30] Vgl. G. Bennett (Hrsg.), Air Pollution Control in the European Community, Implementation of the EG Directives in the Twelve Member States "International Environmental Law and Policy Studies". London 1991, S. 199 f.

[31] So für Luftreinhaltung, im Abfallbereich, für gefährliche Chemikalien, Lärm- und Gewässerschutz. Vgl. Zusammenstellung der Materialien in: Umwelt- und Technikrecht in den Europäischen Gemeinschaften 1989, a.a.O. S. 199 ff. sowie Bundesamt für Umwelt, Wald und Landwirtschaft 1990, (Hrsg.), Umweltschutzrecht EG - Schweiz. (Schriftenreihe Umwelt, N. 129.) Bern 1990, S. 2 ff.

[32] Vgl. H. von Holleben: Europäische Produktnormen als Instrument des freien Warenverkehrs, des Umweltschutzes und der technischen Sicherheit - aus der Sicht der Wirtschaft. In: Umwelt- und Technikrecht in den Europäischen Gemeinschaften - Antrieb oder Hemmnis? 1989, S. 145 - 158.

[33] Vgl. BUWAL a.a.O.

stenbelastung der Unternehmen nicht forcieren. Ein Umweltschutzgefälle als relevanter Faktor für Standortentscheidungen wird daher in Westeuropa deutlich an Bedeutung verlieren.

Dies gilt freilich nicht ohne weiteres für die mittel- und osteuropäischen Staaten, die sich seit dem politischen Umbruch verstärkt um Annäherung an die Europäische Gemeinschaft bemühen und darauf angewiesen sind, über Exporterfolge einen gewichtigen Teil ihres wirtschaftlichen Umstrukturierungs- und Modernisierungsprozesses selbst zu finanzieren. Vielfach werden einige dieser Länder, so insbesondere die CSFR und Ungarn, als attraktive Standorte für westliche Industrieansiedlungen gesehen. Dies ist im wesentlichen in den erheblichen Lohnkostenvorteilen bei gleichzeitig vergleichsweise erfahrenem und ordentlich ausgebildetem Potential an industriellen Arbeitskräften begründet. In der gegebenen Situation dürfte indessen auch der Vollzug des Umweltrechts in diesen Ländern deutlich geringere Anforderungen stellen und damit Kostenvorteile bieten.

1.4. Internationale Wettbewerbsfähigkeit und Standortqualität

In der wirtschaftspolitischen Diskussion werden die Begriffe "internationale Wettbewerbsfähigkeit" und "Standortqualität" oftmals synonym verwendet. Bei näherer Betrachtung freilich zeigt sich, daß hiermit durchaus unterschiedliche Sachverhalte angesprochen sein können; internationale Wettbewerbsfähigkeit und hohe Standortqualität können, müssen aber nicht zusammenfallen: Im ersten Fall steht vor allem die sicht- und meßbare "performance" eines Landes im internationalen Handel zur Diskussion: International wettbewerbsfähig - in dem Sinne, daß bei bestimmten Gütern hohe und steigende Weltmarktanteile registriert und/oder daß gesamtwirtschaftliche Leistungsbilanzüberschüsse erzielt werden - kann ein Land schon deshalb sein, weil es die exportierten Güter massiv subventioniert, die Importe durch protektionistische Maßnahmen behindert oder auf eine unterbewertete Währung hinwirkt (letzteres allerdings um den Preis eines Realeinkommensverzichts). Dagegen zielt der Begriff "Standortqualität" in erster Linie auf die fundamentalen, eher angebotsseitigen Faktoren im Waren- und Leistungsaustausch ab. Charakteristisches Merkmal dieser Standortfaktoren ist, daß es sich um wirtschaftlich bedeutsame Eigenschaften handelt, die ein Unternehmen in einem Land, in einer Region oder in einer Gemeinde vorfindet und die es zumindest kurzfristig nicht beeinflussen kann. Hierzu gehören u.a.[34]

- die verfügbaren Produktionsfaktoren, also etwa die wirtschaftlich nutzbaren Bodenschätze, die Zahl der Erwerbspersonen und das in ihnen gebundene

---

[34] Vgl. Rheinisch-Westfälisches Institut für Wirtschaftsforschung (Hrsg.), Analyse der strukturellen Entwicklung der deutschen Wirtschaft - RWI-Strukturberichterstattung 1987, Schwerpunktthema 1988: Standortqualität der Bundesrepublik Deutschland und Veränderungen der Standortanforderungen im sektoralen Strukturwandel. Gutachten im Auftrag des Bundesministers für Wirtschaft. (Bearb.: Klaus Löbbe u.a.). Essen 1989, S. 3ff.

Humankapital oder die Ergiebigkeit der Kapitalmärkte und die dafür jeweils zu zahlenden Preise (in diesem Zusammenhang ist auch die Debatte um die Lohn- und Lohnzusatzkosten zu sehen),

- die Infrastrukturausstattung, also etwa die Qualität der Ver- und Entsorgungseinrichtungen, des Bildungs- und Ausbildungssystems und der Verkehrsverbindungen (einschließlich der Möglichkeiten der Nachrichten- und Datenübertragung),

- die Nähe zu den Absatz- und Beschaffungsmärkten (vgl. etwa die Diskussion um die Verlagerung des weltwirtschaftlichen Aktivitätszentrums in den asiatisch-pazifischen Raum oder die Vollendung des EG-Binnenmarktes),

- die gesetzlichen und institutionellen Rahmenbedingungen, also etwa die Steuer- und Abgabensysteme, die Vorschriften zur Regelung des Wettbewerbs, der Arbeitsmarktbeziehungen oder der Nutzung von Umweltgütern,

- die gesamtwirtschaftlichen Präferenzen und Wertsysteme sowie das Maß an politischem und sozialem Konsens in einer Gesellschaft.

Sichtbarer Ausdruck einer relativ hohen Standortqualität sind u.a. ein vergleichsweise hohes reales Wirtschaftswachstum, eine ausgeprägte Investitionsneigung und ein annäherndes Gleichgewicht auf dem Arbeitsmarkt; sie ist aber auch daran ablesbar, daß ein Standort von ausländischen Investoren als attraktiv empfunden wird.

1.5. Umweltschutz als Qualitätsfaktor für Standortentscheidungen

Bereits die Aufzählung der Standortfaktoren dürfte deutlich machen, daß die Umweltschutzgesetzgebung eines Landes nur ein - wenn auch möglicherweise zunehmend wichtiger - Standortfaktor innerhalb eines ganzen Bündels von Produktionsbedingungen ist, die über den wirtschaftlichen Erfolg eines Unternehmens an einem gegebenen Standort (mit-)bestimmen und für oder gegen eine Investition an einem neu gewählten Standort sprechen. Welche Bedeutung einzelnen Faktoren innerhalb dieses Bündels von Standortdeterminanten zukommt, läßt sich nur im konkreten Einzelfall, d.h. aus der Sicht eines bestimmten Investors beantworten. Allgemeingültige Aussagen, etwa auf der Basis statistischer Korrelationsrechnungen, sind angesichts der Vielzahl von Faktoren einerseits, der zwischen ihnen bestehenden Abhängigkeiten andererseits a priori ausgeschlossen. Allerdings sind Umweltschutzaspekte mittelbar auch bei vielen anderen Standortfaktoren von Bedeutung - so z.B. bei der Qualität von Grundstücken im Zusammenhang mit Altlasten oder bei der Qualität der Wasserversorgung und der Entsorgungsbedingungen.

Die Vielschichtigkeit des Investitionskalküls wird noch dadurch verstärkt, daß diese Standortfaktoren - auch wenn sie aus der Sicht eines einzelnen Unternehmens als

Daten hinzunehmen sind - zumindest auf lange Frist einem permanenten Wandel unterworfen sind. So hat z.B. die erkennbare bzw. absehbare Schädigung der natürlichen Lebensgrundlagen in allen Industriestaaten ein gestiegenes Umweltbewußtsein erzeugt und - vor diesem Hintergrund - eine mehr oder weniger ausgedehnte Umweltschutzgesetzgebung induziert. Hierdurch wurden neue Rahmenbedingungen für privatwirtschaftliches Handeln gesetzt, und zwar - wie noch zu zeigen sein wird - sowohl in Form zusätzlicher Anpassungslasten wie auch im Sinne erweiterter Marktchancen. Letztere ergeben sich insbesondere dann, wenn andere Standorte in ihrer Umweltgesetzgebung nachziehen (müssen).

Empirische Untersuchungen zu Standortentscheidungen zeigen, daß neben den harten ökonomischen Fakten - wie Lohnkosten, Produktivität und produktionsnaher Infrastrukturausstattung - zunehmend die weichen Standortfaktoren eine wichtige Rolle spielen[35]. Die klassischen "harten" Standortfaktoren, zu denen im Hinblick auf die Infrastruktur die Verkehrsanbindung, das Gewerbeflächenangebot, die Sicherstellung der nötigen Versorgungs- und Entsorgungsleistungen sowie die Verfügbarkeit von Arbeitskräften gehören, sind nicht mehr allein ausschlaggebend für die Entscheidung von Unternehmen. Zunehmend werden auch andere, qualitative Aspekte mit in das Kalkül einbezogen. Dazu gehören als die "weichen" Faktoren auch der Wohn- und Freizeitwert einer Region, das kulturelle und bildungsbezogene Angebot, Fühlungsvorteile oder Imagewerte[36]. Umweltbedingungen spielen hier eine wichtige Rolle, zumal sie indirekt die "harten" Standortfaktoren beeinflussen[37]: Nach der Einschätzung von Unternehmen spielen "sanfte" Standortfaktoren eine entscheidende Rolle für die Möglichkeit, Führungskräfte zu rekrutieren. Dies deckt sich mit den Aussagen von Examenskandidaten an Hochschulen zu den Faktoren, die die Wahl des zukünftigen Arbeitsplatzes beeinflussen. Auf beiden Seiten wird innerhalb der sanften Standortfaktoren die Bedeutung der Wohn- und Umweltqualität sehr hoch eingeschätzt.

Allerdings ist das Gewicht, mit dem diese harten oder weichen Standortfaktoren in das Investitionskalkül eingehen, empirisch nur schwer zu bestimmen; dies gelingt am ehesten durch Unternehmensbefragungen. In einer entsprechenden Untersuchung aus den frühen achtziger Jahren auf der Basis von 150 befragten Unternehmen - in der auch frühere in- und ausländische Untersuchungen kritisch beleuchtet wurden - konnte ein signifikanter Zusammenhang zwischen Umweltschutzaufwendungen und Standortverlagerungen in Entwicklungsländer

---

[35] Vgl. G. Prätorius, Umweltschutz als Standortfaktor. In: U. Steger (Hrsg.), Handbuch des Umweltmanagements. München 1992, S. 146ff.

[36] Vgl. H.-P. Gatzweiler, E. Irmen, H. Janich: Regionale Infrastrukturausstattung, (Forschungen zur Raumentwicklung, Band 20.) Bonn 1991, S. 28 ff.; K. Geppert, W. Jeschek, B. Seidel, D. Vesper, Kultur als Wirtschaftsfaktor. Berlin 1992, S. 106 ff. (als Manuskript vervielfältigt).

[37] Vgl. dazu G. Prätorius, S. 150f.

nicht gefunden werden[38]. Dieses Ergebnis dürfte auch auf andere Länder zu übertragen sein. Die Folgerung einer älteren Untersuchung von Meißner und Hödl[39], die für die Bundesrepublik pro Jahr 5.000 verlorene Arbeitsplätze durch umweltbedingte Investitionen angibt, läßt sich bei näherer Betrachtung nicht halten[40]. Die Ergebnisse einer neueren Untersuchung bestätigen, daß bei Verlagerungen Umweltschutzgründe keine nennenswerte Rolle spielen[41]. Danach war für 80 vH von 600 befragten Unternehmen die Umweltschutzgesetzgebung kein Grund, über die Produktionsverlagerungen ins Ausland nachzudenken. Welche Bedeutung eine gesunde Umwelt als wichtiges Kriterium gerade für die mittelständische Wirtschaft hat, wird durch eine Befragung von 200 Unternehmen des Verarbeitenden Gewerbes erhärtet; sie rangiert nach den harten Faktoren der Arbeitsproduktivität und den Arbeitskosten sowie dem sozialen Klima an vierter Stelle. Die Bundesrepublik Deutschland wird in dieser Hinsicht als attraktiv beurteilt, und die bestehenden Umweltauflagen werden in diesem Zusammenhang auch eher positiv gesehen[42].

Allerdings fällt auf, daß Unternehmen in Befragungen zu zukünftigen Umweltschutzregelungen häufig angeben, diese würden für ihre Standortentscheidungen relevant werden. Vermutlich erklärt sich diese Diskrepanz durch das Bemühen der Unternehmen, Einfluß auf die Umweltpolitik zu nehmen[43].

Gute Umweltbedingungen werden um so mehr Bedeutung erhalten, je mehr der Dienstleistungsbereich in den hochentwickelten Volkswirtschaften an Gewicht gewinnt, je größer der Anteil der Dienstleistungen in der industriellen Produktion ist und je stärker daher die Unternehmen auf hochqualifizierte Arbeitskräfte angewiesen sind. Denn für die regionale Verfügbarkeit von solchen Arbeitskräften ist die Attraktivität des Standortes unter dem Aspekt von Image, Naherholungsmöglichkeiten, Ausbildungsmöglichkeiten, kulturellem Angebot von großem Einfluß. Die Umweltqualität wird somit für Unternehmensleitungen und Arbeitskräfte zu einem Nachfragefaktor bei der Standort- resp. Arbeitsplatzwahl, für die Region

---

[38] Vgl. dazu G. Knödgen, Umweltschutz und industrielle Standortentscheidungen. Frankfurt a.M. und New York 1982.

[39] Vgl. W. Meißner und E. Hödl, Auswirkungen der Umweltpolitik auf den Arbeitsmarkt. Bonn 1978.

[40] Vgl. G. Knödgen, S. 122.

[41] Vgl. dazu R. Antes, P. Tiebler, U. Steger, Ergebnisse der Interviews mit Mitgliedern der Geschäftsleitung der Unternehmen zum Themenbereich "Unternehmensführung". In: Umweltbundesamt (Hrsg.), Umweltorientierte Unternehmensführung. Möglichkeiten zur Kostensenkung und Erlössteigerung - Modellvorhaben und Kongreß. (Berichte des Umweltbundesamtes, Bd. 11/91.) Berlin 1991. Siehe auch: W. Meißner, U. Gräber-Seißinger, Umweltpolitik und internationale Wettbewerbsfähigkeit. In: U. Steger, Handbuch des Umweltmanagements. München 1992, S. 141.

[42] Vgl. R. Steinberg, H.-J. Allert, C. Grams und J. Schariot: Zur Beschleunigung des Genehmigungsverfahrens für Industrieanlagen. Eine empirische und rechtspolitische Untersuchung, Baden-Baden 1991.

[43] Vgl. G. Prätorius, a.a.O., S. 153.

wird sie zu einem Angebotsfaktor. Es ist daher kein Zufall, daß die Regionen in ihrer Ansiedlungspolitik besonders mit solchen umweltbezogenen weichen Standortfaktoren werben. Im wirtschaftlichen Strukturwandel dürfte demgegenüber ein "Umwelt-Dumping" auf Dauer eher die weniger erfolgversprechende Strategie sein.

2. Die Belastung der Unternehmen durch Umweltschutz

2.1. Argumente in der Standortdebatte

"Standortqualität" umfaßt, wie erwähnt, ein Bündel von Produktions-, Finanzierungs- und Absatzbedingungen. Einzelindikatoren erfassen davon immer nur Teilaspekte, die in komplexer Weise miteinander zusammenhängen: "Belastungsfaktoren" wie Steuern und Sozialabgaben dienen der Finanzierung von Infrastrukturleistungen, die den Unternehmen unmittelbar und mittelbar als - möglicherweise kaum rechenbare - Standortvorteile wieder zugute kommen. Dies ist zu berücksichtigen, wenn aufgrund einzelner Indikatoren auf eine ungünstige Standortqualität der Bundesrepublik Deutschland geschlossen wird. Meist zeigt sich zudem bei einer differenzierten Analyse, daß eindeutig negative Beurteilungen nicht aufrecht erhalten werden können.

2.1.1. Renditen und Direktinvestitionen als Indikatoren der Standortqualität

Als ein zusammenfassender Indikator der Standortbedingungen einer Volkswirtschaft gelten die Unternehmensrenditen. Hierin spiegeln sich nicht nur die Umweltschutzaufwendungen, sondern die gesamten Produktions-, aber auch die Finanzierungs- und Absatzbedingungen wider.

Auf der Basis von Daten der Fortune-Listen sind vom Institut der deutschen Wirtschaft (IW) die Nettoumsatzrenditen - der Jahresüberschuß nach Unternehmenssteuern in Prozent des Umsatzes - für 10 Industrieländer ermittelt worden[44]. Im Durchschnitt der Jahre 1987 bis 1990 weist die Bundesrepublik Deutschland (Westdeutschland) dabei (mit 2,2 vH) den niedrigsten Wert hinter Japan (2,4 vH) aus.

Die Tragfähigkeit dieses negativen Ergebnisses kann hier nicht beurteilt werden. Es ist jedoch darauf hinzuweisen, daß Strukturunterschiede der in den einzelnen Ländern erfaßten Unternehmen - wie etwa ein unterschiedlicher Anteil von Handelsunternehmen mit normalerweise sehr geringen Umsatzrenditen - einen erheblichen Einfluß auf die Schlußfolgerungen haben können. Unabhängig davon stellt sich jedoch die Frage nach der Relevanz eines solchen Befundes.

Wichtiger für Investitionsentscheidungen als die Umsatzrendite ist nämlich die Verzinsung des eingesetzten Eigenkapitals. Sie wird von den Unternehmen mit der Verzinsung von Finanzanlagen verglichen. Die Differenz zwischen Nettoeigenkapitalrendite von industriellen Kapitalgesellschaften und Umlaufrendite festverzinslicher Wertpapiere betrug in Westdeutschland im Durchschnitt der Jahre 1987

---

[44] Vgl. Institut der deutschen Wirtschaft, (Hrsg.): Standort Bundesrepublik Deutschland. "IW-Trends", Köln 1992, Heft 2.

bis 1990 3,4 Prozentpunkte[45]. Die Nettoeigenkapitalrendite beläuft sich damit auf 10,9 vH. Damit hält die Bundesrepublik Deutschland den siebten Rang unter den 10 in den Vergleich einbezogenen Industrieländern (Tabelle 2.1-1). Mithin erzielen Industrieunternehmen in sechs der 10 Länder eine höhere Risikoprämie. Am günstigsten ist die Position Belgiens (7,2 Prozentpunkte) und Großbritanniens (7,0), am ungünstigsten die Japans (2,1) und Schwedens (2,0).

Tabelle 2.1-1

	höchste Rangzahl[2]	D[1]	I	GB	F	B	NL	E	CH	S	USA	J
						Rangzahl[2]						
Nettoumsatzrendite	9	9	7	1	7	4	3	...	5	6	2	8
Risikoprämie	10	7	6	2	8	1	3	...	4	10	5	9
Zielländer von Direktinvestitionen	8	7	6	2	3	...	5	4	...	...	1	8

Quelle: IW-trends 2/92. - [1]Westdeutschland einschl. Berlin(West). - [2]Die höchste Rangzahl entspricht dem jeweils niedrigsten Zahlenwert, bei Doppelbelegungen eines Ranges bleibt der darauffolgende Rang frei.

Die ausgewiesene Höhe der Unternehmensrendite hängt entscheidend vom Berechnungsverfahren ab[46]. So weist das DIW auf der Grundlage von Daten der Volkswirtschaftlichen Gesamtrechnungen für die Produktionsunternehmen ohne Wohnungsvermietung für die Jahre 1987 bis 1990 eine durchschnittliche Eigenkapitalrendite von 22 vH aus. Gegenüber dem Tiefstand von 1982 verbesserte sie sich bis 1989 um mehr als fünf Prozentpunkte. Die seitdem (bis 1991) eingetretene Verschlechterung um einen Prozentpunkt läßt sich auf den Anstieg der Zinskosten zurückführen.

Als Ausdruck einer Standortschwäche der Bundesrepublik Deutschland wird gelegentlich auch der seit 1990 nochmals stark angestiegene Saldo der

---

[45] Vgl. Institut der deutschen Wirtschaft, (Hrsg.), a.a.O.
[46] Vgl. Deutsches Institut für Wirtschaftsforschung (Hrsg.), Analyse der strukturellen Entwicklung der deutschen Wirtschaft, Strukturberichterstattung 1992, Berlin 1992.

Direktinvestitionen im Ausland angesehen. Diese Einschätzung rührt teilweise wohl auch daher, daß die Zahlungsbilanzstatistik gegenüber der Bestandsstatistik den Anstieg der deutschen Anlagen im Ausland zu hoch und den der ausländischen Anlagen in der Bundesrepublik Deutschland zu niedrig ausweist[47].

Berücksichtigt man, daß der Anteil längerfristiger Anlagen am neu entstandenen Portfolio relativ konstant ist, kann man im Anstieg der Nettokapitalexporte jedoch auch eine verzögerte Reaktion der deutschen Anleger auf die Zunahme der Forderungen gegenüber dem Ausland, d.h. auf die hohen Leistungsbilanzüberschüsse, sehen. Dann muß man die jüngste Entwicklung eher als Ausdruck von Wettbewerbsstärke verstehen[48]. Die Kapitalverflechtung hat - in beiden Richtungen - vor allem mit den anderen EG-Ländern zugenommen; hierin spiegelt sich das Zusammenwachsen der Europäischen Gemeinschaft.

Zwar ist (seit 1981) das deutsche Vermögen aus Direktinvestitionen im Ausland größer als ausländisches Vermögen aus Direktinvestitionen in der Bundesrepublik Deutschland, doch gilt dasselbe auch für Großbritannien und in noch viel stärkerem Maße für Japan (Tabelle 2.1-2).

Gemessen an der Exportstärke haben jedoch deutsche Unternehmen bisher erheblich weniger im Ausland investiert als Japan, die USA und Großbritannien.

Allerdings sind auch die ausländischen Direktinvestitionen im Verhältnis der Wareneinfuhr der Bundesrepublik Deutschland erheblich niedriger als die entsprechenden Werte für Großbritannien und die USA. Geradezu verschwindend gering nehmen sich die ausländischen Direktinvestitionen in Japan im Verhältnis zu dessen Einfuhr aus.

Die Sektorenstruktur der deutschen Direktinvestitionen zeigt, daß sie überwiegend absatzorientiert sind: 60 vH gingen in der zweiten Hälfte der achtziger Jahre in Dienstleistungsunternehmen mit Schwerpunkten beim Handel sowie bei Kreditinstituten und Versicherungen (Tabelle 2.1-3). Innerhalb des Verarbeitenden Gewerbes erfolgt der größte Teil der Direktinvestitionen in Sektoren, die in der Bundesrepublik Deutschland besonders exportorientiert sind.

Insgesamt können Direktinvestitionsströme nicht als zuverlässiger Indikator der Standortqualität angesehen werden; die Entscheidungen von Unternehmen zum

---

[47] Vgl. Deutsches Institut für Wirtschaftsforschung (Hrsg.), 1992, a.a.O.

[48] Vgl. Deutsches Institut für Wirtschaftsforschung (Hrsg.), Saldo der Direktinvestitionen: Kein Indikator für Standortschwäche. (Bearb.: H. Flassbeck, D. Schumacher und F. Stille.) "DIW-Wochenbericht", Nr. 14. Berlin, Jg. 59 (1992).

Tabelle 2.1-2

Kennziffern zu den Direktinvestitionen im internationalen Vergleich[1]				
	D[2] DM	USA US-$	J US-$	GB £
Inländisches Vermögen aus Direktinvestitionen im Ausland				
Bestand 1989, in Mrd. Währungseinheiten	185,0	373,4	253,9	129,4
in vH der Warenausfuhr	29,0	108,0	92,0	49,0
Zunahme 1980-89, in Mrd. Währungseinh.	110,6	158,0	217,4	96,2
Ausländisches Vermögen aus Direktinvestitionen im Inland				
Bestand 1989, in Mrd. Währungseinheiten	125,0	400,8	15,7	93,3
in vH der Wareneinfuhr	25,0	82,0	3,0	81,0
Zunahme 1980-89, in Mrd. Währungseinh.	53,2	317,8	12,7	66,9

Quelle: Vgl. Deutsches Institut für Wirtschaftsforschung (Hrsg.), "DIW Wochenbericht", Berlin, Jg. 58 (1992). S. 170-173. - [1]Für Deutschland, USA und Großbritannien Buchwerte, für Japan kummulierte Investitionsgenehmigungen seit 1951. - [2]Bundesrepublik Deutschland nach dem Gebietsstand vor dem 3.10.1990.

Aufbau von Produktionsstätten im Ausland beruhen nicht nur auf Rentabilitätsunterschieden, sondern auf einer Vielzahl von Faktoren.[49]

Auch die Direktinvestitionen von Ausländern in der Bundesrepublik Deutschland haben in den letzten Jahren u.a. im Dienstleistungsbereich stark zugenommen. Offen bleibt, warum ausländische Investoren nicht im selben Umfang Investitionen im Verarbeitenden Gewerbe in der Bundesrepublik Deutschland vorgenommen haben. Dies könnte als Hinweis darauf verstanden werden, daß die Bundesrepublik Deutschland als Produktionsstandort für ausländische Investoren weniger attraktiv ist als andere Standorte.

Insgesamt fällt die Beurteilung der Standortqualität der Bundesrepublik Deutschland anhand der Indikatoren Unternehmensrendite und Direktinvestitionen aber keineswegs eindeutig negativ aus. Für die dramatische Beschwörung eines Qualitätsverlustes des Standorts Deutschland bieten sie keinen Anlaß.

---

[49] Vgl. W. Horstmann: Direktinvestitionen - Ein Indikator für die internationale Standort-Wettbewerbsfähigkeit? "Wirtschaftsdienst", Hamburg, Jg. 72 (1992), S. 472ff.

Tabelle 2.1-3

Unmittelbare deutsche[1] Direktinvestitionen im Ausland				
	Werte in Mill. DM	Struktur in vH	Werte in Mill. DM	Struktur in vH
	1990[a]		Durchschnitt 1985-90[a]	
Alle Wirtschaftszweige darunter:[2]	210898	100,0	161788	100,0
Bergbau	3888	1,8	4483	2,8
Verarbeitendes Gewerbe darunter:	66866	31,7	55247	34,1
Chemische Industrie	23356	11,1	18299	11,3
Maschinenbau	6776	3,2	5409	3,3
Straßenfahrzeuge	9657	4,6	9053	5,6
Elektrotechnik	10875	5,2	9905	6,1
Handel	34180	16,2	28145	17,4
Kreditinstitute[3]	18403	8,7	12195	7,5
Beteiligungsgesellschaften[4]	58604	27,8	41528	25,7

Quelle: Deutsche Bundesbank, Zahlungsbilanzstatistik; Berechnungen des DIW. - [a]Stand am Jahresende. - [1]Die Angaben zum Jahresende 1990 schließen das Gebiet der ehemaligen DDR mit ein. - [2]Nach dem Wirtschaftszweig des ausländischen Investitionsobjekts. - [3]einschl. Kapitalgesellschaften. - [4]und sonstige Vermögensverwaltung

2.1.2. Lohnstückkosten und Unternehmenssteuern im internationalen Vergleich

Das IW kommt in seiner Untersuchung über Faktoren, die die Standortqualität der Bundesrepublik Deutschland beeinflussen, zu dem Schluß, daß sich die Position der Bundesrepublik Deutschland (weiter) verschlechtert hat. "Bei fast allen quantifizierbaren Kosten- und Belastungsfaktoren hat sie seit 1987 an Boden verloren. Das gilt vor allem für die besonders sensiblen Einflußgrößen Arbeitskosten, Arbeitszeiten, Unternehmenssteuern und Kosten für den

Umweltschutz"[50]. Zu einem ähnlichen Urteil kommt das Ifo-Institut aufgrund einer Umfrage bei 500 repräsentativ ausgewählten Vertretern von Industrie-, Bau- und Handelsunternehmen[51].

Nach Berechnungen des IW weist die Bundesrepublik Deutschland (Westdeutschland) unter 12 Industrieländern im Jahr 1991 im Verarbeitenden Gewerbe die höchsten Lohnstückkosten auf, dicht gefolgt von Schweden und Dänemark (Tabelle 2.1-4). Im (mit den Anteilen am Weltexport) gewichteten Durchschnitt liegen die Lohnstückkosten der anderen 11 Länder bei 78,4 vH des westdeutschen Niveaus.

Schlußfolgerungen auf die Wettbewerbssituation einer Volkswirtschaft aufgrund internationaler Vergleiche des Niveaus der Lohnstückkosten sind schon aus methodischen Gründen problematisch. Sie laufen im Endeffekt auf einen Vergleich der Lohnquoten hinaus. Eher lassen sich Zeitverläufe der Lohnstückkosten als Veränderungen des Lohnkostendrucks interpretieren, zu berücksichtigen ist allerdings, daß sich darin auch strukturelle Veränderungen niederschlagen.

Die deutsche Stellung im Preiswettbewerb, gemessen an den gesamtwirtschaftlichen Lohnstückkosten unter Einbeziehung von Wechselkursveränderungen, hatte sich von 1980 bis 1985 verbessert. Es waren vor allem die Aufwertungen der D-Mark in den Jahren 1986 und 1987, die die deutsche Position beeinträchtigt haben[52]. Gegenüber 1987 hat sich die preisliche Wettbewerbsfähigkeit sogar etwas verbessert. Der etwas stärkere Anstieg der in einheitlicher Währung gemessenen relativen Lohnstückkosten im Jahr 1990 läßt sich dadurch erklären, daß sich Westdeutschland im Gegensatz zu den meisten anderen Ländern noch in einer Phase der Hochkonjunktur befand.

Im Verarbeitenden Gewerbe haben die Lohnstückkosten in der Bundesrepublik Deutschland in den achtziger Jahren tatsächlich schneller zugenommen als in den anderen OECD-Ländern. Allerdings greift ein solcher Maßstab zu kurz. Er berücksichtigt nicht, daß deutschen Produzenten als Vorleistungen hochproduktiv erzeugte, preisgünstige Dienstleistungen zur Verfügung standen.

Die Bedeutung von Kostensteigerungen für die internationale Wettbewerbsfähigkeit hängt nicht zuletzt davon ab, in welchem Maße die Nachfrage nach deutschen Erzeugnissen preisreagibel ist. Das Ifo-Institut schätzt die Preiselastizität des deutschen Exportvolumens (in bezug auf den realen Wechselkurs auf Lohnstückko-

---

[50] Siehe Institut der deutschen Wirtschaft, (Hrsg.), 1992, S. 3.

[51] Vgl. G. Nerb: Der Standort Westdeutschland im Urteil der Unternehmen. "Ifo-Schnelldienst", Berlin und München 1992, Heft 8.

[52] Vgl. Deutsches Institut für Wirtschaftsforschung (Hrsg.), Gefährdet die Lohnkostenentwicklung die Wettbewerbsfähigkeit der Bundesrepublik Deutschland? (Bearb.: D. Schumacher und F. Stille.) "DIW-Wochenbericht", Nr. 11. Berlin, Jg. 59 (1992).

Tabelle 2.1-4

Belastungsfaktoren für die Standortqualität
Rang der Bundesrepublik Deutschland im internationalen Vergleich

	höchste Rangzahl[2]	D[1]	I	GB	F	B	NL	DK	E	P	CH	S	USA	J
							Rangzahl[2]							
Produktivität	12	3	4	11	8	1	2	9	10	12	...	5	7	6
Arbeitskosten	12	12	10	3	5	8	9	7	2	1	...	11	4	6
Lohnstückkosten	12	12	9	5	8	1	6	10	2	3	...	11	4	7
Betriebszeiten	8	8	4	2	5	1	3	...	5	7	...	...	...	...
Arbeitszeitflexibilisierung[3,4]	8	7	4	2	5	1	3	...	6	8	...	...	...	...
Körperschaftsteuer-Spitzensatz	13	13	12	1	3	9	5	8	5	7	4	1	11	10
Gesamtsteuerbelastung e.														
Kapitalgesellschaft	13	13	10	2	11	8	3	6	3	5	7	1	9	12
ESt-Spitzensatz	13	6	9	2	8	10	10	13	7	2	4	5	1	12

Quelle: IW-Trends 2/92, Berechnungen des DIW. - [1]Westdeutschland einschl. Berlin(West). - [2]Die höchste Rangzahl entspricht dem jeweils höchsten Zahlenwert. Bei Doppelbelegungen eines Ranges bleibt der darauffolgende Rang frei. - [3]Die höchste Rangzahl entspricht dem niedrigsten Zahlenwert. - [4]Verhältnis von durchschnittlicher Betriebszeit 1989 zur Vollarbeitszeit 1991.

stenbasis) auf -0,43. "Die preisunelastische Reaktion des deutschen Ausfuhrvolumens bestätigt das Gewicht von Nicht-Preisfaktoren für die deutsche Wettbewerbsposition auf den Auslandsmärkten"[53].

Die deutsche Position im Innovationswettbewerb hat sich dagegen nicht wesentlich verändert, wie die Auswertung der Ifo-Patentstatistik zeigt[54]. In Europa ist die deutsche Spitzenposition auf allen größeren Technikfeldern unangefochten. Gegenüber den USA und Japan haben vor allem der Maschinenbau, der Straßenfahrzeugbau und der Bereich der Umwelttechnologie[55] eine starke technologische Position. Schwachstellen sind nach wie vor die Mikroelektronik, die Informations- und Kommunikationstechnik sowie die Bio- und Gentechnik.

Der Indikator Lohnstückkosten faßt Informationen über Arbeitskosten einschließlich Lohnnebenkosten, Arbeitszeiten und Produktivität zusammen. "Zu hohe" Lohnnebenkosten und "zu kurze" Arbeitszeiten liefern daher keine zusätzliche Begründung von Standortnachteilen[56]. Allerdings gibt es Argumente dafür, daß Produktivität international mobil ist[57]. Soweit dies der Fall ist und es sinnvoll ist, deutsche Technologie zu exportieren, können die Arbeitskosten eigenständige Bedeutung gewinnen.

Für die preisliche Wettbewerbsfähigkeit kommt es nicht nur auf die Belastung der Produktion mit Arbeits- sondern auch mit Kapitalkosten an. Besonders bei kurzen Arbeitszeiten hängt die Höhe der Kapitalstückkosten davon ab, in welchem Umfang Flexibilitätsspielräume für die Abkopplung der Betriebszeiten von der Arbeitszeit bestehen. Für 10 EG-Länder überschreiten nach Berechnungen des IW[58] die Betriebszeiten (66 Stunden/Woche) die Arbeitszeiten um 67,5 vH. Für die Bundesrepublik Deutschland beträgt diese Relation (bei 53 Stunden pro Woche) 41 vH. Allerdings wurden in den achtziger Jahren in der Bundesrepublik Deutschland die Möglichkeiten erweitert, bei Bedarf die Betriebszeiten auszudehnen; vor allem größere Unternehmen haben mit dem wirtschaftlichen Aufschwung diese Möglichkeit auch wahrgenommen[59].

Besonders häufig werden unter den herausragenden Belastungsfaktoren für den Standort Deutschland neben den Lohnkosten die Unternehmenssteuern genannt.

---

[53] Siehe W. Gerstenberger: Zur Wettbewerbsposition der deutschen Industrie im High-Tech-Bereich. "Ifo-Schnelldienst", Berlin und München, Jg. 45 (1992), Heft 13, S. 5.

[54] Vgl. W. Gerstenberger, 1992, a.a.O.

[55] Siehe dazu auch Abschnitt 4.1.

[56] Vgl. DIW-Wochenbericht 11/1992, a.a.O.

[57] Vgl. Institut der deutschen Wirtschaft, (Hrsg.), 1992, a.a.O., S. 27; H.-P. Stihl: Unternehmerische Standortstrategien für die neunziger Jahre. In: Fels (Hrsg.), Standort D - Nach der Vereinigung - vor dem Binnenmarkt. Köln 1992.

[58] Vgl. Institut der deutschen Wirtschaft, (Hrsg.), 1992, a.a.O., S. 31 f.

[59] Vgl. DIW-Wochenbericht 11/1992, a.a.O. (und die dort angegebene Literatur).

In der erwähnten Befragung des Ifo-Instituts[60] bewerteten 68 vH der befragten Manager die Steuerbelastung als Negativfaktor (gegenüber einer positiven Bewertung durch 4 vH der Befragten). Hingewiesen wird in diesem Zusammenhang auf den Spitzensatz der Körperschaftsteuer bei Gewinnthesaurierung. Nach Angaben des IW weist die Bundesrepublik Deutschland den höchsten Satz unter 17 Industrieländern auf[61]. Der Einfluß international unterschiedlich günstiger Abschreibungsregelungen wird bei der effektiven Grenzsteuerbelastung von Investitionen erfaßt. Sie ist in Westdeutschland nach Berechnungen des IW bei den Ausrüstungsinvestitionen höher als in allen Vergleichsländern, bei den Betriebsgebäuden rangiert nur Japan vor der Bundesrepublik Deutschland. Hinsichtlich Spitzensteuersatz und der dafür maßgeblichen Bemessungsgrundlage der Einkommensteuer liegt die Bundesrepublik Deutschland im Mittelfeld der verglichenen Länder.

Beurteilungen der Steuerbelastung, die vom Steuertarif ausgehen, können Unterschieden in der Praxis der Finanzverwaltung nicht gerecht werden. Dies gelingt eher aufgrund der Analyse von Zahlungen. An der Entwicklung des Anteils der Gewinnsteuern (veranlagte Einkommensteuer, nicht veranlagte Steuern vom Ertrag, Körperschaftsteuer, Gewerbesteuer) am Gesamtsteueraufkommen, der von knapp 25 vH im Jahr 1980 auf unter 20 vH im Jahr 1991 zurückgegangen ist, zeigt sich eine Tendenz zur Entlastung[62]. Auch als Anteil an den Einkommen aus Unternehmertätigkeit und Vermögen ist die Belastung mit Gewinnsteuern im Verlauf der achtziger Jahre deutlich zurückgegangen.

Es ist außerordentlich schwierig, das Gewicht des Standortfaktors "Unternehmenssteuern" mit dem der Umweltanforderungen quantitativ zu vergleichen, zumal keine nach Wirtschaftssektoren differenzierten Angaben über Steuern vorliegen. Ein Gefühl für die Größenordnungen, um die es geht, vermitteln aber die Angaben der Volkswirtschaftlichen Gesamtrechnung.

Allein die direkten Steuern der Produktionsunternehmen mit eigener Rechtspersönlichkeit machten im Jahr 1990 fast 30 Mrd. DM aus (1989 waren es noch 34,8 Mrd. DM). Im Jahr 1988 waren es 27,4 Mrd. DM und damit fast doppelt so viel wie die Gesamtaufwendungen des Produzierenden Gewerbes für den Umweltschutz. Die direkten Steuern auf Einkommen aus Unternehmenstätigkeit und Vermögen, die allerdings nur eingeschränkte Aussagekraft als Indikator der Steuerbelastung der Unternehmen haben (u.a. wegen der enthaltenen Steuern auf Zinseinkünfte, Arbeitnehmer-Veranlagungen und Verlusten aus Vermietung und

---

[60] Vgl. H. Krumrey: Blüte auf Pump - Hohe Steuern, scharfe Umweltauflagen, Managementdefizite - die Bundesrepublik Deutschland gerät als Industriestandort ins Hintertreffen. "Wirtschaftswoche", Düsseldorf, Jg. 46 (1992), Ausgabe vom 3.1.1992.

[61] Vgl. Institut der deutschen Wirtschaft, 1992, a.a.O.

[62] Vgl. DIW-Wochenbericht 11/1992, a.a.O.

Verpachtung) machten 1988 knapp 40 Mrd. DM aus, 1989 knapp 47 Mrd. DM und 1990 45 Mrd. DM.

Wenn also einzelne Untersuchungen zu dem Ergebnis kommen, daß die Bundesrepublik Deutschland im internationalen Vergleich bezüglich der Lohnkosten und Unternehmenssteuern eine ungünstige Position einnimmt, so bleiben solche Vergleiche immer problematisch. Dies liegt nicht nur an methodischen Schwierigkeiten, sondern auch daran, daß die Strukturen öffentlicher Aufgaben und ihrer Finanzierung nach Ländern sehr verschieden ist. Außerdem sind zusammen mit den Belastungsfaktoren immer auch die positiven Auswirkungen auf die Effizienz des Gesamtsystems - z.B. durch Bereitstellung von Infrastruktur-Vorleistungen für die Unternehmen und die Sicherung des sozialen Konsens - zu berücksichtigen. In letzter Zeit lassen sich teilweise sogar Entlastungen erkennen. Sie können Raum schaffen für Maßnahmen, bei denen der Belastung positive Auswirkungen auf die Standortqualität gegenüber stehen. Das ist beim Umweltschutz besonders augenfällig.

2.2. Quantitative Indikatoren zur Bedeutung der Umweltschutzausgaben

2.2.1. Umweltschutzkosten im internationalen Vergleich

Das Statistische Bundesamt weist im Rahmen der Umweltökonomischen Gesamtrechnung die Umweltschutzausgaben für die Bundesrepublik Deutschland bis zum Jahr 1990 aus. Sie betragen für Produzierendes Gewerbe und Staat 38,1 Mrd. DM. Aktuellere amtliche Daten sind nicht verfügbar. Das Institut der deutschen Wirtschaft (IW) hat unter Berücksichtigung von Informationen über umweltpolitische Regelungen eine Fortschätzung für die Bundesrepublik Deutschland und für 11 weitere Industrieländer vorgenommen[63]. Danach betragen die Umweltschutzausgaben in der Bundesrepublik Deutschland (Westdeutschland) im Jahr 1991 16,4 Mrd. US $ in Wechselkursen von 1980 (Tabelle 2.2-1).

So viel wurde annähernd auch in Japan für den Umweltschutz ausgegeben (16,2 Mrd. US $ in Preisen und Wechselkursen von 1980). Im Gegensatz zur Bundesrepublik Deutschland, wo die Umweltschutzausgaben (immer zu Preisen und Wechselkursen von 1980) gegenüber 1980 um 38 vH gestiegen sind, sind die Japans um 17 vH zurückgegangen. Die USA gaben unter 12 Industrieländern vor der Bundesrepublik Deutschland und Japan am meisten für den Umweltschutz aus (50,3; Anstieg gegenüber 1980: 15 vH).

Unter Standortgesichtspunkten kommt es jedoch eher auf das Niveau als auf die Belastung der Produktion mit Umweltschutzausgaben an. Einen Indikator dafür

---

[63] Vgl. Institut der deutschen Wirtschaft (Hrsg.), 1992, a.a.O.

Tabelle 2.2-1

Umweltschutzausgaben im internationalen Vergleich

	Werte in Mio US $[1]			Anteile am BSP in vH			Anteile der Umweltschutzausgaben der Unternehmen in vH[4]			nachr.: Einwohner je qkm[5]
	1980	1986	1991	1980	1986	1991	1980	1986	1991	1989
Großbritannien	8297	7312	6270	1,54	1,20	0,93	48,5	50,0	52,0	234,5
Japan	19572	17629	16170	1,84	1,34	1,02	14,1	12,8	12,0	329,3
Finnland	675	711	742	1,30	1,16	1,05	53,5	55,3	57,0	14,7
Kanada	5387	4982	4706	2,04	1,59	1,30	40,2	34,9	31,0	2,6
USA	43570	47105	50302	1,62	1,47	1,36	59,6	58,9	59,0	26,3
Niederlande[2]	1875	2293	2818	1,10	1,28	1,46	30,4	26,6	22,0	360,4
Deutschland[3]	11829	13209	16369	1,45	1,53	1,74	36,4	48,6	63,0	249,7
Österreich[2]	911	1255	1783	1,22	1,50	1,94	33,5	49,8	65,0	90,5
Frankreich[2]	5887	6464	7171	0,87	0,88	0,91	36,6	36,9	37,8	103,2
Dänemark	677	705	703	1,02	0,90	0,78	8,6	9,9	11,5	119,1
Norwegen[2]	633	556	484	1,25	0,81	0,57	33,3	33,3	32,4	12,9
Schweden[2]	1235	1267	1301	0,99	0,92	0,87	20,2	28,8	34,4	18,9

Quelle: IW-Trends 2/92, Berechnungen des DIW. - [1]Preise und Wechselkurse von 1980. - [2]Teilweise abweichende Berichtsjahre. - [3]Westdeutschland einschl. Berlin(West); hierfür lagen keine Daten aus 1986 vor, sie sind durch Daten aus 1985 ersetzt. - [4]Produzierendes Gewerbe ohne Baugewerbe sowie Land- und Forstwirtschaft, Fischerei. In einzelnen Ländern abweichende Abgrenzung, siehe dazu OECD (Hrsg.), Pollution Control and Abatement Expenditure in OECD Countries. A Statistical Compendium. Environment Monographs Nr. 38, Paris 1990. - [5]Quelle: Eurostat.

stellen die Anteile der Umweltschutzausgaben am Bruttosozialprodukt dar (Abbildung 2.2-1). Dabei ist allerdings zu berücksichtigen, daß auch Ausgaben einbezogen werden, die als Vorleistungen für die Produktion anderer Güter dienen, so daß es zu Doppelzählungen kommen kann[64]. Für die Bundesrepublik Deutschland beträgt dieser Anteil gut 1,7 vH[65], nur für Österreich ist er höher (gut 1,9 vH). Der Anteil der Umweltschutzausgaben am Bruttosozialprodukt beträgt in den USA knapp 1,4 vH, in Japan rund 1 vH. Die niedrigsten Anteilswerte unter den vergleichbaren Ländern weisen Norwegen (0,57), Dänemark (0,78) und Schweden (0,87) aus; vor allem Norwegen und Schweden sind dünn besiedelt. Außer in der Bundesrepublik Deutschland ist der Anteil seit 1980 nur in Österreich und den Niederlanden gestiegen.

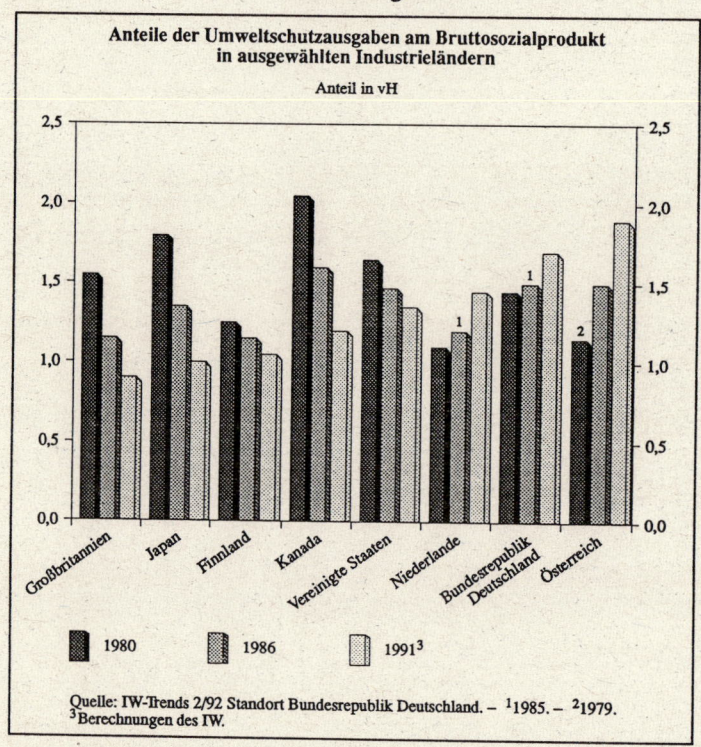

Abbildung 2.2-1

Anteile der Umweltschutzausgaben am Bruttosozialprodukt in ausgewählten Industrieländern

Quelle: IW-Trends 2/92 Standort Bundesrepublik Deutschland. – [1]1985. – [2]1979. [3]Berechnungen des IW.

---

[64] Vgl. D. Schäfer und C. Stahmer: Input-Output-Modelle zur Gesamtwirtschaftlichen Analyse von Umweltschutzaktivitäten. "Zeitschrift für Umweltpolitik und Umweltrecht", Frankfurt a.M., Jg. 12 (1989), Nr. 2.

[65] Wendet man den Anteil von 1,74 auf die Werte für das Bruttosozialprodukt für Westdeutschland für 1991 an, so ergeben sich Umweltschutzausgaben in Höhe von 45,8 Mrd. DM zu jeweiligen Preisen. Im Vergleich zu den vom Statistischen Bundesamt zuletzt für das Jahr 1990 ausgewiesenen Ausgaben des Produzierenden Gewerbes und des Staates für Umweltschutz von 38,1 Mrd. DM muß diese Schätzung als überhöht angesehen werden.

Die direkte Belastung der Unternehmen durch Umweltschutzausgaben ist von Land zu Land verschieden. Abbildung 2.2-2 zeigt, welcher Anteil der Umweltschutzausgaben von privaten Unternehmen getätigt wird. Er ist in der Bundesrepublik Deutschland höher als in den sieben Vergleichsländern mit den höchsten Anteilen der Umweltschutzausgaben am Bruttosozialprodukt mit Ausnahme Österreichs. Anteile von über 50 vH erreichen auch die USA, Finnland und Großbritannien. In den beiden zuletzt genannten Ländern hat dieser Anteil seit 1980 zugenommen, wesentlich stärker war der Anstieg aber in der Bundesrepublik Deutschland und in Österreich.

Abbildung 2.2-2

Anteile privater Umweltschutzausgaben in ausgewählten Industrieländern

in vH der gesamten Umweltschutzausgaben

[Balkendiagramm mit Werten für Großbritannien, Japan, Finnland, Kanada, Vereinigte Staaten, Niederlande, Bundesrepublik Deutschland, Österreich; Jahre 1980, 1986, 1991[1]]

Quelle: IW-Trends 2/92 Standort Bundesrepublik Deutschland. – [1] Berechnungen des IW.

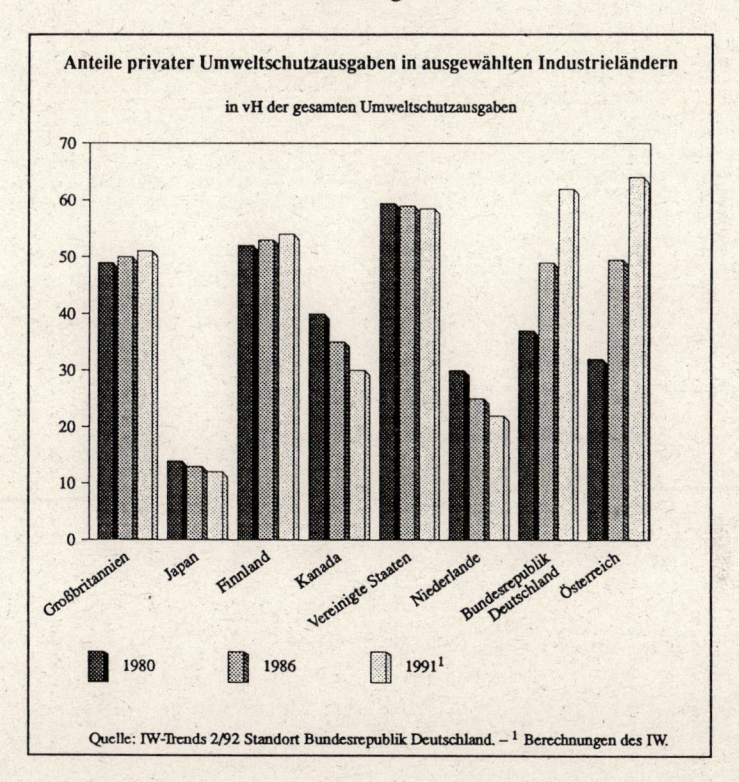

Die Ausgaben für Umweltschutz können mit denen für andere gesellschaftliche Anliegen verglichen werden. Dabei können andere Ausgabenkategorien keinesfalls Referenzgrößen für die Umweltschutzausgaben darstellen. Sie machen aber deren Größenordnung plastischer. In den wichtigsten Industrieländern findet man bis auf wenige Ausnahmen höhere Ausgabenanteile für militärische Zwecke, Bildungs- und Gesundheitswesen, Arbeitsmarktprogramme und Forschung und Entwicklung als für Umweltschutz (Tabelle 2.2-2). Dagegen sind fast überall die Aus-

Tabelle 2.2-2

Anteile ausgewählter Ausgabenarten am Bruttosozialprodukt im internationalen Vergleich
in vH

	A	CDN	DK	SF	F	D[1]	J	NL	N	S	GB	USA
Umweltschutz 1991[2]	1,9	1,3	0,8	1,1	0,9	1,7	1,0	1,5	0,6	0,9	0,9	1,4
Entwicklungshilfe im Durchschnitt 1988-1989[3]	0,2	0,5	0,9	0,6	0,8	0,4	0,3	1,0	1,1	0,9	0,3	0,2
Militärwesen 1989[4,5]	1,1	2,0	2,1	1,9	3,7	2,8	1,0	2,9	3,2	2,4	4,0	5,8
Bildungswesen 1986[4,5]	6,0	7,2	7,3	5,7	6,6	4,5	6,5	6,8	6,7	7,5	5,0	6,8
Gesundheitswesen 1987[4,5]	8,4	8,6	6,0	7,4	8,6	8,2	6,8	8,5	7,5	9,0	6,1	11,2
Arbeitsmarkt- programme 1984[3]	1,3	2,1	5,8	2,1	2,7	2,2	0,5	3,3	2,1	2,3	1,5	0,9
Forschung und Entwicklung 1985-1990[4]	1,3	1,4	...	1,8	...	2,8	2,9	...	...	3,0	...	...

Quelle: OECD. - [1]Westdeutschland einschl. Berlin(West). - [2]Quelle: IW-Trends 2/92. - [3]Quelle: OECD. - [4]Quelle: United Nations Development Programme (UNDP): Human Development Report 1992. - [3]Anteil am Bruttoinlandsprodukt. - [5]Nur öffentliche Ausgaben.

gaben für Entwicklungshilfe am Sozialprodukt gemessen niedriger als die für Umweltschutz.

Für die Bundesrepublik Deutschland machen die Ausgaben für militärische Zwecke genauso wie die für Forschung und Entwicklung mit 2,8 vH einen mehr als anderthalbmal so großen Anteil des Bruttosozialprodukts aus wie die Umweltschutzausgaben. Für das Bildungswesen wird ein zweieinhalb, für das Gesundheitswesen ein fast fünfmal so hoher Anteil des Sozialprodukts ausgegeben. Demgegenüber belaufen sich die Ausgaben für Entwicklungshilfe nur auf 0,4 vH des Sozialprodukts.

Es kann festgehalten werden, daß die Bedeutung der Umweltschutzausgaben im Verhältnis zur Wirtschaftsleistung und der Anteil dieser Ausgaben, der von Unternehmen getätigt wird, in der Bundesrepublik Deutschland im internationalen Vergleich hoch sind. Allerdings wird dieses Fazit auch relativiert - der Abstand zu wichtigen Konkurrenzländern ist gering - ein Anteil von 1,7 vH am Sozialprodukt weist die Umweltschutzausgaben nicht als durchschlagenden Standortfaktor aus.

2.2.2. Indikatoren der Bedeutung des Umweltschutzes als Kostenfaktor in den Wirtschaftsbereichen

Es ist nicht leicht, ein vollständiges Bild von der Kostenbelastung der Unternehmen durch Umweltschutzausgaben zu zeichnen, zumal es ja nicht nur auf das durchschnittliche Gewicht dieses Kostenfaktors ankommt, sondern auch auf die über- oder unterdurchschnittliche Belastung der Unternehmen in einzelnen Wirtschaftszweigen. Deswegen müssen verschiedene Informationsquellen herangezogen werden. Das Statistische Bundesamt ermittelt die Ausgaben und Aufwendungen für Umweltschutz des Produzierenden Gewerbes - untergliedert nach 11 Wirtschaftsbereichen - und des Staates. Diese Informationen liegen bis zum Jahr 1989 - ohne Untergliederung auch für 1990 - vor. Allerdings sind dabei Ausgaben für Umweltschutzleistungen Dritter sowie Gebühren oder Abgaben nicht erfaßt. Anhaltspunkte dafür ergeben sich aus dem Nachweis der Leistungen des Staates und seiner Eigenbetriebe sowie öffentlicher und privater Entsorgungsunternehmen, die zusammengefaßt in ihrer Verwendungsstruktur (nach 15 Produktionsbereichen) zuletzt für das Jahr 1986 dargestellt werden. Nur für die Umweltschutzinvestitionen des Produzierenden Gewerbes ist eine nach ausgewählten Wirtschaftszweigen tiefgegliederte Statistik, die bis zum Jahr 1989 reicht, verfügbar. Die Investitionen müssen also für eine disaggregierte Untersuchung als Indikator der Kostenbelastung durch Umweltschutzanforderungen dienen. Weniger tief disaggregiert sind diese Daten auch für 1990 verfügbar und ermöglichen eine Abschätzung aktueller Entwicklungen.

2.2.2.1. Entwicklung der Gesamtausgaben und -aufwendungen für Umweltschutz

Insgesamt machten die Umweltschutzaufwendungen von Staat und Produzierendem Gewerbe im Jahr 1990 rund 31,2 Mrd. DM aus (Tabelle 2.2-3). Gegenüber 1975 ist das ein Anstieg um über 220 vH, ohne Berücksichtigung von Preissteigerung, also real, aber nur um knapp 100 vH. Diese Aufwendungen umfassen laufende Ausgaben (Betriebskosten beim Betrieb eigener Anlagen, ohne Ausgaben für Umweltschutzleistungen Dritter sowie ohne Gebühren und Abgaben) und Abschreibungen. Die Gesamtausgaben, die sich aus laufenden Ausgaben und Investitionen zusammensetzen, betrugen 1990 38,1 Mrd. DM, das sind 180 vH mehr als im Jahr 1975; der reale Anstieg betrug in diesem Zeitraum fast 75 vH. Die Gesamtausgaben für Umweltschutz - und damit einerseits die Belastungen der Liquidität der Unternehmen, andererseits das durch Umweltschutz geschaffene Marktvolumen - sind damit deutlich höher als die Gesamtaufwendungen. Das ist typisch für die Anlaufphase der Umweltpolitik, in der Umweltschutzanlagen erst aufgebaut werden.

Die Wirtschaftsbereiche des Produzierenden Gewerbes haben von 1975 bis 1990 rund 153 Mrd. DM für den Umweltschutz aufgewendet, im Jahr 1990 waren es fast 16,3 Mrd. DM. Gegenüber dem Jahr 1975 betragen die Aufwendungen für Umweltschutz des Produzierenden Gewerbes bis zum Jahr 1990 etwa das Dreieinhalbfache; unter Ausschaltung von Preissteigerungen betrug der Anstieg rund 110 vH.

Im Jahr 1990 hatte das Verarbeitende Gewerbe einen Anteil an den Umweltschutzaufwendungen des Produzierenden Gewerbes von fast zwei Dritteln (Tabelle 2.2-4). Besonderes Gewicht hatten dabei die Chemische Industrie mit gut einem Viertel und die Metallerzeugung und -bearbeitung mit annähernd 10 vH. Die Aufwendungen der Elektrizitäts-, Gas-, Fernwärme- und Wasserversorgung machten im Jahr 1989 28 vH aus. In diesem Wirtschaftsbereich sind seit Mitte der siebziger Jahre in realer Rechnung die Umweltschutzaufwendungen am stärksten gestiegen, sie haben sich seitdem fast versechsfacht. Mehr als verdreifacht haben sich die Aufwendungen des Bergbaus. Im Verarbeitenden Gewerbe, dessen reale Umweltschutzaufwendungen durchschnittlich um rund 50 vH gestiegen sind, hatten der Sektor Stahl-, Maschinen- und Fahrzeugbau und das Holz-, Papier-, Leder-, Textil und Bekleidungsgewerbe mehr als eine Verdopplung zu verzeichnen.

Im Laufe der achtziger Jahre (von 1980 bis 1989) sind die Umweltschutzaufwendungen des Verarbeitenden Gewerbes preisbereinigt nur noch um 21 vH gestiegen. Auch dabei waren der Sektor Stahl-, Maschinen- und Fahrzeugbau sowie das Holz-, Papier-, Leder-, Textil und Bekleidungsgewerbe überdurchschnittlich beteiligt. Demgegenüber sind die realen Umweltaufwendungen der Energie- und Wasserversorgung und des Bergbaus auch in den achtziger Jahren noch kräftig gestie-

Tabelle 2.2-3

Gesamtaufwendungen und Gesamtausgaben für Umweltschutz 1990

		in jeweiligen Preisen			in Preisen von 1985		
		Produzierendes Gewerbe	Staat	Produz. Gewerbe u. Staat	Produzierendes Gewerbe	Staat	Produz. Gewerbe u. Staat
Gesamtaufwendungen	Werte in Mill. DM	16 306	14 893	31 199	15 247	13 607	28 854
	Struktur in vH	52,3	47,7	100,0	52,8	47,2	100,0
	Entwicklung (1975 = 100)	345	304	324	210	187	199
Laufende Ausgaben	Werte in Mill. DM	11 210	9 072	20 282	10 677	8 550	19 227
	Struktur in vH	55,3	44,7	100,0	55,5	44,5	100,0
	Anteil in vH[1]	68,7	60,9	65,0	70,0	62,8	66,6
	Entwicklung (1975 = 100)	348	304	327	211	190	201
Abschreibungen	Werte in Mill. DM	5 096	5 821	10 917	4 570	5 057	9 627
	Struktur in vH	46,7	53,3	100,0	47,5	52,5	100,0
	Anteil in vH[1]	31,3	39,1	35,0	30,0	37,2	33,4
	Entwicklung (1975 = 100)	335	303	317	206	183	193
Gesamtausgaben	Werte in Mill. DM	18 467	19 606	38 073	17 128	17 678	34 806
	Struktur in vH	48,5	51,5	100,0	49,2	50,8	100,0
	Entwicklung (1975 = 100)	324	254	284	197	156	174
Investitionen	Werte in Mill. DM	7 257	10 534	17 791	6 451	9 128	15 579
	Struktur in vH	40,8	59,2	100,0	41,4	58,6	100,0
	Anteil in vH[2]	39,3	53,7	46,7	37,7	51,6	44,8
	Entwicklung (1975 = 100)	293	222	247	177	134	149
Laufende Ausgaben	Werte in Mill. DM	11 210	9 072	20 282	10 677	8 550	19 227
	Struktur in vH	55,5	44,7	100,0	55,5	44,5	100,0
	Anteil in vH[2]	60,7	46,3	53,3	62,3	48,4	55,2
	Entwicklung (1975 = 100)	348	304	327	211	190	201
Anteil der Gesamtaufwendungen am Produktionswert in vH				0,7			0,6

Quelle: Statistisches Bundesamt UGR und VGR, Berechnungen des DIW. - [1] Anteil an den Gesamtaufwendungen. - [2] Anteil an den Gesamtausgaben.

gen, in den letzten Jahren (1989 gegenüber 1985) allein um 120 vH (Energie und Wasser) bzw. 75 vH (Bergbau).

Tabelle 2.2-4

Gesamtaufwendungen für Umweltschutz nach Wirtschaftsbereichen						
	in jeweiligen Preisen			in Preisen von 1985		
	1975	1980	1989	1975	1980	1989
Werte in Mill. DM						
Produzierendes Gewerbe	4732	7385	15058	7273	9152	14375
Energie und Bergbau	597	970	5042	896	1190	4744
Elektriz.-, Gas- u. Wasservers.	450	713	4218	673	874	3976
Bergbau	147	257	824	223	316	768
Verarbeitendes Gewerbe	4073	6327	9908	6285	7855	9527
Chemische Industrie	1639	2521	3852	2549	3142	3725
Mineralölverarbeitung	335	608	790	513	755	748
Kunststofferzeugn., Steine/Erden	328	456	664	500	562	629
Metallerzeugnisse	666	1009	1443	1014	1248	1371
Stahl-, Maschinen- u. Fahrzeugbau	316	512	1170	497	639	1130
Elektrotechn. Erzeugn.	253	357	508	390	441	483
Holz- u. Papierindustrie	228	421	829	355	522	810
Ernährungsgewerbe	308	443	652	467	546	631
Baugewerbe	62	88	108	92	107	104
Staat	4900	8054	13702	7263	9248	13007
Produzierendes Gewerbe und Staat	9632	15439	28760	14538	18400	27382
Entwicklung (1975 = 100)						
Produzierendes Gewerbe	100	156	318	100	126	198
Energie und Bergbau	100	162	845	100	133	529
Elektriz.-, Gas- u. Wasservers.	100	158	937	100	130	591
Bergbau	100	175	561	100	142	344
Verarbeitendes Gewerbe	100	155	243	100	125	152
Chemische Industrie	100	154	235	100	123	146
Mineralölverarbeitung	100	181	236	100	147	146
Kunststofferzeugn., Steine/Erden	100	139	202	100	112	126
Metallerzeugnisse	100	152	217	100	123	135
Stahl-, Maschinen- u. Fahrzeugbau	100	162	370	100	129	227
Elektrotechn. Erzeugn.	100	141	201	100	113	124
Holz- u. Papierindustrie	100	185	364	100	147	228
Ernährungsgewerbe	100	144	212	100	117	135
Baugewerbe	100	142	174	100	116	113
Staat	100	164	280	100	127	179
Produzierendes Gewerbe und Staat	100	160	299	100	127	188
Struktur in vH						
Produzierendes Gewerbe	100,0	100,0	100,0	100,0	100,0	100,0
Energie und Bergbau	12,6	13,1	33,5	12,3	13,0	33,0
Elektriz.-, Gas- u. Wasservers.	9,5	9,7	28,0	9,3	9,5	27,7
Bergbau	3,1	3,5	5,5	3,1	3,5	5,3
Verarbeitendes Gewerbe	86,1	85,7	65,8	86,4	85,8	66,3
Chemische Industrie	34,6	34,1	25,6	35,0	34,3	25,9
Mineralölverarbeitung	7,1	8,2	5,2	7,1	8,2	5,2
Kunststofferzeugn., Steine/Erden	6,9	6,2	4,4	6,9	6,1	4,4
Metallerzeugnisse	14,1	13,7	9,6	13,9	13,6	9,5
Stahl-, Maschinen- u. Fahrzeugbau	6,7	6,9	7,8	6,8	7,0	7,9
Elektrotechn. Erzeugn.	5,3	4,8	3,4	5,4	4,8	3,4
Holz- u. Papierindustrie	4,8	5,7	5,5	4,9	5,7	5,6
Ernährungsgewerbe	6,5	6,0	4,3	6,4	6,0	4,4
Baugewerbe	1,3	1,2	0,7	1,3	1,2	0,7

Quelle: Statistisches Bundesamt UGR, Berechnungen des DIW.

Den größten Teil der Gesamtaufwendungen machen die laufenden Ausgaben aus (Tabelle A 2.2-1). In realer Rechnung beträgt der Anteil im Produzierenden Gewerbe im Jahr 1989 70 vH der Gesamtaufwendungen. Im Verarbeitenden Gewerbe ist der Anteil dieser Kostenkomponente noch etwas höher (73,3 vH), hier hat er im Laufe der Zeit auch geringfügig zugenommen. Ähnlich stellen sich die Relationen in nominaler Rechnung dar. Wichtig für die Beurteilung der tiefer disaggregierten Daten über die Umweltschutzinvestitionen als Indikator der gesamten Kostenbelastung ist, daß der Anteil der laufenden Ausgaben über die Wirtschaftsbereiche des Produzierenden Gewerbes nur wenig differiert: ohne Berücksichtigung der weniger gewichtigen Bauwirtschaft (60,6 vH) liegt sein Wert zwischen 78,3 vH für die Chemische Industrie und 64,7 vH für die Energie- und Wasserwirtschaft.

Im Jahr 1989 überstiegen die Ausgaben für Umweltschutz des Produzierenden Gewerbes mit 18,1 Mrd. DM die Aufwendungen (15,1 Mrd. DM) um rund 20 vH (Tabelle 2.2-5). Besonders groß ist dieser Unterschied in den Wirtschaftsbereichen, in denen der Umweltschutz stark forciert worden ist; in der Elektrizitäts- und Wasserwirtschaft macht er rund 25 vH aus, im Verarbeitenden Gewerbe hingegen nur 16 vH.

Gemessen am Produktionswert machen die Gesamtaufwendungen des Produzierenden Gewerbes für Umweltschutz im Jahr 1989 nur 0,7 vH aus, im Verarbeitenden Gewerbe ist es kaum mehr als ein halbes Prozent (Tabelle 2.2-6). Überdurchschnittlich ist wieder die Bedeutung der Umweltschutzaufwendungen in den Energie- und Bergbausektoren (2,6 vH des Produktionswertes), in der Chemischen Industrie (1,9 vH) und in der Mineralölverarbeitung und Metallerzeugung (jeweils knapp 1 vH).

Die Aufwendungen des Staates für Umweltschutz sind nur wenig niedriger als die des Produzierenden Gewerbes. Dagegen sind die Ausgaben des Staates für Umweltschutz, die seit 1985 niedriger waren als die des Produzierenden Gewerbes, im Jahr 1990 wieder deutlich höher gewesen.

Staatliche Umweltschutzmaßnahmen kommen den Unternehmen als Infrastrukturvorleistungen zugute. Ein Teil der staatlichen Umweltschutzaufwendungen stellt aber direkt oder indirekt auch Belastungen für die Unternehmen dar. Über die Höhe der Belastung der Unternehmen durch die Finanzierung von Umweltschutzaufwendungen, die durch die öffentliche Hand vorgenommen werden, liegen keine Daten vor. Deswegen kann ihre Bedeutung nur mit Hilfe von Indikatoren abgeschätzt werden. Anhaltspunkte liefern Informationen über die Verwendungsstruktur externer Umweltschutzleistungen (Abschnitt 2.2.2.2) und über die Einnahmen der öffentlichen Haushalte in umweltrelevanten Aufgabenbereichen (Abschnitt 2.2.2.4.).

Tabelle 2.2-5

Gesamtausgaben für Umweltschutz nach Wirtschaftsbereichen						
	in jeweiligen Preisen			in Preisen von 1985		
	1975	1980	1989	1975	1980	1989
	Werte in Mill. DM					
Produzierendes Gewerbe	5698	7824	18068	8705	9648	17053
Energie und Bergbau	704	1190	6458	1051	1440	5991
Elektriz.-, Gas- u. Wasservers.	487	913	5285	725	1100	4908
Bergbau	217	277	1173	326	340	1083
Verarbeitendes Gewerbe	4908	6550	11485	7527	8106	10942
Chemische Industrie	1876	2495	4703	2897	3100	4493
Mineralölverarbeitung	598	557	731	910	691	696
Kunststofferzeugn., Steine/Erden	311	511	807	475	632	757
Metallerzeugnisse	853	1057	1435	1295	1306	1360
Stahl-, Maschinen- u. Fahrzeugbau	370	601	1438	574	743	1370
Elektrotechn. Erzeugn.	279	353	576	430	436	544
Holz- u. Papierindustrie	274	519	1105	424	638	1058
Ernährungsgewerbe	347	457	690	522	560	664
Baugewerbe	86	84	125	127	102	120
Staat	7717	12728	17455	11300	14180	16454
Produzierendes Gewerbe und Staat	13415	20552	35523	20005	23828	33507
	Entwicklung (1975 = 100)					
Produzierendes Gewerbe	100	137	317	100	111	196
Energie und Bergbau	100	169	917	100	137	570
Elektriz.-, Gas- u. Wasservers.	100	187	1085	100	152	677
Bergbau	100	128	541	100	104	332
Verarbeitendes Gewerbe	100	133	234	100	108	145
Chemische Industrie	100	133	251	100	107	155
Mineralölverarbeitung	100	93	122	100	76	76
Kunststofferzeugn., Steine/Erden	100	164	259	100	133	159
Metallerzeugnisse	100	124	168	100	101	105
Stahl-, Maschinen- u. Fahrzeugbau	100	162	389	100	129	239
Elektrotechn. Erzeugn.	100	127	206	100	101	127
Holz- u. Papierindustrie	100	189	403	100	150	250
Ernährungsgewerbe	100	132	199	100	107	127
Baugewerbe	100	98	145	100	80	94
Staat	100	165	226	100	125	146
Produzierendes Gewerbe und Staat	100	153	265	100	119	167
	Struktur in vH					
Produzierendes Gewerbe	100,0	100,0	100,0	100,0	100,0	100,0
Energie und Bergbau	12,4	15,2	35,7	12,1	14,9	35,1
Elektriz.-, Gas- u. Wasservers.	8,5	11,7	29,3	8,3	11,4	28,8
Bergbau	3,8	3,5	6,5	3,7	3,5	6,4
Verarbeitendes Gewerbe	86,1	83,7	63,6	86,5	84,0	64,2
Chemische Industrie	32,9	31,9	26,0	33,3	32,1	26,3
Mineralölverarbeitung	10,5	7,1	4,0	10,5	7,2	4,1
Kunststofferzeugn., Steine/Erden	5,5	6,5	4,5	5,5	6,6	4,4
Metallerzeugnisse	15,0	13,5	7,9	14,9	13,5	8,0
Stahl-, Maschinen- u. Fahrzeugbau	6,5	7,7	8,0	6,6	7,7	8,0
Elektrotechn. Erzeugn.	4,9	4,5	3,2	4,9	4,5	3,2
Holz- u. Papierindustrie	4,8	6,6	6,1	4,9	6,6	6,2
Ernährungsgewerbe	6,1	5,8	3,8	6,0	5,8	3,9
Baugewerbe	1,5	1,1	0,7	1,5	1,1	0,7

Quelle: Statistisches Bundesamt UGR, Berechnungen des DIW.

Tabelle 2.2-6

Bedeutung der Gesamtaufwendungen für Umweltschutz in den Wirtschaftsbereichen				
	Gesamtaufwendungen in vH des Produktionswertes in jeweiligen Preisen			
	1975	1980	1985	1989
Produzierendes Gewerbe	0,4	0,4	0,5	0,7
Energie und Bergbau	0,7	0,7	1,1	2,6
Elektriz.-, Gas- und Wasserversorgung	0,7	0,7	1,1	2,6
Bergbau	0,7	0,9	1,2	2,6
Verarbeitendes Gewerbe	0,4	0,5	0,5	0,5
Chemische Industrie	1,8	1,9	1,8	1,9
Mineralölverarbeitung	0,6	0,6	0,7	0,9
Kunststofferzeugn., Steine, Erden	0,5	0,5	0,5	0,5
Metallerzeugnisse	0,7	0,9	1,0	0,9
Stahl-, Maschinen- und Fahrzeugbau	0,1	0,2	0,2	0,2
Elektrotechnische Erzeugnisse	0,2	0,2	0,2	0,2
Holz-, Papier- und Bekleidungsgewerbe	0,2	0,3	0,3	0,4
Ernährungsgewerbe	0,2	0,2	0,3	0,3
Baugewerbe	0,0	0,0	0,1	0,0

Quelle: Statistisches Bundesamt UGR und VGR, Berechnungen des DIW.

2.2.2.2. Verwendungsstruktur externer Umweltschutzleistungen

Eine möglichst vollständige Erfassung der Kostenbelastung der Wirtschaftsbereiche aufgrund von Umweltschutzmaßnahmen verlangt - über die für eigene Zwecke erbrachten internen Umweltschutzleistungen (z.B. unternehmenseigene Kläranlage) hinaus - die Einbeziehung extern bezogener Umweltschutzleistungen. Das Statistische Bundesamt hat im Rahmen der Input-Output-Rechnungen trotz der unbefriedigenden Datenlage erste Schätzungen der externen Umweltschutzleistungen und ihrer Verwendungsstruktur, disaggregiert nach 15 Produktionsbereichen, für die Jahre 1980 und 1986 vorgelegt.

Die dort ausgewiesenen "Umweltschutzleistungen für Dritte" umfassen die Leistungen des Staates für den Umweltschutz sowie die Leistungen öffentlicher und privater Entsorgungsunternehmen und Eigenbetriebe der Gebietskörperschaften; bei den Unternehmensbereichen sind dabei nur die Umweltbereiche Abfallbeseitigung und Gewässerschutz erfaßt.

Diese Teilbereiche der Produktion von marktbestimmten und nichtmarktbestimmten Dienstleistungen werden in einem eigenen Produktionsbereich "Umweltschutzleistungen" zusammengefaßt. Die Leistungen privater Entsorgungsunternehmen im Auftrag der Gebietskörperschaften, die in der Volkswirtschaftlichen Gesamtrechnung als Vorleistungsbezüge des öffentlichen (Entsorgungs-) Bereichs an marktbestimmten Dienstleistungen - also intersektoral - verbucht werden, werden in diesem Wirtschaftsbereich zu intrasektoralen Lieferungen.

Die Verwendungsstruktur der Leistungen des Produktionsbereichs "Umweltschutzleistungen" gibt Hinweise auf die volkswirtschaftliche Bedeutung des Umweltschutzmarktes und ergänzt die teilweise aktuelleren und tiefer disaggregierten Informationen, die zur Kostenbelastung der Wirtschaftsbereiche durch Umweltschutzleistungen für eigene Zwecke vorliegen[66].

Die Vorleistungen externer Umweltschutzleistungen machten im Jahr 1986 insgesamt rund 17,3 Mrd. DM aus. Den größten Teil (62 vH) nahm der Sektor "Übrige marktbestimmte Dienstleistungen (ohne Umweltschutzleistungen)" in Anspruch; hierbei handelt es sich zum großen Teil um die Aufwendungen der privaten Haushalte für Abfall- und Abwasserentsorgung, die den Konventionen der Volkswirtschaftlichen Gesamtrechnung entsprechend im Bereich "Vermietung von Gebäuden und Wohnungen" unter den marktbestimmten Dienstleistungen verbucht werden. Weitere 13 vH machen intrasektorale Lieferungen aus, hier schlagen sich die Leistungen privater Entsorger im Auftrag der Gebietskörperschaften nieder. Das restliche Viertel externer Umweltschutzleistungen verteilt sich recht gleichmäßig auf die übrigen Produktionsbereiche. Besonders hoch ist dabei der Anteil der Chemischen Industrie (4 vH), besonders wenig externe Umweltschutzleistungen werden - außer für "nicht marktbestimmte Dienstleistungen" - für die Herstellung von Mineralölerzeugnissen benötigt.

In keinem der 15 Produktionsbereiche machten in Jahr 1986 die Aufwendungen für den Umweltschutz unter Berücksichtigung externer Umweltschutzleistungen mehr als 2,5 vH des Produktionswertes aus. Die Sektoren "Herstellung von chemischen Erzeugnissen" (2,5 vH) und "Erzeugung von Energie, Gewinnung von Wasser und Bergbauerzeugnissen" (2,3 vH) hatten gemessen am Produktionswert die höchsten Umweltschutzaufwendungen (Tabelle 2.2-7). Anteile von über einem vH wiesen darüber hinaus die Sektoren "Übrige marktbestimmte Dienstleistungen (ohne Umweltschutzleistungen)" (1,9 vH), "Herstellung von Mineralölerzeugnissen" (1,3 vH) und "Erzeugung und Bearbeitung von Eisen, Stahl und NE-Metallen" (gut 1 vH) aus.

---

[66] Gleichzeitig gibt die Bezugsstruktur des Sektors "Umweltschutzleistungen" Hinweise auf die volkswirtschaftliche Bedeutung des Umweltschutzmarktes (s. Abschnitt 4.2.).

Im Gegensatz dazu machen die Arbeitskosten (Einkommen aus unselbständiger Arbeit, ohne Umweltschutzaufwendungen) zwischen 39 vH[67] (Handels-, Verkehrs- und Postdienstleistungen) und gut 12 vH (Herstellung von Nahrungs- und Genußmitteln) des Produktionswertes aus. Bei der Herstellung von Mineralölerzeugnissen stellen die Arbeitskosten nur rund 2,7 vH des Produktionswertes dar; selbst dieser Anteil ist noch immer doppelt so groß wie derjenige der Aufwendungen für Umweltschutz in diesem Sektor (1,3 vH).

Die Vorleistungskäufe - der größte Kostenblock - belaufen sich (ohne Aufwendungen für Umweltschutz) auf ein Drittel (Handel, Verkehr, Post) bis zu drei Viertel (Eisen, Stahl, NE-Metalle) des Produktionswertes. Am ehesten vergleichbar ist das Gewicht der Aufwendungen für Umweltschutz der Größenordnung nach mit dem der Abschreibungen in den Sektoren Chemie (Anteil der Abschreibungen, ohne Aufwendungen für Umweltschutz, am Produktionswert 3,7 vH) und Mineralölwirtschaft (1,8 vH).

In den Abschreibungen sind anteilig auch die höchsten Aufwendungen für Umweltschutz enthalten: in der Chemischen Industrie entfallen fast 11 vH der Abschreibungen auf Umweltschutzanlagen, in der Mineralölwirtschaft sind es fast 18 vH. In diesem Sektor stellen außerdem rund 11 vH der Lohnkosten (Einkommen aus unselbständiger Arbeit) Aufwendungen für Umweltschutz dar. In den übrigen Sektoren liegt dieser Anteil unter 2,7 vH.

Die jährlichen Kostenstrukturerhebungen[68] weisen Umweltschutzaufwendungen nicht getrennt aus. Deswegen eignen sich die dort dargestellten Informationen über die Belastung der Produktion der Unternehmen mit verschiedenen Kosten nicht zum direkten Vergleich mit den Umweltschutzaufwendungen, sondern nur zur Illustration von Größenordnungen und Relationen. Dabei ist zu berücksichtigen, daß alle Kosten - in unterschiedlichem Maße - umweltschutzbedingte Anteile enthalten.

Die geringste Bedeutung unter den ausgewiesenen Kostenkomponenten hatten im Jahr 1990 im Verarbeitenden Gewerbe die Fremdkapitalzinsen (1,1 vH des Bruttoproduktionswertes) sowie Mieten und Pachten (1,4 vH). Der Energieverbrauch machte 2,2 vH des Bruttoproduktionswertes aus; im Gegensatz zu den vorher genannten Kosten streut dieser Wert stark über die Wirtschaftsbereiche, in der Eisenschaffenden Industrie betrug er gut 10 vH, in der Chemischen Industrie 3,8 vH. Der Anteil der Kostensteuern (hauptsächlich Verbrauch- und Vermögensteuern) am Bruttoproduktionswert betrug 3,2 vH. Darin schlagen sich die hohen Werte der Tabakverarbeitung und der Mineralölverarbeitung nieder; für die Chemische Industrie machten Kostensteuern 1,5 vH aus. Ein ähnlich hohes Gewicht wie die Ko-

---

[67] Ohne Berücksichtigung nicht marktbestimmter Dienstleistungen.
[68] Ab Berichtsjahr 1991 auch in den neuen Bundesländern.

Tabelle 2.2-7

Bedeutung der Aufwendungen für Umweltschutz einschließlich externer Umweltschutzleistungen in den Wirtschaftsbereichen

Anteile am Produktionswert in vH im Jahre 1986

	Aufwendungen für Umweltschutz				andere Kosten		
	insgesamt	Vorleistungen	Abschreibungen	Einkommen aus unselbst. Arbeit	Vorleistungen	Abschreibungen	Einkommen aus unselbst. Arbeit
Energie, Wasser u. Bergbauerzeugnisse	2,3	1,1	0,7	0,5	52,0	10,8	19,8
Chemische Erzeugnisse	2,5	1,5	0,5	0,5	63,8	3,7	21,5
Mineralölerzeugnisse	1,3	0,6	0,4	0,3	54,7	1,8	2,7
Kunststofferzeugn., Steine u. Erden, usw.	0,8	0,5	0,2	0,1	55,4	5,3	28,6
Eisen, Stahl, NE-Metalle, Gießereierzeugnisse	1,0	0,6	0,3	0,2	74,5	3,7	18,1
Stahl- u. Maschinenbauerz., ADV, Fahrzeuge	0,3	0,2	0,1	0,1	61,0	3,7	30,3
Elektrotechn. u. feinmech. Erzeugn., EBM-Waren	0,3	0,2	0,1	0,0	47,9	3,5	38,0
Holz-, Papier-, Lederwaren,Textilien, Bekleid.	0,7	0,5	0,1	0,1	60,2	4,0	27,0
Nahrungsmittel, Getränke, Tabakwaren	0,5	0,3	0,1	0,1	68,4	3,1	12,4
Bauleistungen	0,2	0,2	0,0	0,0	49,3	2,6	33,5
Dienstleist. d. Handels, Verkehrs, Postd. usw.	0,1	0,1	0,0	0,0	33,8	8,5	38,6
Übrige marktb. Dienstlstg. ohne Umweltschutzl.	1,4	1,4	0,0	0,0	41,5	11,8	16,4
Nichtmarktbest. Dienstlstg. ohne Umweltschutzl.	0,0	0,0	0,0	0,0	48,4	2,6	49,0

Quelle: Statistisches Bundesamt UGR und VGR, Berechnungen des DIW

Tabelle 2.2-8

Umweltschutzinvestitionen im Produzierenden Gewerbe

	Einheit	1975	1976	1977	1978	1979	1980	1981	1982	1983	1984	1985	1986	1987	1988	1989
Unternehmen[1] mit Investitionen für Umweltschutz	Anzahl	7975	6898	6551	5746	5564	5409	4805	4118	3994	4097	4391	4813	6106	5465	4816
Anteil dieser Unternehmen an allen Unternehmen	vH	13,8	12,5	10,0	8,7	8,4	8,1	7,3	6,6	6,5	6,8	7,5	8,4	9,8	9,5	8,4
Investitionen für Umweltschutz	Mill. DM	2513	2396	2280	2188	2098	2674	2948	3585	3709	3515	5635	7340	7676	8064	7746
für Abfallbeseitigung	Mill. DM	178	199	203	172	160	220	256	397	290	274	332	426	711	534	613
für Gewässerschutz	Mill. DM	911	821	749	686	773	915	951	1146	1113	1050	1066	1158	1992	1606	1324
für Lärmbekämpfung	Mill. DM	210	223	207	201	201	247	210	231	234	226	263	248	263	272	269
für Luftreinhaltung	Mill. DM	1214	1154	1121	1129	965	1292	1531	1811	2071	1965	3974	5508	4711	5652	5541
Anteil der Umweltschutzinvestition an den Investitionen insgesamt	vH	4,6	4,3	4,0	3,7	3,1	3,5	3,9	4,6	4,6	4,4	6,4	7,4	6,8	7,7	7,6
a.d.Gesamtinvest. v. Untern. m. U-Inv.	vH	6,9	6,5	6,6	6,3	5,5	5,9	6,4	7,6	7,7	7,6	10,1	11,9	11,3	12,3	12,3
Anteil der Wirtschaftsbereiche an den Inv. für Umweltschutz																
Energie- und Wasserversorgung	vH	9,0	12,9	9,9	12,0	17,1	17,3	25,9	35,9	29,3	37,6	47,3	54,0	33,7	45,6	54,9
Bergbau	vH	5,0	5,3	4,2	5,6	4,7	4,1	5,1	5,8	5,4	5,9	5,6	8,1	8,5	8,3	8,5
Verarbeitendes Gewerbe	vH	83,8	80,2	84,2	80,6	76,2	77,3	68,2	57,7	64,5	55,8	46,6	37,4	57,0	45,3	36,1
Baugewerbe	vH	2,3	1,6	1,7	1,7	2,0	1,3	0,9	0,6	0,7	0,7	0,5	0,5	0,8	0,7	0,6
							Entwicklung (1975 = 100)									
Zahl der Unternehmen insgesamt		100,0	96,5	112,0	112,2	113,1	113,1	111,9	107,5	106,2	103,7	100,8	99,9	106,9	99,9	99,3
Zahl der Unternehmen mit Invest. f. Umweltschutz		100,0	80,1	73,7	58,8	55,4	52,6	41,4	28,7	26,4	28,3	33,7	41,5	65,4	53,6	41,6
Investitionen insgesamt		100,0	101,3	103,5	106,6	116,1	129,0	127,4	129,5	133,2	133,0	144,0	157,4	175,2	165,0	161,9
Investitionen für Umweltschutz		100,0	95,7	91,3	87,9	84,5	106,0	116,3	140,1	144,7	137,5	216,8	280,5	293,1	307,6	295,7
in Energie- und Wasserversorgung		100,0	118,2	100,1	108,2	128,9	151,3	216,4	330,3	286,7	337,5	628,2	909,1	611,6	848,0	971,6
im Bergbau		100,0	100,8	73,1	97,5	75,3	86,3	127,7	173,6	169,9	176,0	272,3	523,4	578,5	595,0	581,0
im Verarbeitenden Gewerbe		100,0	91,2	91,0	83,5	75,5	98,1	95,4	98,2	114,0	93,0	125,3	131,1	209,9	175,0	133,5
im Baugewerbe		100,0	46,6	48,0	46,7	59,6	40,4	11,9	4,0	11,4	5,8	20,7	49,4	111,3	104,3	63,5
für Abfallbeseitigung		100,0	109,6	111,3	97,5	91,8	119,3	135,5	199,7	151,1	143,8	170,1	212,8	342,0	261,7	297,7
für Gewässerschutz		100,0	90,1	82,2	75,4	84,8	100,4	104,3	125,7	122,1	115,1	116,9	127,0	218,1	175,9	145,1
für Lärmbekämpfung		100,0	105,2	98,9	96,5	96,4	115,1	108,6	108,6	109,7	106,5	121,4	115,3	121,4	125,2	123,0
für Luftreinhaltung		100,0	95,4	92,8	93,4	80,7	106,1	124,6	146,2	164,2	158,2	313,7	432,4	370,8	443,6	435,0

Quellen: Statistisches Bundesamt, Fachserie 19, Reihe 3; Berechnungen des DIW. – [1] Unternehmen des Bergbaus, des Verarbeitenden Gewerbes und des Bauhauptgewerbes mit mindestens 20 Beschäftigen sowie Unternehmen der Energie- und Wasserversorgung und des Ausbaugewerbes meist auch mit weniger als 20 Beschäftigen.

stensteuern haben Abschreibungen (3,8 vH) und gesetzliche Sozialkosten[69] (3,4 vH), weitere Sozialkosten[26] schlagen mit 1,3 vH zu Buche. Sogenannte sonstige Kosten - das sind hauptsächlich Werbe- und Vertreterkosten, Provisionen, Prüfungs-, Beratungs- und Rechtskosten, Ausgangsfrachten, Versicherungsprämien und Bankspesen - machen 8,5 vH (Chemische Industrie 12,4 vH) aus.

Auch ohne eine direkte Gegenüberstellung mit den umweltschutzbedingten Kosten dürften diese Zahlen nicht für eine besondere Bedeutung der Kosten des Umweltschutzes für Standortentscheidungen sprechen.

2.2.2.3. Umweltschutzinvestitionen der Wirtschaftszweige des Produzierenden Gewerbes

Sektoral tiefer gegliederte Informationen zu den Gesamtausgaben bzw. - aufwendungen für Umweltschutz stehen nicht zur Verfügung. Deswegen müssen die nach ausgewählten Wirtschaftszweigen des Produzierenden Gewerbes nachgewiesenen Umweltschutzinvestitionen als Indikator verwendet werden[70]. Die Erhebung der Umweltschutzinvestitionen des Produzierenden Gewerbes liefert darüber hinaus Informationen über den Anteil der jeweils betroffenen Unternehmen und zur Art der Investitionen.

In aggregierter Betrachtung spielen Umweltschutzinvestitionen in jedem einzelnen Jahr immer nur für relativ wenige Unternehmen des Produzierenden Gewerbes eine Rolle[71]. Der Anteil der Unternehmen, die Investitionen für Umweltschutz getätigt haben, bewegte sich in der zweiten Hälfte der achtziger Jahre zwischen 7,5 (1985) und 9,5 vH (1988). Zuletzt (1989) investierten rund 4 800 Unternehmen des Produzierenden Gewerbes in den Umweltschutz. An den gesamten Investitionen des Produzierenden Gewerbes machen die Umweltschutzinvestitionen 7,6 vH aus, bezogen auf die Investitionen der Unternehmen, die Umweltschutzinvestitionen tätigen, sind es immerhin 12,3 vH (Tabelle 2.2-8). Dieser Anteil hat sich seit 1980 mehr als verdoppelt. Der durchschnittliche Aufwand der Unternehmen mit Umweltinvestitionen ist weiter gestiegen. Rein rechnerisch waren es 1980 0,5 Mill. DM pro Unternehmen, 1985 bereits 1,3 Mill. DM und zuletzt (1989) 1,6 Mill. DM.

---

[69] Verarbeitendes Gewerbe einschließlich Bergbau.

[70] Die Angaben zu den Umweltschutzinvestitionen in der Umweltökonomischen Gesamtrechnung und in der Fachserie 19 (Investitionen für Umweltschutz im Produzierenden Gewerbe) weichen geringfügig voneinander ab, weil in der Umweltökonomischen Gesamtrechnung unbebaute Grundstücke nicht einbezogen sind. Im vorliegenden Abschnitt wird auf die tiefergegliederten Informationen der Fachserie 19 Bezug genommen.

[71] Vgl. Deutsches Institut für Wirtschaftsforschung (Hrsg.), Umweltschutzinvestitionen im Produzierenden Gewerbe - auf wenige Branchen konzentriert. (Bearb. G. Neckermann.) "DIW-Wochenbericht", Nr. 29. Berlin, Jg. 55 (1988).

Ein Zusammenhang zwischen allgemeiner Investitionsentwicklung und Veränderungen der Umweltschutzinvestitionen ist wegen der vielen unterschiedlichen Einflußgrößen der beiden Größen nicht leicht festzustellen (Abbildung A 2.2-1). Die Entwicklung der Umweltinvestitionen wird in erster Linie durch umweltpolitische Regelungen bestimmt. Zudem führt jeweils nur ein kleiner Teil der Unternehmen Umweltinvestitionen durch. Schließlich besteht immer noch der größte Teil der Umweltinvestitionen des Produzierenden Gewerbes aus additiven, dem Produktionsprozeß nachgeschalteten Anlagen (1989: rd. 72 vH) (Tabelle A 2.2-2), nur knapp 16 vH waren Umweltschutzeinrichtungen, die als Komponenten in Anlagen enthalten sind, nur 2 vH waren produktbezogene Investitionen als Folge von Vorschriften und Auflagen zur Herstellung von Erzeugnissen mit geringerer Umweltbelastung[72]. Dennoch könnte aufgrund der Entwicklung im Jahr 1989, in dem die Umweltinvestitionen zusammen mit den bereits im Vorjahr gesunkenen Gesamtinvestitionen zurückgegangen sind, vermutet werden, daß die Unternehmen gewisse Spielräume mindestens für die zeitliche Durchführung von Umweltinvestitionen ausnutzen und in Jahren mit relativ schwacher Investitionsentwicklung auch Umweltinvestitionen zurückstellen.

Die Wirtschaftszweige des Produzierenden Gewerbes mit den größten Anteilen an den Umweltschutzinvestitionen finden sich (absteigend nach Anteilen im Jahr 1989 geordnet) in Tabelle 2.2-9.

Für die Kostenbelastung der Unternehmen kommt es aber eher darauf an, welchen Anteil die Umweltschutzinvestitionen an den gesamten Investitionen (der in Umweltschutz investierenden Unternehmen) hatten. In den oben genannten Bereichen rangierte dieser Anteil im Jahr 1989 zwischen gut einem Drittel (34,5 vH) im Steinkohlebergbau und Brikettherstellung, Kokerei und 4,7 vH bei der Herstellung von Kraftwagen und Motoren. Daneben gibt es aber eine Reihe von Wirtschaftszweigen, deren Anteil an den Umweltschutzinvestitionen des Produzierenden Gewerbes zwar gering ist, bei denen aber ein hoher Anteil ihrer Investitionen dem Umweltschutz dient. Die Sektoren, deren Investitionen besonders stark auf den Umweltschutz ausgerichtet waren (absteigend nach Anteilen im Jahr 1989 geordnet), sind in Tabelle 2.2-10 zusammengestellt. Größeres wirtschaftliches Gewicht hatten - gemessen am Anteil ihrer Investitionen an denen des Produzierenden Gewerbes - nur die Elektrizitätsversorgung und die Herstellung von chemischen Grundstoffen.

Die hohe Belastung einzelner Wirtschaftszweige ist nicht nur zufällige Erscheinung eines einzigen Jahres, tendenziell ergibt sich bei der Betrachtung der Durchschnittswerte der Jahre 1986 bis 1989 dasselbe Bild wie im Jahr 1989. Zu den

---

[72] In einzelnen Wirtschaftszweigen allerdings - beispielsweise im Bergbau und in der Eisenschaffenden Industrie - spielten Umweltschutzeinrichtungen als Teil von Sachanlagen eine bedeutende Rolle (Tabelle A 2.2-3).

Tabelle 2.2-9

Wirtschaftszweige des Produzierenden Gewerbes mit den größten Anteilen an den Umweltschutzinvestitionen		
	Anteil an den Umweltschutzinvestitionen des Produzierenden Gewerbes in vH	
	1989	ø 1986-89
Elektrizitätsversorgung	32,3	45,8
Herstellung von chemischen Grundstoffen	18,6	13,1
Steinkohlenbergbau und Brikettherstellung, Kokerei	6,4	5,4
Zellstoff-, Holzschliff-, Papier- und Pappeerzeugung	3,4	2,4
Hochofen-, Stahl- und Warmwalzwerke	2,4	2,8
Mineralölverarbeitung	2,3	2,0
Herstellung von chemischen Erzeugnissen für Gewerbe und Landwirtschaft	1,8	1,2
Herstellung von Kunststoffwaren	1,4	0,9

Quelle: Statistisches Bundesamt, Fachserie 19, Reihe 3.

Wirtschaftszweigen mit besonders hohen Anteilen von Umweltinvestitionen an den Gesamtinvestitionen des jeweiligen Wirtschaftszweigs gehörte in diesem Zeitraum außer den oben genannten auch die Wasserversorgung mit 21 vH bei einem Anteil von 1 vH an den Umweltschutzinvestitionen des Produzierenden Gewerbes.

In einzelnen Wirtschaftszweigen ist auch der Anteil der Unternehmen, die jeweils in einem Jahr in Umweltschutz investieren, wesentlich höher (Tabelle A 2.2-4). So haben im Durchschnitt der Jahre 1986 bis 1989 über 80 vH der NE-Leicht- und Schwermetallhütten in den Umweltschutz investiert. Über die Hälfte der Unternehmen hat im Durchschnitt der genannten Jahre auch in den Bereichen

- Steinkohlenbergbau und Brikettherstellung, Kokerei (73 vH),
- Herstellung von Chemiefasern (70 vH),
- Herstellung von Batterien und Akkumulatoren (69 vH),
- Zuckerindustrie (68 vH),

- Herstellung von chemischen Grundstoffen (63 vH),
- NE-Metallumschmelzwerke,
- Mineralölverarbeitung,
- Gewinnung von Erdöl, Erdgas (53 vH),
- Herstellung von Zement (53 vH)

Umweltschutzinvestitionen getätigt.

Tabelle 2.2-10

Wirtschaftszweige des Produzierenden Gewerbes mit stark auf den Umweltschutz ausgerichteten Investitionen			
	Anteil der Investitionen an den Investitionen des Produzierenden Gewerbes in vH	Anteil der Umweltschutzinvestitionen an den	
		Umweltschutzinvestitionen des Produzierenden Gewerbes in vH	Investitionen des jeweiligen Wirtschaftszweigs in vH
	1989		ø 1986-89
Ledererzeugung	< 0,1	0,2	47,6	31,2
Fernwärmeversorgung	0,1	0,4	39,6	29,5
Mälzerei	< 0,1	0,1	37,0	24,5
Steinkohlebergbau und Brikettherstellung, Kokerei	1,3	6,4	34,5	25,4
NE-Schwermetallhütten	0,2	0,9	31,7	29,1
NE-Metallumschmelzwerke	< 0,1	0,3	30,0	27,0
Elektrizitätsversorgung	13,8	32,3	23,6	29,8
Herstellung von Futtermitteln	0,2	0,3	20,7	19,9
Zuckerindustrie	0,2	0,7	20,2	18,7
Herstellung von chemischen Grundstoffen	6,5	18,6	19,9	16,3

Quelle: Statistisches Bundesamt, Fachserie 19, Reihe 3.

In einzelnen Jahren wurde auch in anderen Wirtschaftszweigen von mehr als der Hälfte der Unternehmen im Umweltschutz investiert, z.B. im Jahr 1989 von Hochofen-, Stahl- und Warmwalzwerken (56,1 vH), von der Eisen-, Stahl- und Tempergießerei (52,5 vH) und vom Sektor Herstellung von Kraftwagen und Motoren (51,5 vH).

Die jüngere Entwicklung läßt sich nur auf stärker aggregierter Ebene erkennen; hierfür liegen in der Abgrenzung nach Betrieben vorläufige Werte für das Jahr 1990 vor, die mit den Durchschnittswerten für den Zeitraum 1986 bis 1989 verglichen werden können (Tabelle 2.2-11). Im Produzierenden Gewerbe (ohne Baugewerbe) ist der Anteil der Investitionen insgesamt im Jahr 1990 mit 6,1 vH etwas niedriger als im Durchschnitt der Jahre 1986 bis 1989 (7,6 vH). In den Wirtschaftsbereichen des Verarbeitenden Gewerbes allerdings waren die Anteile zuletzt höher als im Durchschnitt der früheren Jahre. Demgegenüber sind sowohl im Bergbau als auch in der Energie- und Wasserversorgung die Anteile der Umwelt- an den Gesamtinvestitionen deutlich zurückgegangen, nachdem das Programm zur Entschwefelung und Entstickung, insbesondere der großen Kohlefeuerungen, nach den Bestimmungen der Großfeuerungsanlagenverordnung weitgehend abgeschlossen ist.

Auch der Anteil der Betriebe mit Investitionen für den Umweltschutz ist im Jahr 1990 niedriger gewesen als im Durchschnitt der vorangegangenen vier Jahre, hauptsächlich aufgrund der Entwicklung im Bergbau. Im Verarbeitenden Gewerbe ist er zuletzt nur wenig höher gewesen.

2.2.2.4. Abgaben

Die Unternehmen werden nicht nur durch die im Rahmen der Umweltökonomischen Gesamtrechnung ausgewiesenen Ausgaben für den Umweltschutz sowie die Ausgaben für Umweltschutzleistungen Dritter belastet, sondern auch durch Abgaben, die zur Finanzierung von öffentlichen Ausgaben im Umweltbereich sowie zur Beeinflussung umweltrelevanten Verhaltens erhoben werden[73]. Über die Höhe dieser Belastung der Unternehmen (sowohl insgesamt als auch nach Branchen) liegen allerdings keine zuverlässigen Zahlen vor. Bekannt sind lediglich die Einnahmen der öffentlichen Haushalte in umweltschutzrelevanten Aufgabenbereichen. Diese werden jedoch nicht nur von den Unternehmen, sondern auch von den privaten Haushalten geleistet. Eine Aufgliederung der Einnahmen auf die leistenden Sektoren wird von der amtlichen Statistik auf Bundesebene nicht vorgenommen. Eine Abschätzung der Anteile über Materialströme (z.B. Abfall- oder Abwasserstatistik), die auch hinsichtlich der Verursacherbereiche aufgegliedert werden, dürfte nur mit Einschränkungen und/oder relativ hohem Aufwand möglich sein. Diese Probleme verdeutlicht die weiter unten dargestellte Berechnung von Ewringmann, der beispielhaft die Belastung verschiedener Sektoren durch die Abwasserabgabe abschätzt.

Abbildung 2.2-3 stellt die Entwicklung der unmittelbaren Einnahmen der öffentlichen Haushalte in umweltschutzrelevanten Aufgabenbereichen dar (siehe auch Tabelle A 2.2-5). Als unmittelbar werden die Einnahmen bezeichnet, die nicht durch Zahlung eines öffentlichen Haushaltes an einen anderen öffentlichen Haus-

---

[73] Vgl. Statistisches Bundesamt (Hrsg.), Ausgewählte Ergebnisse zur Umweltökonomischen Gesamtrechnung 1975 bis 1990. (Ausgewählte Arbeitsunterlagen der Bundesstatistik, Heft 18.) Wiesbaden 1991, S. 24.

Tabelle 2.2-11

Bedeutung der Investitionen für Umweltschutz im Produzierenden Gewerbe 1990

	Anteile der Investitionen für Umweltschutz an den Investitionen des jeweiligen Wirtschaftsbereichs in vH		Anteile der Betriebe, die im Umweltschutz investieren in vH	
	ø 1986 bis 1989	1990	ø 1986 bis 1989	1990
Produzierendes Gewerbe (ohne Baugewerbe)	7,6	6,1	12,2	11,1
Elektrizitäts-,Gas-,Fernwärme-u.Wasserversorgung	18,1	9,6	6,3	6,4
Bergbau	18,3	14,3	37,3	32,2
Verarbeitendes Gewerbe	4,4	5,2	12,6	14,0
Grundstoff-und Produktionsgüter prod. Gewerbe	10,3	11,8	23,1	25,1
Investitionsgüter prod. Gewerbe	2,0	2,5	11,8	13,2
Verbrauchsgüter prod. Gewerbe	2,5	3,2	8,4	10,0
Nahrungs-und Genußmittelgewerbe	2,9	3,1	11,3	11,1
Mineralölverarb.,chem. Industrie.	12,5	14,8	35,5	37,1
H. v. Kunststoffwaren, Gummiverarbeitung	2,3	3,6	12,9	15,1
Eisenschaffende Ind., NE-Metallerz., NE-Metallhalbzeugwerke, Giesserei, Stahlverf.usw	8,7	9,8	27,1	30,0
Gew. u. Verarb. von Steinen u. Erden, Feinkeramik, H.u. Verarb. von Glas	5,6	5,8	15,3	17,5
Ziechereien, Kaltwalzwerke, Mechanik, a.n.g	1,4	2,0	7,9	10,5
Holzverarbeitung, Holzbearbeitung, Zellstoff-, Holzschliff-, Papier-und Pappeerzeugung, Pappeverarbeitung, Druckerei, Vervielfältigung	4,8	5,0	10,2	11,7
Stahl-u.Leichtmetallbau, Straßen- u.Schienenfahrzeugbau, Luft u.Raumfahrzeugbau, Maschinenbau, H.v.Büromaschinen, ADV-Geräten und- Einrichtungen, Schiffbau	2,1	2,6	10,7	12,2
Elektrotechnik, Feinmechanik, Optik, H.v.Uhren, H.v.EBM-Waren, H.v.Musikinstrumenten, Spielwaren, Füllhaltern u.s.w	1,6	2,2	11,6	13,0
Ledererzeugung, Lederverarbeitung	2,4	2,6	4,7	4,6
Textilgewerbe, Bekleidungsgewerbe	2,9	3,1	11,3	11,1
Ernährungsgewerbe, Tabakverarbeitung				

Quelle: Statistisches Bundesamt, Fachserie 19, Reihe 3 und Vorabergebnisse; Berechnungen des DIW. - Berichtskreis: Betriebe. - [1] Anteil an den Gesamtinvestitionen des jeweiligen Wirtschaftszweigs.

Abbildung 2.2-3

Entwicklung der unmittelbaren Einnahmen und Ausgaben der öffentlichen Haushalte in umweltschutzrelevanten Aufgabenbereichen

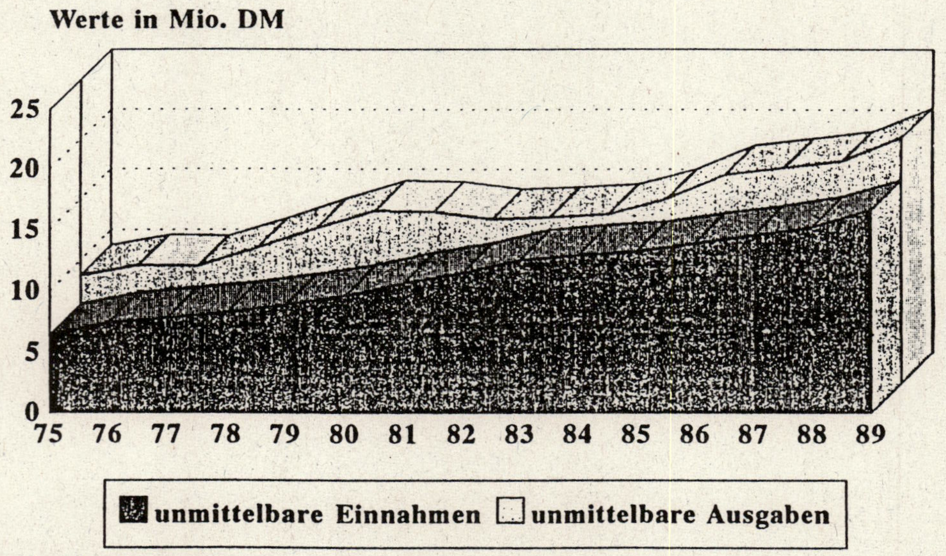

Werte in Mio. DM

■ unmittelbare Einnahmen ☐ unmittelbare Ausgaben

Quelle: Statistisches Bundesamt

halt entstehen; sie stellen also die gesamte Übertragung des Privatsektors an öffentliche Haushalte dar. Sie setzen sich aus Abgaben sowie Einnahmen aus wirtschaftlicher Tätigkeit, Veräußerungen, Vermögen oder Darlehensrückflüssen zusammen. In der finanzwissenschaftlichen Systematik werden Abgaben (im weiteren Sinne) in Steuern, Gebühren, Beiträge und (Sonder-)Abgaben (im engeren Sinne) unterteilt[74]. Die Erhebung von Steuern und (Sonder-)Abgaben begründet keinen Anspruch des Abgabepflichtigen auf eine Gegenleistung. Während Steuern dem allgemeinen Staatshaushalt zufließen, werden Sonderabgaben zweckgebunden erhoben. Gebühren werden als Entgelt für eine dem Einzelnen zurechenbare öffentliche Leistung verstanden. Durch Beiträge werden Investitionsausgaben, die durch die öffentliche Hand getätigt wurden, (zu einem Teil) auf diejenigen umgelegt, die davon einen Nutzen haben.

Die gesamten unmittelbaren Einnahmen haben sich von 1974 bis 1989 verdreifacht, was einer durchschnittlichen jährlichen Wachstumsrate von 7,6 vH entspricht. Im Jahr 1989 betrugen sie 16,6 Mrd. DM. Den größten Anteil machen Gebühren aus. Ihr Anteil ist seit 1974 von 74 vH auf 85 vH angestiegen. Der Anteil der Beiträge ist in diesem Zeitraum stetig von 19 vH auf 8 vH zurückgegangen, während der Anteil der sonstigen unmittelbaren Einnahmen sich mit geringen Schwankungen bei ca. 6 vH bewegt.

Der größte Teil der Einnahmen entfällt auf die Bereiche Abwasserbeseitigung und Abfallbeseitigung. Der Anteil der Abwasserbeseitigung betrug 1974 64,6 vH und ist in den letzten Jahren auf 58,8 vH abgesunken. Der Anteil der Abfallbeseitigung ist in diesem Zeitraum von 28,1 vH auf 34,6 vH angestiegen.

Die Abgabenbelastung der Privaten hat stärker zugenommen als die Umweltschutzausgaben der öffentlichen Haushalte, weil diese durch Einnahmeerhöhungen in vielen Bereichen einen Anstieg des Kostendeckungsgrades angestrebt haben. Dies hat zu einer Erhöhung der Quote von unmittelbaren Einnahmen zu Ausgaben von 65,6 vH in 1974 auf 82,4 vH geführt. Inzwischen weisen die städtischen Gebührenhaushalte in einzelnen Bereichen Deckungsgrade der dort erfaßten Kosten von fast 90 vH auf[75]. Ein weiterer überproportionaler Anstieg der Abgaben ist dennoch möglich, wenn bisher nicht berücksichtigte Kosten in die Kostenrechnung stärker einbezogen und Umweltstandards verschärft werden.

---

[74] Vgl. D. Ewringmann und F. Schafhausen: Abgaben als ökonomischer Hebel in der Umweltpolitik - Ein Vergleich von 75 praktizierten oder erwogenen Abgabenlösungen im In- und Ausland. In: Umweltbundesamt (Hrsg.), Berichte des Umweltbundesamtes, Berlin 1985.

[75] Vgl. H. Karrenberg und E. Münstermann: Gemeindefinanzbericht 1992. "Der Städtetag", Stuttgart, Jg. 45 (1992), Nr. 2.

In einer (unveröffentlichten) Berechnung[76] versucht Ewringmann beispielhaft, die Belastung verschiedener Gruppen durch die Abwasserabgabe zu ermitteln. Bei der Einführung dieser Abgabe und der Erhöhung der Abgabesätze hatte die Industrie befürchtet, in unzumutbarem Maße belastet zu werden. Mit 479 Mill. DM bzw. 0,06 vH des gesamten Steuer- und Abgabenaufkommens erreichte ihr Aufkommen 1987 des bisherigen Höchststand und ist seither bis 1990 auf 338 Mill. DM bzw. 0,04 vH des gesamten Steuer- und Abgabenaufkommens gesunken. Nur weitreichende Annahmen erlauben abzuschätzen, zu welchen Teilen die Abgabe von Haushalten und Kleineinleitern einerseits und gewerblichen und industriellen Direkt- und Indirekteinleitern andererseits getragen wird. Der Anteilsberechnung liegen die Daten aus Nordrhein-Westfalen zugrunde. Abgabedaten aus anderen Ländern liegen in der erforderlichen Spezifikation nicht vor. Die Aufspaltung der von Gemeinden entrichteten Abgabe auf Haushalte und gewerblich-industrielle Indirekteinleiter wurde aufgrund der Abwassermengenstatistik des Statistischen Bundesamtes nicht vorgenommen. Die auf dieser Basis berechneten Beträge legen nahe, daß die Belastung der gewerblichen und industriellen Direkt- und Indirekteinleiter durch die Abwasserabgabe als gering einzuschätzen ist. Das höchste Aufkommen von 479 Mill. DM im Jahr 1987 wurde zu 56 vH von Haushalten und Kleineinleitern getragen, 46 vH bzw. 150 Mill. DM entfiel auf die gewerblichen und industriellen Direkt- und Indirekteinleiter. Allerdings ist zu berücksichtigen, daß diese Anteilswerte aufgrund methodischer Probleme wenig belastbar sind. Auch könnten bei einzelnen Branchen oder Unternehmen durchaus spürbare Kosten entstehen, wenngleich diese angesichts der Größenordnung des Gesamtaufkommens nicht ausschlaggebend für Standortverlagerungen sein dürften.

2.3. Finanzhilfen im Umweltschutz

Wenn Umweltschutzmaßnahmen der Unternehmen als Kostenfaktor betrachtet werden, so muß gleichzeitig berücksichtigt werden, daß ein Teil der entstehenden Kosten durch öffentliche Subventionen getragen wird. Wünschenswert wäre, dem Gesamtaufwand der Unternehmen für Umweltschutzmaßnahmen die Entlastung durch Fördermaßnahmen gegenüberzustellen, um die Nettobelastung der Unternehmen zu erhalten. Dies erweist sich jedoch aus verschiedenen Gründen als schwierig:

- Umweltschutz kann aus einer Reihe von Programmen gefördert werden, die nicht ausschließlich oder auch nur primär für Zwecke des Umweltschutzes bestimmt sind. In der Regel wird nicht ausgewiesen, welcher Anteil der geförderten Maßnahmen dem Umweltschutz zuzurechnen ist.

---

[76] Ewringmann, ohne Titel, abgedruckt in: Umweltbundesamt (Hrsg.), Informationen zum Thema Umweltschutz und Standortwahl. Berlin 1992.

- Die in den Haushaltsansätzen ausgewiesenen Fördermittel verteilen sich häufig auf private Unternehmen und Gebietskörperschaften. Die Verteilung ist allerdings selten verbindlich festgelegt und somit der auf private Unternehmen entfallende Betrag unbekannt.
- Im Falle von Kreditvergünstigungen und erhöhten steuerlichen Absetzungen entstehen den Unternehmen zunächst Liquiditätsgewinne. Die Errechnung des Subventionsanteils ist theoretisch wie praktisch problematisch.

Aus diesen Gründen können derzeit keine Angaben über die Entlastung des Unternehmensbereiches durch Subventionen gemacht werden. Hier kann nur skizziert werden, auf welchen Wegen Umweltschutzmaßnahmen der Unternehmen gefördert werden. Eine Förderung von Umweltschutzmaßnahmen ist grundsätzlich in Form von steuerlichen Begünstigungen, Zuschüssen, günstigen Krediten oder Kreditgarantien möglich. Dafür wird von einzelnen Bundesländern, dem Bund und der EG eine Vielzahl von umweltspezifischen Förderprogrammen angeboten. Darüber hinaus kann eine Reihe von Fördermaßnahmen, die nicht ausschließlich für Umweltschutzmaßnahmen offenstehen, für die Finanzierung von Umweltschutzinvestitionen genutzt werden.

2.3.1. Förderprogramme der EG

Von der EG wurden auf der Grundlage der "Verordnung (EWG) Nr. 2242/87 des Rates über gemeinschaftliche Umweltaktionen" vom 23.7.1987 im Zeitraum von 1987 bis 1991 Mittel für die finanzielle Unterstützung von Umweltschutzmaßnahmen bereitgestellt. Das Volumen von 24 Millionen ECU, verteilt auf 4 Jahre, war gering. Weitere Mittel standen im Fachprogramm (z.B. "Thermie" im Energiebereich oder NORSPA für Umweltschutz-Demonstrationsvorhaben in Küstengebieten) zur Verfügung.

Gegenwärtig wird die Schaffung eines einheitlichen Finanzierungsinstrumentes für die Umwelt (LIFE) diskutiert, das in der ersten Phase über einen Zeitraum von 4 Jahren mit einem Volumen von 400 Mill. ECU ausgestattet werden soll. Davon sollen Zuschüsse oder Zinsvergünstigungen für Maßnahmen geleistet werden, die zur Entwicklung und Durchführung der Umweltpolitik und des Umweltschutzrechts der Gemeinschaft beitragen.

Aktuell wird von der EG das 3. Rahmenprogramm zur Forschungs- und Technologieförderung mit einem Gesamtvolumen von 5,7 Mrd. ECU, verteilt auf die Jahre 1990 bis 1994, angeboten. Davon entfallen 2 Mrd. ECU auf den Bereich "Nutzung der natürlichen Ressourcen" und 3,1 Mrd. ECU auf den Bereich "Grundlegende Technologien", der für den Umweltschutz ebenfalls relevant ist.

Von der Europäischen Investitionsbank (EIB) werden Kredite für Projekte zur Sicherung der Luft- und Wasserqualität, zum Schutz der Natur, in den Bereichen der Abfallwirtschaft sowie zur Verbesserung der städtischen Umwelt vergeben.

2.3.2. Fördermaßnahmen des Bundes

Eine steuerliche Förderung von Umweltschutzmaßnahmen war in Deutschland bis 1991 möglich. Nach § 7d Einkommenssteuergesetz (EStG) waren erhöhte Absetzungen für Wirtschaftsgüter, die unmittelbar und zu mehr als 70 vH dem Umweltschutz dienen, erlaubt. Durch diese Möglichkeit wurde die Steuerlast der Unternehmen in den letzten Jahren um ca. 600-800 Mill. DM verringert (vgl. Subventionsberichte). Die Förderung nach § 7d EStG war auf Maßnahmen begrenzt, die vor dem 1.1.1991 durchgeführt wurden und hat daher keine Bedeutung für zukünftige Investitionsentscheidungen.

Investitionszuschüsse bis zu 50 vH werden im Rahmen des "Investitionsprogramm zur Verminderung von Umweltbelastungen" für Demonstrationsprojekte in großtechnischem Maßstab vom Bundesumweltministerium gewährt. Im Rahmen dieses Programmes wurden 1990 240 Mill. DM und 1991 250 Mill. DM an Fördermitteln vergeben. Das "Fachprogramm Umweltforschung und -technologie des Bundesministeriums für Forschung und Technologie (BMFT)" fördert Investitionen zur Entwicklung von Umwelttechnologien durch Zuschüsse bis zu 50 vH.

Wichtige Kreditprogramme werden von den drei öffentlich-rechtlichen Hauptleihinstituten der Bundesrepublik Deutschland, der Kreditanstalt für Wiederaufbau (KfW), der Deutschen Ausgleichsbank (DAB) sowie der Berliner Industriebank (BIB), aufgelegt. Diese sind für die Vergabe von Krediten aus dem ERP-Sondervermögen zuständig. Daneben führen sie auch Programme aus Eigenmitteln durch. Mittel für den Umweltschutz werden auf den Gebieten Abwasserreinigung, Abfallwirtschaft, Luftreinhaltung sowie zur Energieeinsparung im Rahmen verschiedener Programme vergeben. Umweltschutzinvestitionen können zusätzlich auch im Rahmen anderer Programme gefördert werden. Tabelle 2.3-1 gibt einen Überblick über relevante Kreditprogramme.

Die genannten Programme bieten Kredite mit langen Laufzeiten (bis zu 20 Jahren) und bis zu 5 tilgungsfreien Anlaufjahren. Der Zinssatz liegt am unteren Rand oder unterhalb des Kapitalmarktzinsniveaus und wird über die volle Laufzeit garantiert. Für die Absicherung dieser und anderer Kredite können verschiedene Kreditbesicherungsprogramme genutzt werden.

Tabelle 2.3-1

Umweltrelevante Kreditprogramme für den Unternehmensbereich		
Programm	Zusagen für 1991	
	Anzahl	Mill. DM
ERP-Programme		
Abwasserreinigung - West	537	145,9
Abwasserreinigung - Ost	127	60,0
Luftreinhaltung - West	737	198,0
Luftreinhaltung - Ost	266	129,1
Abfallwirtschaftsprogramm	695	358,6
Energiesparprogramm	473	183,5
Modernisierung[1]	2300	630,0
KfW-Programme		
Umwelt	1383	1097,1
Investitionskredit[1,2]	1200	3100,0
Ergänzungsprogramm der Deutschen Ausgleichsbank, Ergänzungsdarlehensprogramm III	628	396,2

Quellen: Kreditanstalt für Wiederaufbau, Deutsche Ausgleichsbank. - [1]Nur die für umweltrelevante Investitionen gewährten Kredite. - [2]Neue Bundesländer.

Es ist möglich, das Volumen der umweltspezifischen Förderungsmaßnahmen des Bundes abzuschätzen. Vom DIW werden fortlaufend die Subventionen des Bundes bezüglich ihres Förderzwecks und der Empfänger analysiert.[77] Dazu werden alle Subventionstatbestände - d.h. Steuervergünstigungen, Finanzhilfen und Transfers mit Subventionscharakter, soweit sie in den Subventionsberichten oder Bundeshaushaltsplänen enthalten sind - auf der Basis der in der Gesetzesgrundlage gegebenen Begründung nach Zielen klassifiziert. Hinzu kommen Darlehen aus dem ERP-Sondervermögen. Die Aufteilung des Fördervolumens nach Branchen wurde

---

[77] Vgl. Deutsches Institut für Wirtschaftsforschung (Hrsg.), Umorientierung der Subventionspoltik des Bundes? (Bearb.: F. Stille.) "DIW-Wochenbericht", Nr. 35, Berlin, Jg. 56 (1989); B. Fritzsche, M. Hummel, K.-H. Jüttemeier, F. Stille, M. Weilepp, Subventionen. Probleme der Abgrenzung und Erfassung. (Ifo-Studien zur Strukturforschung, Nr. 11.) München 1988.

in den Fällen, in denen keine exakten Angaben vorlagen, aufgrund plausibler Strukturschlüssel vorgenommen.

Eine Aufschlüsselung der Subventionen nach Zielen zeigt einen relativ geringen, aber deutlich anwachsenden Umfang und Anteil der Förderung des Umweltschutzes an den gesamten Subventionen des Bundes (vgl. Tabelle 2.3-2). Das Fördervolumen ist seit 1970 von 133 Mill. DM auf 2.454 Mill. DM angewachsen, und hat sich allein in den letzten 5 Jahren verdoppelt. Der Anteil der Umweltschutzsubventionen betrug 1991 2,3 vH der gesamten Subventionen.

Tabelle 2.3-2

Jahr	Subventionen insgesamt	Subventionen für Umweltschutz	Anteil der Subventionen für Umweltschutz in vH
	in Mill. DM		
1970	30 420	133	0,4
1975	49 885	147	0,3
1980	69 664	377	0,5
1985	88 525	969	1,1
1990	93 094	2 191	2,4
1991	104 656	2 454	2,3

Quelle: Subventionsberichterstattung des DIW.

Die wichtigsten begünstigten Branchen waren die Elektrizitätswirtschaft und die Chemische Industrie, also Branchen, die auch besonders hohe Umweltschutzausgaben aufweisen. Allerdings ist der Anteil der beiden Branchen an den gesamten Investitionen für Umweltschutz deutlich gesunken. Während er 1974 über 60 vH und 1989 noch über 40 vH betrug, weist er 1990 nur noch etwas mehr als 25 vH auf (vgl. Tabelle 2.3-3). Dieser Rückgang ist jedoch nicht auf ein Absinken des absoluten Fördervolumens dieser Branchen zurückzuführen, sondern vielmehr darauf, daß der Anstieg des Gesamtvolumens hauptsächlich anderen Branchen zugute gekommen ist.

Tabelle 2.3-3

Subventionen des Bundes für Umweltschutz nach Wirtschaftsbereichen					
	1974	1979	1984	1989	1990
	Werte in Mill. DM				
Elektrizitätsversorgung	131,2	127,9	367,4	383,4	383,4
Chemische Industrie	27,6	30,1	79,1	146,0	204,7
Mineralölverarbeitung	9,0	9,0	25,4	27,2	28,1
Eisenschaffende Industrie	4,8	6,2	14,2	71,9	120,3
Maschinenbau	6,6	12,8	22,4	48,1	87,7
Strassenfahrzeugbau	5,4	8,1	16,7	26,5	31,5
Elektrotechnik	5,4	10,8	18,5	38,6	59,1
Holzverarbeitung	3,4	5,9	11,4	23,1	49,0
Ernährungsgewerbe	6,9	11,4	22,4	43,7	88,6
Hochbau	1,4	3,4	5,7	21,0	80,0
Ausbaugewerbe	0,7	1,9	3,1	12,3	47,8
Grosshandel, Handelsvermittlung	2,7	5,7	10,0	33,3	122,6
Einzelhandel	2,6	6,7	10,9	42,0	161,6
Übrige Dienstleistungen	7,2	12,7	25,0	67,8	230,8
Zusammen	215,0	252,5	632,1	984,9	1695,2
nachr.: Alle Wirtschaftsbereiche	255,1	317,2	760,5	1242,0	2191,8
	Anteile in vH				
Elektrizitätsversorgung	51,4	40,3	48,3	30,9	17,5
Chemische Industrie	10,8	9,5	10,4	11,8	9,3
Mineralölverarbeitung	3,5	2,8	3,3	2,2	1,3
Eisenschaffende Industrie	1,9	2,0	1,9	5,8	5,5
Maschinenbau	2,6	4,0	2,9	3,9	4,0
Strassenfahrzeugbau	2,1	2,6	2,2	2,1	1,4
Elektrotechnik	2,1	3,4	2,4	3,1	2,7
Holzverarbeitung	1,4	1,8	1,5	1,9	2,2
Ernährungsgewerbe	2,7	3,6	2,9	3,5	4,0
Hochbau	0,5	1,1	0,7	1,7	3,6
Ausbaugewerbe	0,3	0,6	0,4	1,0	2,2
Grosshandel, Handelsvermittlung	1,0	1,8	1,3	2,7	5,6
Einzelhandel	1,0	2,1	1,4	3,4	7,4
Übrige Dienstleistungen	2,8	4,0	3,3	5,5	10,5
Zusammen	84,3	79,6	83,1	79,3	77,3

Quelle: Subventionsberichterstattung des DIW

Folgende Gründe lassen vermuten, daß die tatsächlich empfangenen Subventionen des Unternehmenssektors für Umweltschutzziele höher sind: Es sind nur Fördermaßnahmen des Bundes und aus dem ERP-Sondervermögen erfaßt; substantielle Mittel sind jedoch vor allem auch von den Bundesländern verfügbar. Es sind nur die Maßnahmen erfaßt, die eindeutig dem Umweltschutzziel zuzuordnen sind. Umweltschutzmaßnahmen können jedoch auch aus Programmen mit anderen Zielsetzungen gefördert werden.

Andererseits gehen bei der Berechnung des Fördervolumens Steuervergünstigungen, echte Zuschüsse und (zinsverbilligte) Darlehen mit ihrem Nominalwert ein. Der Subventionsanteil ist bei den drei Förderarten jedoch verschieden. Steuervergünstigungen führen im Fall von erhöhten Absetzungen nur zu zinslosen Steuerstundungen, deren Nettogegenwartswert den Subventionsanteil darstellt. Analoges gilt für zinsverbilligte Kredite, für die korrekterweise die kapitalisierte Zinsdifferenz als Subventionsanteil zugrundezulegen ist. Ob per Saldo die Unter- oder die Überschätzung stärker zu Buche schlägt, kann auf Grund der derzeit verfügbaren Informationen nicht abgeschätzt werden. Da die Entlastung der Unternehmen durch Subventionen in der Diskussion der Umweltpolitik auch zukünftig eine wichtige Rolle spielen dürfte, sollten die Berechnungsgrundlagen im Rahmen der umweltökonomischen Gesamtrechnung ermittelt werden.

2.3.3. Regionalpolitisch motivierte Förderprogramme

Auch von den Bundesländern werden Programme durchgeführt, die zur Finanzierung von Umweltschutzinvestitionen herangezogen werden können. Das Spektrum und die Ausgestaltung weichen in den einzelnen Ländern stark voneinander ab. Eine Übersicht über diese Programme sowie detaillierte Informationen über Förderbedingungen gibt die Broschüre "Investitionshilfen im Umweltschutz"[78].

Hilfsprogramme stehen in großem Umfang für Regionen in den alten Bundesländern mit Strukturproblemen und in besonders hohem Umfang derzeit für die neuen Bundesländer zur Verfügung. Als besonders wichtiges Programm wird hier die Gemeinschaftsaufgabe "Verbesserung der regionalen Wirtschaftsstruktur" (GA) beispielhaft vorgestellt. Im Rahmen der GA werden Zuschüsse für Investitionen der gewerblichen Wirtschaft und des Fremdenverkehrs von bis zu 18 vH in den alten Bundesländern und bis zu 23 vH in den neuen Bundesländern sowie für Investitionen in wirtschaftsnahe Infrastruktur von bis zu 90 vH der aufgewendeten Kosten gewährt. Aus Mitteln der GA wurden im Zeitraum von 1986 bis 1990 Investitionen der gewerblichen Wirtschaft mit 3,4 Mrd. DM gefördert. Für 1992 stehen

---

[78] Vgl. H. Langer unter Mitarbeit von E. Ligendza: Investitionshilfen im Umweltschutz - Ein Praxisleitfaden mit Gesetzes-, Verordnungs- und Richtliniensammlung, Köln 1991.

in den alten Bundesländern Baransätze von 980 Mill. DM, in den neuen Bundesländern von 3,8 Mrd. DM zur Verfügung. Im Zeitraum von 1992 bis 1996 sind für die Bundesrepublik Deutschland insgesamt GA-Mittel in Höhe von 19,9 Mrd. DM und Sonderprogramm-Mittel in Höhe von 2 Mrd. DM vorgesehen (Tabelle 2.3-4). Hinzu kommen jährlich (zunächst für 1991 bis 1993) bis zu einer Mrd. DM aus dem EG-Regionalfonds (EFRE).

Tabelle 2.3-4

Finanzplanung der Gemeinschaftsaufgabe "Verbesserung der regionalen Wirtschaftsstruktur"						
	in Mill. DM					
	1992	1993	1994	1995	1996	1992-1996
GA-Mittel insgesamt	4 780	3 850	3 740	3 740	3 740	19 850
- davon gewerbliche Wirtschaft	2 930	2 215	2 118	2 118	2 118	11 500
alte Bundesländer	980	850	740	740	740	4 050
- davon gewerbliche Wirtschaft	557	451	401	401	401	2 212
neue Bundesländer	3 800	3 000	3 000	3 000	3 000	15 800
- davon gewerbliche Wirtschaft	2 373	1 764	1 717	1 717	1 717	9 288
Sonderprogramme insgesamt	1 362	312	112	112	112	2 010
- davon gewerbliche Wirtschaft	966	186	59	59	59	1 330
alte Bundesländer	250	312	112	112	112	898
- davon gewerbliche Wirtschaft	177	186	59	59	59	541
neue Bundesländer	1 112	0	0	0	0	1 112
- davon gewerbliche Wirtschaft	789	0	0	0	0	789

Quelle: Einundzwanzigster Rahmenplan der Gemeinschaftsaufgabe "Verbesserung der regionalen Wirtschaftsstruktur".

Zusätzlich zu diesen Investitionszuschüssen können andere Investitionsbeihilfen ohne regionale Zielsetzung (z.B. die oben genannten Investitionszulagen) von höchstens 12 vH (gemäß Beschluß des Planungsausschusses der Gemeinschaftsaufgabe vom 10.5.1991) in Anspruch genommen werden. So kann eine Förderung von maximal 35 vH (in den neuen Bundesländern) erreicht werden.

Der Bekämpfung regionaler Ungleichgewichte soll auch die Gewährung einer Investitionszulage in den neuen Bundesländern und den östlichen Bezirken Berlins dienen. Für die Anschaffung oder Herstellung beweglicher Wirtschaftsgüter des Anlagevermögens, die vor dem 30.6.1992 bzw. 31.12.1992 begonnen und vor dem 1.1.1995 abgeschlossen werden, wird eine Zulage von 12 vH bzw. 8 vH gewährt. Es ist geplant, die 8-prozentige Zulage auf solche Investitionen zu erweitern, die bis zum 30.6.1994 begonnen und vor dem 1.1.1997 beendet werden. Für Investitionen, die nach dem 1.7.1994 begonnen und bis zum 31.12.1996 abgeschlossen werden, soll eine Zulage von 5 vH gewährt werden. Diese Zulage kann kumulativ neben den Sonderabschreibungen in Anspruch genommen werden.

Insgesamt erscheint die hohe Zahl von Förderprogrammen problematisch. Der Einsatz mehrerer Instrumente ist zwar grundsätzlich sinnvoll, wenn dadurch unterschiedliche Zielgruppen oder Zwecke erreicht werden sollen. Allerdings sollte deren Wechsel- und Gesamtwirkung überschaubar bleiben. Eine Zusammenfassung von Fördermitteln und Vereinheitlichung von Förderbedingungen, wie auf EG-Ebene angestrebt, erscheint daher grundsätzlich empfehlenswert.

Zudem wird dadurch die Ermittlung der Nettobelastung der Wirtschaftszweige schwierig. Wie bereits eingangs dargestellt, ist derzeit nicht einmal das Gesamtvolumen der Förderung bekannt. Um die wirtschaftliche Wirkung des Instrumentariums zu beurteilen, wäre es darüber hinaus wichtig, die sektorale und regionale Verteilung zu kennen. Hierzu sind zunächst die notwendigen Voraussetzungen im statistischen Bereich zu schaffen.

2.4. Umweltschutz als qualitativer Standortfaktor

Die umweltpolitisch bedingten Aufwendungen - vermindert im Umfang ihrer staatlichen Subventionierung - sind unmittelbar Bestandteil der Kostenkalkulation der Unternehmen und können auf diese Weise neben anderen Faktoren die Standortwahl beeinflussen. Positiv zu Buche schlagen muß hierbei freilich auch die Bereitstellung staatlicher Umweltschutzleistungen, selbst wenn diese aus allgemeinen Steuergeldern - und damit anteilig auch durch die Unternehmen selbst - finanziert werden. Geht es um alternative Standorte für Investitionen, können diese Vorteile und Nachteile bestimmter Standorte einer quantitativen Analyse unterzogen, also rechenbar gemacht werden. Es gibt freilich auch eine Reihe von umweltbezogenen Einflüssen, die überhaupt nicht oder nur schwer quantitativ erfaßt werden können, jedoch für die Unternehmen bei der Bewertung von Standorten von Bedeutung sind. Solche Einflüsse müßten sich letztlich auch in den Gewinnerwartungen niederschlagen, um für Standortentscheidungen von Bedeutung zu sein. Sie sind gleichwohl nur unter erheblicher Unsicherheit einzuschätzen und unterliegen dabei verstärkt der subjektiven Bewertung. Das internationale oder interregionale Standortgefälle, das sich im Hinblick auf die unmittelbaren umweltschutzbedingten Kosten ergibt, kann durch solche qualitativen Einflüsse entweder verstärkt oder auch - zumindest teilweise - kompensiert werden.

Bei der Umsetzung der Umweltschutznormen geht es im wesentlichen um den verwaltungsmäßigen Vollzug des jeweiligen nationalen Umweltrechts und die gerichtliche Kontrolle[79]. Dazu gehören die Genehmigungsverfahren und Umweltverträglichkeitsprüfungen ebenso wie die Verteilung der Zuständigkeiten für Umweltschutz auf die verschiedenen Verwaltungen, die Art und Organisation der Messung von Emissionen und Immissionen, die Möglichkeit der diskretionären Steuerung durch die Verwaltung etwa im Wege von Sanierungsauflagen sowie die zur Verfügung stehenden Rechtsmittel. Der Vergleich des materiellen Umweltrechts erlaubt zwar - bei allen Schwierigkeiten in der Vergleichbarkeit der einzelnen detaillierten Bestimmungen im Spannungsfeld zwischen Vorsorgepolitik und Gefahrenabwehr[80] - im Prinzip die Gegenüberstellung der Kosten, die aus den verschiedenen umweltschutzbezogenen Anforderungen an das Produkt und die Produktionsverfahren resultieren. Für die Unternehmen dürfte aber letztlich eine nicht unerhebliche Rolle spielen, in welchem Maße sie der administrativen Einwirkung unterliegen und sie gehalten sind, die umweltrechtlichen Bestimmungen bis ins Detail zu erfüllen.

Üblicherweise konzentrieren sich internationale Vergleiche des Umweltschutzes auf das formale oder materielle Recht. Wenige Studien sind darauf angelegt, darüber hinaus die Verwaltungsabläufe im einzelnen daraufhin zu untersuchen, wie weit sie geeignet sind, das Umweltrecht wirksam umzusetzen. Am Beispiel der Luftreinhaltepolitik sind Knoepfel und Weidner dieser Frage ausführlich nachgegangen[81]. Andere Untersuchungen, insbesondere im Zusammenhang mit der Frage der Implementation des EG-Umweltrechts in die Rechtspraxis der EG-Mitgliedstaaten, gehen ebenfalls auf das Problem ein, wenngleich teilweise deutlich kursorischer[82].

---

[79] Vgl. S. Gronemeyer: Umweltschutz und Wirtschaft. (Vorträge, Reden und Berichte aus dem Europa-Institut, Nr 93.) Saarbrücken 1987.

[80] Vgl. E. Rehbinder: Das Vorsorgeprinzip im internationalen Vergleich. (Umweltrechtliche Studien Nr. 12.) Düsseldorf 1991.

[81] Vgl. P. Knoepfel und H. Weidner (II): Handbuch der SO_2-Luftreinhaltepolitik, Teil I: Vergleichende Analyse, (Beiträge zur Umweltgestaltung A 72.) Berlin 1980. Auch wenn die Studie auf die SO_2-Problematik abstellt, ist sie nach Meinung der Autoren auf die gesamte Luftreinhaltepolitik übertragbar. Siehe auch P. Knoepfel und H. Weidner (III): Die Durchsetzbarkeit planerischer Ziele auf dem Gebiet der Luftreinhaltung aus der Sicht der Politikwissenschaft. Ergebnisse einer internationalen Vergleichsuntersuchung, Wissenschaftszentrum Berlin, Internationales Institut für Umwelt und Gesellschaft, (IIUG reprints 83-14.) Berlin 1983.

[82] Vgl. G. Bennett (Hrsg.), a.a.O; Bundesamt für Umwelt, Wald und Landschaft (BUWAL) (Hrsg.), a.a.O.; N. Haigh: Comparative Report: Water and Waste in Four Countries, A Study of the Implementation of the EEC Directives in France, Germany, Netherlands and United Kingdom, European Community Environmental Policy in Practice, Volume 1, London 1986; M. Bothe und L. Guendling: Neuere Tendenzen des Umweltrechts im internationalen Vergleich. Berlin 1990; I. Pernice: Kompetenzordnung und Handlungsbefugnisse der Europäischen Gemeinschaft auf dem Gebiet des Umwelt- und Technikrechts. In: Umwelt- und Technikrecht in den Europäischen Gemeinschaften - Antrieb oder Hemmnis? 4. Trierer Kolloquium zum Umwelt- und

2.4.1. Genehmigungsverfahren

Hinsichtlich der Genehmigungsverfahren für neue Anlagen besteht in den Ländern der Europäischen Gemeinschaft in der Regel ein Anspruch darauf, daß dem Antragsteller eine Genehmigung erteilt wird, wenn die geltenden Bestimmungen und die erlassenen Auflagen eingehalten werden; erteilte Genehmigungen für bestehende Anlagen können überall durch nachträgliche Auflagen eingeschränkt werden, und zwar im Zusammenhang mit eingetretenen Verschlechterungen der Umweltqualität, mit neuen Erkenntnissen über umweltschädigende Tatbestände und mit der Entwicklung umweltfreundlicher Technologien[83], letzteres vor allem in Staaten, die nicht Emissionswerte festsetzen, sondern sich - wie Großbritannien - am "best practical means"-Ansatz orientieren.

Die Genehmigung erfolgt auf der Basis der eingereichten Unterlagen zum Antrag. Dazu gehören immer Lagepläne, Pläne zur Errichtung der Anlage sowie Beschreibungen der Produktionstechnologien, aus denen erkennbar sein muß, in welcher Art und in welchem Umfang Schadstoffe anfallen.

Bis vor einigen Jahren bestanden zwischen den Ländern der Europäischen Gemeinschaft noch deutliche Unterschiede darin, ob von den Unternehmen darüber hinaus Informationen bereitgestellt werden mußten, die über die potentiellen Einwirkungen auf die Umwelt und die vorgesehenen Abwehrmaßnahmen Aufschluß geben. Im Hinblick auf solche Umweltverträglichkeitsprüfungen war Frankreich in der Europäischen Gemeinschaft der Vorreiter, indem es bereits 1976 ein entsprechendes Gesetz erlassen hat. Inzwischen ist mit der EG-Richtlinie über die Umweltverträglichkeitsprüfung[84] in der Gemeinschaft eine gewisse Vereinheitlichung - zumindest was größere Einzelvorhaben[85] angeht - erreicht worden.

Die Richtlinie ist freilich nur zögerlich in nationales Recht umgesetzt worden, in der Bundesrepublik Deutschland beispielsweise sogar erst längere Zeit nach dem in der Richtlinie vorgesehenen Zeitraum für die Umsetzung (Stichtag: 3.7.1988). Da in der Richtlinie ausdrücklich vorgesehen ist, daß die nationalen Bestimmun-

---

Technikrecht vom 21. bis 23. September 1988. (Umwelt- und Technikrecht, Band 7.) Düsseldorf 1989; P. Kromarek: Vergleichende Untersuchung über die Umsetzung der EG-Richtlinien Abfall und Wasser. Bonn 1986.

[83] Vgl. P. Knoepfel und H. Weidner (II), a.a.O., S. 80 f.

[84] Vgl. o.V.: Richtlinien des Rates von 27. Juni 1985 über die Umweltverträglichkeitsprüfung bei bestimmten öffentlichen und privaten Projekten (85/337/EWG). In: Amtsblatt der Europäischen Gemeinschaften Nr. L175 vom 5.7.1985.

[85] Nach der EG-Richtlinie unterliegen umfassendere Planungen wie die Aufstellung von Raumplänen und Raumordnungsprogrammen nicht der Pflicht von Umweltverträglichkeitsprüfungen. Vgl. BUWAL (Hrsg.), 1990, a.a.O. S. 59.

gen in ihrem Geltungsbereich über die europäischen Vorschriften hinausgehen können, kann es zwischen den Ländern der Gemeinschaft, die Umweltverträglichkeitsprüfungen rechtlich geregelt haben, durchaus Unterschiede geben; deren materielle Bedeutung ist allerdings offen[86].

Voraussetzung einer zügigen Bearbeitung des Antrags auf Genehmigung ist in jedem Fall, daß die eingereichten Unterlagen vollständig und aussagekräftig sind. Dies gilt auch für den vom Antragsteller einzureichenden Bericht über Umwelteinwirkungen und vorgesehene Abwehrmaßnahmen, der die Grundlage für die Umweltverträglichkeitsprüfung bildet. Unausgereifte oder lückenhafte Antragsunterlagen können aber das Genehmigungsverfahren erheblich verzögern. Die Langwierigkeit von Genehmigungsverfahren hat vielfach hierin ihren wesentlichen Grund, so daß der von betroffenen Unternehmen oder deren Verbänden erhobene Vorwurf gegen eine zu aufwendige Prüfung von seiten der Verwaltung nicht immer gerechtfertigt erscheint.

Freilich kommt es für die Dauer des Genehmigungsverfahrens auch darauf an, wie die Prüfung innerhalb der Verwaltung organisiert ist und inwieweit Dritte, die von der Errichtung der zu genehmigenden Anlage direkt oder indirekt betroffen sind, am Verfahren beteiligt werden. In beiderlei Hinsicht gibt es zwischen den Ländern der Europäischen Gemeinschaft merkliche Unterschiede. So bestanden zumindest Anfang der achtziger Jahre nur in vier Ländern - Bundesrepublik Deutschland, Dänemark, den Niederlanden und eingeschränkt Italien - parlamentarisch-gesetzliche Bestimmungen zum Genehmigungsverfahren, in den übrigen nur von der Verwaltung erlassene Rechtsverordnungen[87]. Dabei sind die Zuständigkeiten zwischen den verschiedenen gebietskörperschaftlichen Ebenen sowie zwischen den einzelnen Ressorts, die sich mit dem Antrag zu befassen haben, sehr unterschiedlich geregelt.

Eine ausdrückliche Koppelung von Baugenehmigung und umweltbezogener Billigung ist vor allem in der Bundesrepublik Deutschland, in Dänemark und Frankreich gegeben. Teilweise besteht eine weitreichende Entscheidungsbefugnis auf kommunaler Ebene. Im Hinblick auf die Luftreinhaltung kann so der Bürgermeister in umweltgeschützten Gebieten Italiens autonom Genehmigungen für industrielle Anlagen erteilen, nachdem er eine positive Stellungnahme der regionalen Luftreinhaltekommission eingeholt hat[88]. Insbesondere wo formalisier-

---

[86] Vereinzelt ist sogar in Zweifel gezogen worden, ob die UVP-Bestimmungen Frankreichs dem später eingeführten Recht der Europäischen Gemeinschaft voll genügen. Vgl. E. Meller: Diskussionsbeitrag zur Podiumsdiskussion: Wirtschaftsordnung und Umweltschutz in den EG. In: Umwelt- und Technikrecht in den Europäischen Gemeinschaften - Antrieb oder Hemmnis? (Umwelt- und Technikrecht, Band 7.) Düsseldorf 1989, S. 170.

[87] Vgl. P. Knoepfel und H. Weidner (I), S. 18 f.

[88] Vgl. P. Knoepfel und H. Weidner (II), S. 89.

te Verfahren fehlen, herrschen "mikropolitische Problemlösungen"[89] vor, die zugleich die Aufgabe übernehmen, einen Interessenausgleich zwischen dem Antragsteller, dem Staat als der Aufsichtsbehörde und möglichen dritten Betroffenen herzustellen. Anfang der achtziger Jahre war in einer Reihe von Ländern die Einbeziehung der betroffenen Öffentlichkeit in das Genehmigungsverfahren nicht vorgesehen. Die EG-Richtlinie zur UVP hat nun die Voraussetzung geschaffen, daß die betroffene Öffentlichkeit eine Gelegenheit zur Stellungnahme erhält; dabei ist es freilich den Mitgliedstaaten vorbehalten, den betroffenen Personenkreis zu bestimmen und die Art und Weise der Unterrichtung und Anhörung zu regeln[90]. Bei der Bewertung dieser Verfahren zur Beteiligung Dritter ist freilich zu beachten, daß vielfach den formellen Genehmigungsverfahren Verhandlungen zwischen den Antragstellern und den Genehmigungsbehörden vorausgehen, in denen bereits in erheblichem Maße Entscheidungen vorstrukturiert werden[91]. Dies kann den Einfluß der betroffenen Dritten deutlich vermindern.

Eine Bewertung dieser unterschiedlichen Bestimmungsfaktoren fällt schwer. Anhaltspunkte für die Beurteilung des Standortes Bundesrepublik Deutschland unter internationalem Aspekt können aus einer Befragung gewonnen werden, die unter 200 deutschen mittelständischen Unternehmen durchgeführt wurde[92]. Wegen der kleinen und nicht repräsentativen Stichprobe sollten die Ergebnisse freilich nicht überbewertet werden, zumal den befragten Unternehmen vielfach Auslandserfahrungen fehlen. Insgesamt zeigt sich, daß die Dauer der Genehmigungsverfahren in der Bundesrepublik Deutschland eher als ein negativer Standortfaktor angesehen wird. Die - unangemessene - Länge der Bearbeitungszeit wird häufig mit organisatorischen Mängeln innerhalb der einzelnen Behörden und mit ungenügender Abstimmung zwischen den verschiedenen zuständigen Behörden in Zusammenhang gebracht, wobei die Dauer des Verfahrens mit der Zahl der zu befassenden Institutionen und Personen deutlich zunimmt[93]. Dabei streut die Dauer des Verfahrens erheblich. Während ein Großteil der Genehmigungsverfahren den Angaben der Untersuchung zufolge nicht länger als 1/2 Jahr dauert (vgl. Abbildung 2.4-1), ziehen sich einige Verfahren mehrere Jahre in die Länge. Die Untersuchung zeigt allerdings auch, daß die Genehmigungsverfahren als ein Standortfaktor von völlig untergeordneter Bedeutung eingeschätzt werden.

Ohne Zweifel sind hier Schritte angebracht, zumindest die organisatorischen Mängel durch Verwaltungsvereinfachungen zu beseitigen. Entsprechende Maßnahmen sind bereits eingeleitet worden: So wurden von der 37. Umweltministerkonferenz

---

[89] Vgl. P. Knoepfel: Demokratisierung der Raumplanung. Berlin 1977, S. 176 ff.
[90] Vgl. Art. 6 der Richtlinie 88/337/EWG, a.a.O.
[91] Vgl. P. Knoepfel und H. Weidner (II), S. 85.
[92] Vgl. R. Steinberg u.a., 1991.
[93] Vgl. R. Steinberg u.a., 1991, S. 42 ff., insbesondere S. 55.

im September 1991 in Leipzig konkrete Vorstellungen zur Verbesserung des Projekt- und Verfahrensmanagements entwickelt; Bund und Länder sind gefordert, diese zügig umzusetzen. Zu prüfen bleibt allerdings, inwieweit nicht auch das Verfahrensrecht generell angepaßt werden müßte, um die verwaltungsmäßige Bearbeitung zu beschleunigen. Hier gibt es den Vorschlag, für besonders eilbedürftige Verfahren eine Sonderbehandlung einzuführen[94]. Vorgesehen ist dies für die neuen Bundesländer, wo es zur Unterstützung des Anpassungsprozesses auf die Beschleunigung der Investitionstätigkeit und auf eine rasche Bereitstellung von komplementären Infrastruktureinrichtungen ankommt. Verringerte Anforderungen an das Planungs-, Bau- und Umweltrecht sollen dies gewährleisten[95]. Unumstritten ist es, daß in Ostdeutschland zu dem im Verfahrensrecht angelegten - hohen - Zeitbedarf noch ein temporäres Vollzugsdefizit hinzukommt, das zu weiteren Verzögerungen in den Genehmigungsverfahren führt[96]. Dies hat mit der Umbruchssituation zu tun und liegt im wesentlichen in ungeklärten Eigentumsverhältnissen, in dem Stau von einer großen Zahl von Anträgen, in mangelnden Erfahrungen der Verwaltung im Hinblick auf die Vielfalt der neuen Rechtsvorschriften und auf rationelle Verwaltungorganisation begründet. Vereinfachungen in den Rechts- und Verwaltungsvorschriften einerseits, weitere Beratungs- und Aufklärungsaktivitäten andererseits können hier auf eine Beschleunigung der Genehmigungsverfahren und auf größere Akzeptanz hinwirken, sollten allerdings nicht zu einer Aushöhlung des materiellen Umweltrechts führen.

2.4.2. Rechtsmittel

Besonders schwer fällt die vergleichende Beurteilung der Rechtsmittel, die gegen das Resultat des Genehmigungsverfahrens sowohl dem Antragsteller als auch den beteiligten Dritten zur Verfügung stehen. Denn die sehr unterschiedlichen Rechtssysteme bedingen viele nationale Eigenheiten in den Instanzenwegen und Verfahren, ohne daß dies schon einen Anhaltspunkt für materiell-rechtliche Unterschiede geben muß. Generell scheint eine gewisse Komplementarität zu bestehen zwischen dem Grad der Formalisierung des Genehmigungsverfahrens und der Reichweite in den Rechtsmitteln: Je unbürokratischer das Genehmigungsverfahren abläuft und je weniger übergeordnete Aufsichtsbehörden und betroffene Dritte daran beteiligt sind, desto weiter reichen die Prüfungsbefugnisse anderer Institutionen und die

---

[94] Vgl. Bullinger M., Beschleunigte Genehmigungsverfahren für eilbedürftige Vorhaben. Freiburg 1991.

[95] Vgl. Zweierlei Recht soll Aufschwung bringen, Berliner Zeitung vom 22.10.1992.

[96] Vgl. Dreyhaupt, F.J., Teilvorhaben Vollzug. In: TÜV-Rheinland (Hrsg.), Ökologisches Sanierungs- und Entwicklungskonzept. Leipzig, Bitterfeld, Halle, Merseburg. Köln 1991.

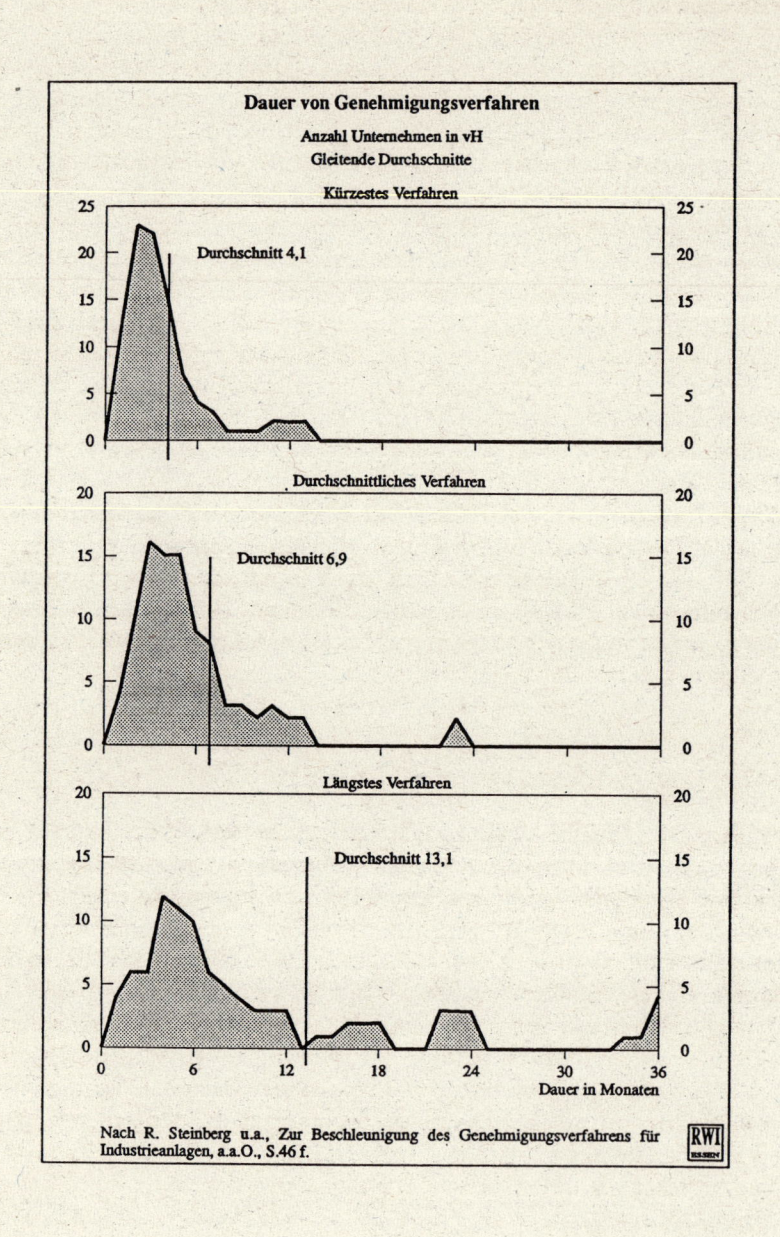

Dauer von Genehmigungsverfahren

Anzahl Unternehmen in vH
Gleitende Durchschnitte

Kürzestes Verfahren

Durchschnitt 4,1

Durchschnittliches Verfahren

Durchschnitt 6,9

Längstes Verfahren

Durchschnitt 13,1

Dauer in Monaten

Nach R. Steinberg u.a., Zur Beschleunigung des Genehmigungsverfahrens für Industrieanlagen, a.a.O., S.46 f.

Möglichkeiten der Betroffenen, Rechtsmittel gegen die Entscheidung einzulegen und vice versa[97].

In Bezug auf umweltbezogene, qualitative Standortüberlegungen läßt sich aus dieser Tendenz eine wichtige Schlußfolgerung ziehen: Ein vermeintlicher Standortvorteil für die Errichtung von Anlagen, der in einer unbürokratischen Entscheidung ohne ausdifferenziertes formalisiertes Verfahren und ohne breite Beteiligung der Öffentlichkeit gesehen werden kann, wird merklich dadurch kompensiert, daß in nicht unbeträchtlichem Umfang Revisionsmöglichkeiten bestehen. Zudem ist zu berücksichtigen, daß einer diskretionäre informelle Entscheidungsfindung selbst auch die Gefahr von Behördenwillkür innewohnt, so daß hiermit eine merkliche Rechtsunsicherheit verbunden sein kann. Rechtssicherheit ist nun aber auch ein wichtiger Standortfaktor, den es bei Investitionsentscheidungen zu berücksichtigen gilt. Formalisierte Verfahren, die für die maßgeblichen Instanzen und Ressorts sowie für die betroffenen Dritten einerseits Partizipation garantieren, andererseits weitgehend bindende Entscheidungen ergeben, mögen zunächst für den Antragsteller einen größeren Aufwand an Zeit und Engagement bedeuten. Da das Risiko der Klage Dritter gegen die Genehmigung oder der Aufhebung der Entscheidung durch eine übergeordnete staatliche oder rechtliche Instanz in diesem Fall aber deutlich geringer zu bewerten ist, wird der anfänglich höhere Aufwand im Endeffekt durch den Ertrag einer höheren Rechtssicherheit tendenziell wieder aufgewogen, vielleicht sogar überkompensiert.

2.4.3. Sanierungsmaßnahmen, Auflagen, Sanktionen

Soweit es um bestehende Anlagen geht, kann die Standortbewertung unterschiedlich ausfallen, wenn die Praxis der Sanierungsmaßnahmen, der Anordnung von verschärften Umweltschutzauflagen und des Einsatzes von Sanktionen betrachtet wird. Auch hier spielt das Kriterium der Rechtssicherheit eine wichtige Rolle. So ist das deutsche Umweltrecht regionsübergreifend ohne Einschränkungen gültig, die darin verankerten Instrumente werden allenfalls je nach regionaler Belastungssituation differenziert eingesetzt; in Italien dagegen ist die Gesetzgebung nach Belastungszonen differenziert. Wird eine Region aufgrund einer erheblichen Verschlechterung der Umweltqualität als Belastungszone eingestuft, so werden hiermit auch andere gesetzliche Bestimmungen maßgebend[98]. In anderen Ländern bewegt sich die Situation zwischen diesen beiden Extremen. Sowohl bei der Anordnung verschärfter Umweltschutzbestimmungen als auch bei der Frage der Sanktionspraxis spielt für die Unternehmen sicherlich eine wichtige Rolle, inwieweit sie sich darauf verlassen können, daß die Behörden sich bei ihren Maßnah-

---

[97] Diese Schlußfolgerung läßt sich aus der synoptischen Darstellung der Genehmigungsverfahren ziehen, die Knoepfel, P. und H. Weidner erarbeitet haben. Vgl. P. Knoepfel und H. Weidner (II), S. 87 ff.

[98] Vgl. P. Knoepfel und H. Weidner (II), S. 90 f.

men von wirtschaftlichen Vertretbarkeitsüberlegungen leiten lassen und so einerseits finanzielle Hilfen oder Anreize gewähren oder andererseits akzeptable Übergangsfristen setzen. Rigorose Maßnahmen, die an die finanzielle Substanz der Unternehmen gehen, oder verfügte Betriebsschließungen sind hier wohl in den meisten Staaten gegenüber einer zumutbaren Anordnung von Schritten zur Abhilfe der Umweltschädigungen eher die Ausnahme.

2.4.4. Kontrolle und Information

Ein wichtiger Aspekt der Durchsetzung von Zielen der Umweltpolitik und deren Standards hinsichtlich Vorsorge und Umweltqualität ist nicht zuletzt die Frage der Kontrolle im Wege von Messungen einerseits, der Information der Öffentlichkeit über die Meßergebnisse andererseits, deren moralische Zwänge nicht unterschätzt werden sollten, zumal bei ausgeprägtem Umweltbewußtsein der Bevölkerung. Hier gibt es im internationalen Vergleich noch erhebliche Unterschiede, was die Dichte des Meßnetzes, die Zuverlässigkeit der angewandten Methoden, die Zuständigkeit für die Messungen und die systematische Sammlung und Auswertung der Meßergebnisse angeht. Ein einheitliches Bild für den internationalen Vergleich läßt sich hier für jeden einzelnen der Umweltbereiche nur schwer zeichnen. Aufgrund einzelner Studien festigt sich freilich der Eindruck, daß die Bundesrepublik Deutschland mit zu den Ländern gehört, die hier vergleichsweise weit vorangeschritten sind[99].

---

[99] Vgl. G. Bennett, 1991, a.a.O.; P. Knoepfel und H. Weidner, (II); M. Bothe und L. Guendling, 1990, a.a.O.; Umwelt- und Technikrecht in den Europäischen Gemeinschaften - Antrieb oder Hemmnis?, 1989, a.a.O.

3. Unternehmerische Anpassungsreaktionen und ökonomische Wirkungen der Kosten des Umweltschutzes

Es konnte gezeigt werden, daß die quantitative Bedeutung der Kosten des Umweltschutzes aus heutiger Sicht eher gering zu veranschlagen ist und daß und mögliche Behinderungen durch staatliche Kontrollen und Genehmigungspflichten zumindest teilweise aufgewogen werden durch ein höheres Maß an Rechtssicherheit. Allerdings sollte auch nicht übersehen werden, daß

- die gegenwärtig eher marginale Kostenbelastung der Unternehmen nicht zuletzt das Ergebnis intensiver Anpassungsbemühungen der Unternehmen an die veränderten Rahmenbedingungen ist. Ob vergleichbare Möglichkeiten heute noch gegeben sind und welche Optionen den Unternehmen in Zukunft offenstehen, ist nicht sicher; dies hängt von der technischen Entwicklung, vor allem aber von der Umweltpolitik ab - ihrer Kalkulierbarkeit in grundsätzlicher und ihrer Flexibilität in instrumenteller Sicht;

- selbst marginale Kostenerhöhungen die unternehmerischen Gewinn(erwartungen) zuweilen negativ beeinflussen und - zumindest auf lange Frist - Produktionseinschränkungen und/oder Standortverlagerungen auslösen können. Inwieweit dies der Fall ist, kann nicht anhand grundsätzlicher Erwägungen, sondern allein anhand "harter Fakten" entschieden werden.

Aus diesem Grund soll nachfolgend versucht werden, die tatsächlichen Anpassungsreaktionen der Unternehmen an die veränderten umweltpolitischen Vorgaben in der Bundesrepublik Deutschland zu analysieren und Schlußfolgerungen für (zukünftige) Standortentscheidungen zu ziehen. Allerdings sollten die Erwartungen, was die empirische Validität der Ergebnisse angeht, nicht zu hoch angesetzt werden: die Datenbasis, die für die nachfolgenden Betrachtungen zur Verfügung steht, ist relativ schmal, und es ist im Einzelfall nahezu unmöglich, den Einfluß der Umweltschutzgesetzgebung von dem anderer Standortfaktoren analytisch sauber zu trennen.

In diesem Zusammenhang ist ein weiteres Problem anzusprechen, das bei der Analyse einzelner Unternehmen bzw. Branchen zu beachten ist: soweit es dem Unternehmen bzw. der Branche gelingt, die getätigten Umweltschutzaufwendungen ohne nennenswerte Einschränkung der Nachfrage im Produktpreis an die Abnehmerbereiche weiterzuwälzen - was nicht zuletzt in den staatlich regulierten Bereichen wie etwa der Elektrizitätswirtschaft eher die Regel als die Ausnahme sein dürfte - sind es die unmittelbaren Abnehmerbereiche (etwa die NE-Metallindustrie) und/oder deren Kunden (die Automobilindustrie), die mit Kostensteigerungen und Gewinnschmälerungen rechnen müssen.

Aus diesen Gründen sollen daher zunächst die grundsätzlichen Zusammenhänge zwischen Umweltpolitik, unternehmerischen Anpassungsmöglichkeiten und (mutmaßlichen) Kostenbelastungen kurz aufgezeigt werden. Anhand der Input-Output-Tabellen des RWI soll versucht werden, die intersektoralen Überwälzungsprozesse nachzuzeichnen und mittels der Daten der Volkswirtschaftlichen Gesamtrechnungen sollen die Produktions-, Beschäftigungs- und Außenhandelsentwicklung umweltintensiver Wirtschaftsbereiche analysiert werden. Die Ergebnisse sollen durch eine detaillierte Betrachtung des Anpassungsverhaltens in ausgewählten Wirtschaftsbereichen - auch im internationalen Vergleich - ergänzt und abgesichert werden.

3.1. Unternehmerische Anpassungsmöglichkeiten

Für die Unternehmen ergeben sich umweltbezogene Herausforderungen auf zwei unterschiedlichen Ebenen. Zum einen müssen sie (kurzfristig) auf konkrete umweltpolitische Vorgaben wie z.B. angekündigte oder realisierte Einschränkungen bzw. Verteuerungen der Umweltnutzung in angemessener - d.h. dem Rentabilitätskalkül entsprechender - Weise reagieren. Diese Reaktionen sind im folgenden zu untersuchen. Zum anderen ist vor dem Hintergrund eines gesellschaftlichen Wertewandels zugunsten immaterieller und umweltbezogener Aspekte über diese reaktiv-defensiven Verhaltensweisen hinaus eine längerfristige Anpassung der Unternehmensstrategie erforderlich. Die damit verbundenen strategischen Fragen - verbunden mit Schlußfolgerungen hinsichtlich unternehmerischer Ziel- und Organisationssysteme - sind Gegenstand des fünften Kapitels.

3.1.1. Additive versus integrierte Technologien

Hinsichtlich der technischen Ausgestaltung von Umweltschutzmaßnahmen hat sich die Unterscheidung zwischen additiven oder "end-of-pipe"-Technologien einerseits, integrierten Umweltschutztechniken andererseits eingebürgert - wobei mit der letzteren zumeist die Erwartung verknüpft wird, sie seien bei gleicher ökologischer Wirksamkeit ökonomisch effizienter. Additive Anpassungen lassen sich vom eigentlichen Produktionsprozeß trennen bzw. erfordern nicht dessen Änderung (Beispiel: eine nachgeschaltete Reinigungsstufe). Sie vermindern nachträglich einen Teil der Umweltbelastung, statt ihn von vornherein zu vermeiden, bzw. wandeln die "Rohemission" z.B. durch Gas-, Staub- oder Kläranlagen so ab, daß sie weniger belastend und einfacher lagerbar sind oder einen ungefährlicheren Aggregatzustand einnehmen.

Integrierte Maßnahmen lassen sich i.d.R. nicht vom Produktionsprozeß trennen. Sie beziehen sich vielmehr auf dessen umweltverträglichere Ausgestaltung und betreffen letztendlich (in weitester Interpretation) den gesamten Kreislauf der beteiligten (Einsatz)stoffe und Produktionsstufen. Beispiele für derartige Technologien sind veränderte Verbrennungstechniken, Schließung von Stoffkreisläufen im Produktionsprozeß, Steigerung der Energie- und/oder Rohstoffeffizienz von Produktionsprozessen u.v.a. mehr.

Die Beispiele verdeutlichen bereits die grundsätzlich unterschiedlichen Anwendungsmöglichkeiten der beiden Techniken[100]: Additive Umweltanpassungen kommen (auch) für Altanlagen in Frage, stellen eher die kurzfristige und im Zweifel problemverlagernde Reaktionsform dar[101], bedeuten in jedem Fall zusätzlichen Ressourcenverzehr und Kostenaufwand und dienen ausschließlich bzw. überwiegend dem Umweltschutz. In der Regel sind nicht alle Unternehmensbereiche direkt von der Entscheidung hinsichtlich einer additiven Umweltschutzmaßnahme betroffen.

Integrierte Anpassungen sind demgegenüber zugleich langfristige und zukunftsgerichtete Neukonzeptionen von Produktionsprozessen und Materialkreisläufen, die den Umweltentlastungseffekt nicht zuletzt durch eine Steigerung der stoffbezogenen Effizienz erreichen, zu einer Steigerung der Rentabilität der gesamten Produktion führen können und (daher) vielfach auch unabhängig von konkreten Umweltschutzanforderungen in Frage kommen. Derartige Neuerungen vollziehen sich in der Regel im Zuge von größeren Investitionen in neue Produktionsanlagen. Aufgrund des für solch grundsätzliche Neukonzeptionen betrieblicher Abläufe erforderlichen hohen Forschungs-, Entwicklungs- und Planungsaufwandes - nahezu alle Unternehmensbereiche sind betroffen und müssen in neuen Bahnen denken - bedarf es trotz letztendlich möglicher Effizienzgewinne oft zunächst eines (umweltpolitischen) Anstoßes, um solche Anpassungen in die Wege zu leiten. Im Unterschied zu additiven Schadstoffminderungsverfahren, welche vielfach direkt am Markt verfügbar sind und vergleichsweise schnell installiert werden können, benötigen neue Verfahrensideen des integrierten Umweltschutzes zudem eine lange "Ausreifungszeit" und stehen oft erst viele Jahre nach ihrer erstmaligen Konzeption tatsächlich zur Verfügung.

Insgesamt besitzen integrierte Umweltschutzstrategien aufgrund des umfassenden und zugleich auf effizienten Rohstoff- und Energieeinsatz gerichteten Ansatzes bei der Sanierung von Stoffkreisläufen gegenüber additiven (end-of-pipe) Verfahren mit anschließender Deponierung anfallender Reststoffe wesentliche ökologische

---

[100] Wie flexibel sich allerdings die Begriffe "additiv" und "integriert" interpretieren lassen, zeigt ein Beispiel aus dem Gebiet der Sonnenenergienutzung im Gebäudebereich: Die Installation von Sonnenzellen (Photovoltaik) am Gebäude kann zum einen zusätzlich (additiv) zum übrigen Gebäude erfolgen. Die Alternative ist eine "Integration" der Sonnenzellen in ohnehin notwendige Bauteile, z.B. Fassaden oder Fensterfronten an großen Gebäuden - wie am Verwaltungsgebäude der Stadtwerke Aachen vorgeführt.

[101] Daß allerdings auch additive Umweltanpassung langfristig angelegt sein kann, zeigt das Beispiel der Rauchgasreinigungsanlagen bei Kohlekraftwerken.

und z.T. auch ökonomische Vorteile[102]. Schon häufig wurde aus diesem Grund eine mittelfristig deutliche Zunahme der Bedeutung integrierter Umweltanpassung vorhergesagt[103]. In der Vergangenheit hat sich in Deutschland allerdings noch kein nachhaltiger Trendwechsel von den additiven hin zu den integrierten Verfahren des Umweltschutzes statistisch niedergeschlagen.

Die anteilige Bedeutung des additiven Umweltschutzes scheint im Gegenteil zwischen 1983 und 1989 in allen Umweltschutzbereichen eher noch zugenommen zu haben (vgl. Tabelle 3.1-1). Entfielen im Produzierenden Gewerbe 1983 noch 75 vH der gesamten Umweltschutzinvestitionen auf additive Umweltschutzanlagen ("bebaute Grundstücke, Grundstücke ohne Bauten sowie Maschinen und maschinelle Anlagen, die ausschließlich dem Umweltschutz dienende Sachanlagen"), so waren es 1989 über 82 vH. Besonders deutlich war dieser Trend im Bereich der Elektrizitäts-, Gas-, Fernwärme- und Wasserversorgung mit einer Zunahme von 77 vH auf 96 vH. In beiden Fällen war diese Entwicklung im Bereich Lärmbekämpfung am deutlichsten ausgeprägt. Im Baugewerbe fiel zwar insgesamt der Anteil des ausschließlich dem Umweltschutz dienenden Zugangs an Sachanlagen von 88 vH auf 85 vH, stieg aber im gleichen Zeitraum in den Bereichen Gewässerschutz und Luftreinhaltung noch deutlich an. Entsprechend rückläufig war zwischen 1983 und 1989 der Investitionsanteil, der auf den sog. produkt- und produktionsintegrierten Umweltschutz ("produktbezogene Umweltinvestitionen und auf umweltschutzbezogene Teile von Sachanlagen, welche anderen Zwecken dienen") entfiel.

Bei der Interpretation dieser Ergebnisse sind allerdings gewisse Erfassungsprobleme hinsichtlich solcher Anlagen (und Produkte), die (nur) zu einem - oft unklaren - Teil Umweltschutzzwecken dienen, zu berücksichtigen[104]. Diese Probleme erschweren im übrigen auch die Ermittlung von Marktpotentialen für Umweltschutzeinrichtungen (vgl. dazu Kapitel 4). Mit steigendem Ersatz alter, umweltbelastender Anlagen durch moderne, leistungsfähigere und zugleich weniger umweltbelastende Anlagen sowie fortschreitender branchenübergreifender Kreislaufwirtschaft wird aufgrund dieser Zurechnungsprobleme die statistische Isolie-

---

[102] Das von der EG-Kommission herausgegebene Panorama der EG-Industrie 1990 nennt (S. 124f.) als Vorteile integrierter Technik Verbesserungen bei der Material- und Schadstoffbilanz, bei der Qualität von Verfahren und Produkten, beim technischen Innovationsklima, bei den Bedingungen am Arbeitsplatz und beim Firmenimage sowie finanzielle Gewinne.

[103] Vgl. jüngst z.B. Bundesverband der Deutschen Industrie (Hrsg.), Inter-National Environmental Policy - Perspectives 2000. Köln 1992, S. 52.

[104] Im Rahmen des Gesetzes über Umweltstatistiken ist z.B. bei den Zugängen an Umweltschutzeinrichtungen als Teil von Sachanlagen, die anderen Zwecken dienen, der Teilbetrag anzugeben, der zur Vermeidung/Verminderung von Umweltbelastungen aufgewendet wurde. Bei vielen Anlagen, die allein aufgrund allgemeiner Verbesserungen sauberer als die Vorgängergeneration sind, ist dieser Teil nicht ermittelbar. In den Erläuterungen zu den Fragebögen sind bezeichnenderweise vorrangig Beispiele der ersten Kategorie von Investitionsmaßnahmen aufgeführt. Vgl. Erläuterungen in Statistisches Bundesamt (Hrsg.) Investitionen für Umweltschutz im Produzierenden Gewerbe, Fachserie 19, Reihe 3, Wiesbaden.

Tabelle 3.1-1

Investitionen für Umweltschutz nach Investitionsarten und Wirtschaftsbereichen

		Insgesamt			Abfallbeseitigung davon			Gewässerschutz davon			Lärmbekämpfung davon			Luftreinhaltung davon		
		in vH aller Investitionen	additiv[2]	integriert[3]	in vH[1]	additiv[2]	integriert[3]	in vH[1]	additiv[2]	integriert[3]	in vH[1]	additiv[2]	integriert[3]	in vH[1]	additiv[2]	integriert[3]
Produzierendes Gewerbe	1983	4,6	75,0	25,0	7,8	86,2	13,8	30,0	85,7	14,3	6,3	58,7	41,3	55,8	69,5	30,5
	1989	6,8	82,4	17,6	9,3	90,9	9,1	25,9	89,7	10,3	3,4	70,0	30,0	61,4	78,6	21,4
Elektrizitäts-, Gas-, Fernwärme- und Wasserversorgung	1983	5,6	77,4	22,6	6,9	91,3	8,7	19,6	75,6	24,4	3,3	45,2	54,8	70,2	78,0	22,0
	1989	13,2	95,8	4,2	5,9	99,3	0,7	10,3	96,3	3,7	2,3	93,3	6,7	81,5	95,5	4,5
Bergbau	1983	5,6	51,5	48,5	10,1	70,0	30,0	27,3	60,0	40,0	11,9	45,8	54,2	50,7	75,5	24,5
	1989	23,1	33,9	66,1	3,4	87,2	12,8	11,5	60,0	40,0	1,0	30,9	69,1	84,2	28,2	71,8
Verarbeitendes Gewerbe	1983	4,5	74,5	25,5	7,7	85,9	14,1	35,3	89,9	10,1	6,8	61,3	38,7	50,2	63,6	36,4
	1989	5,2	81,6	18,4	11,8	88,5	11,5	37,5	90,1	9,9	4,2	63,0	37,0	46,5	74,7	25,3
Grundstoff- und Produktions- gütergewerbe	1983	10,2	70,5	29,5	5,5	74,7	25,3	34,6	90,3	9,7	5,8	55,6	44,4	54,1	58,8	41,2
	1989	11,9	78,6	21,4	12,1	88,7	11,3	40,8	90,5	9,5	2,7	62,8	37,2	44,3	71,5	28,5
Investitionsgüterprodu- zierenden Gewerbe	1983	2,0	77,8	22,2	11,4	95,7	4,3	33,0	84,5	5,5	7,6	54,1	45,9	47,9	72,5	27,5
	1989	2,2	81,0	19,0	7,2	83,8	16,2	32,3	87,9	12,1	7,2	55,7	44,3	53,3	80,0	20,0
Verbrauchsgüterprodu- zierendes Gewerbe	1983	2,1	82,4	17,6	11,2	87,6	12,4	30,4	91,7	8,3	9,7	86,7	13,3	48,7	74,8	25,2
	1989	3,1	82,9	17,1	18,0	89,6	10,4	26,2	87,5	12,5	5,2	76,2	23,8	50,6	79,1	20,9
Nahrungs- und Genuß- mittelgewerbe	1983	3,4	92,6	7,4	13,3	98,4	1,6	50,9	95,8	4,2	10,4	93,8	12,2	25,4	87,5	12,5
	1989	3,1	88,2	11,8	15,2	97,0	3,0	37,6	95,2	4,8	8,6	78,9	21,1	38,6	81,2	18,8
Baugewerbe	1983	0,6	88,0	12,0	37,3	91,8	8,2	4,8	80,7	19,3	42,6	90,3	9,7	15,3	79,5	20,5
	1989	1,2	85,2	14,8	34,0	90,5	9,5	12,1	87,8	12,2	20,0	78,9	21,1	33,9	83,6	16,4

Eigene Berechnungen nach Angaben des Statistischen Bundesamtes. - [1]Bezogen auf alle Umweltschutzinvestitionen. - [2]Zugang an Sachanlagen (bebaute Grundstücke, Grundstücke ohne Bauten, Maschinen und maschinelle Anlagen), die ausschließlich dem Umweltschutz dienen, Anteil in vH. - [3]dem Umweltschutz dienende Teile von Sachanlagen, welche anderen Zwecken dienen, sowie produktbezogene Umweltschutzinvestitionen, Anteil in vH.

rung von Umweltschutzaufwendungen bzw. Umweltschutzinvestitionen immer schwieriger und eine Unterschätzung des Anteils des integrierten Umweltschutzes immer wahrscheinlicher.

Die eine integrierte Umweltanpassung i.d.R. begleitende umfassende Neugestaltung betrieblicher Produktionsprozesse vollzieht sich allerdings auch aus betriebswirtschaftlichen Gründen zumeist nur allmählich: So ist zum einen die Amortisation bestehender Anlagen zu beachten. Zum anderen kann der bei der betrieblichen Umgestaltung erforderliche hohe Kapitaleinsatz insbesondere bei kapitalschwächeren Unternehmen zu Finanzierungsschwierigkeiten führen, welche die Durchführung verzögern. Schließlich ist jede Basisumstellung mit speziellen Umstellungs- und Anlaufkosten und mit erhöhter technischer und betrieblicher Unsicherheit verbunden. Der Ausfall einer nachgeschalteten Reinigungsstufe würde demgegenüber nicht den gesamten Betrieb lahmlegen. Aus diesem Gründen läßt sich integrierter Umweltschutz am ehesten im Rahmen einer ohnehin geplanten Erneuerung der Produktionsanlagen oder der Errichtung einer neuen Betriebsstätte einführen.

Darüber hinaus begünstigt oft die spezielle Ausgestaltung der Umweltpolitik eine additive Umweltanpassung. So ist die umweltbezogene staatliche (Investitions-) Förderung - z.T. aus verwaltungstechnischen Gründen - oftmals zugunsten von ausschließlich bzw. weitgehend dem Umweltschutz dienenden Wirtschaftsgütern verzerrt (z.B. ehem. §7d EStG, ERP-Umweltschutzprogramme). Auch die Erwartung eines (regulatorischen) Nachziehens anderer Länder erhöht u.U. die Attraktivität additiver Technologien, nicht zuletzt weil deren Anbieter aufgrund bereits im Inland erworbener Markterfahrung von Lernkostenvorteilen und Skalenerträgen profitieren können, welche das Angebot derartiger Technologien verbilligen.

Gleichwohl ist zu erwarten, daß die additive Umweltanpassung nur eine Übergangserscheinung darstellt und mittelfristig mehr und mehr Unternehmen - sofern sie sich nicht aus umweltbelastenden Produktionen zurückziehen - zu einer integrierten Umweltanpassung übergehen.

3.1.2. Anpassungsstrategien in alternativen Phasen der Umweltpolitik

Die unternehmerischen Handlungsspielräume bei der Bewältigung umweltpolitischer Lasten sind nicht zuletzt davon abhängig, wie diese Umweltpolitik konzipiert ist - insbesondere, welches ihre Schwerpunkte sind und welcher Instrumente sie sich bedient. Hier bestehen - so wurde einleitend gezeigt - enge Beziehungen zum jeweils erreichten "Ausreifungsgrad" der Umweltpolitik. So ist anzunehmen, daß in der (so bezeichneten) *Vor- oder Frühphase* der Umweltpolitik die Unternehmen eher defensiv als offensiv reagieren und - wenn überhaupt - sich vorwiegend additiver Technologien bedienen: Der Umweltschutz ist in dieser Phase bestenfalls ein willkommener Nebeneffekt, die eigentlich verfolgten Ziele sind z.B. die Sicherung der Energie- und Wasserversorgung, die Gefahrenabwehr (die Verhütung von Bränden und Explosionen) oder allgemein der Gesundheitsschutz. Umweltschonende Erzeugnisse und Produktionsverfahren sind kein Instrument der Unternehmenspolitik; ein eigener Markt für Umweltschutzgüter kann sich zumeist noch nicht bilden.

Dies ändert sich auch in der *Ausbreitungsphase* der Umweltpolitik - sie wird für die Bundesrepublik Deutschland mit dem Beginn der siebziger Jahre gleichgesetzt - nur allmählich. Zusätzlichen Anforderungen in verschiedenen, für vordringlich gehaltenen Schutzbereichen (insbesondere der Luft- und Gewässerreinhaltung) mußten die Unternehmen innerhalb eines begrenzten, **aber überschaubaren** Zeitraumes Rechnung tragen. Es verwundert daher nicht, wenn auch in dieser Phase zunächst additive Schutzmaßnahmen im Vordergrund standen; dies ist - wie die dynamische Entwicklung der Umweltschutzausgaben im Produzierenden Gewerbe zeigt (vgl. Kapitel 2) - ein vergleichsweise teurer Weg der Umweltanpassung. In ihrem Sog allerdings bildet sich mehr und mehr eine "Umweltindustrie" - auch wenn die dort tätigen Unternehmen immer noch schwerpunktmäßig dem Maschinen- und Anlagenbau zuzurechnen sind (z.B. die Hersteller von Filtern und Pumpen) und die "Umweltschutzgütermärkte" - weil von politischen Vorgaben abhängig - relativ instabil und kurzlebig sind. Soweit sich die Anbieter auf Umweltschutzgüter spezialisieren, sind sie auf den - nicht immer garantierten - planmäßigen Vollzug der Umweltgesetzgebung angewiesen und zudem in ihrer Position durch umwelttechnischen Fortschritt bedroht.

Die umweltintensiven Unternehmen des Produzierenden Gewerbes, die den Umweltschutz anfangs ausschließlich als Bedrohung empfanden[105] und sich in einer latenten Konfliktposition zu den Genehmigungs- und Kontrollinstanzen sahen, beginnen im Laufe der Zeit, den Umweltschutz auch als Chance zu begreifen.

In der *Ausreifungsphase* der Umweltpolitik schließlich kommen, wie erwähnt, zunehmend vereinheitlichende Gesichtspunkte zum Tragen; überdies gewinnt das Vorsorgemotiv an Bedeutung (zu den zukünftigen Entwicklungstrends in einzelnen Schutzbereichen vgl. Übersicht 3.1-1). Bestimmungen wie etwa das Chemikaliengesetz, die Umweltverträglichkeitsprüfung, das Umwelthaftungs- und das Umweltstrafrecht tragen dazu bei, daß Unternehmen die direkten und indirekten Umwelteffekte der Produktion berücksichtigen und zunehmend antizipativ reagieren müssen und daß problemverlagernde Anpassungen riskanter (Haftungsrisiko) bzw. rechtlich unmöglich gemacht werden.

---

[105] Dies ist allerdings z.T. auch heute noch der Fall. Vgl. dazu z.B. die Ergebnisse einer Befragung des Ifo-Instituts bei Managern, wonach 41vH der Befragten Umweltanpassungen negativ, 23vH aber auch positiv bewerten. Vgl. G. Nerb, Der Standort Deutschland im Urteil der Unternehmen. "Ifo-Schnelldienst", Berlin und München, 45. Jg. (1992), Heft 8.

Übersicht 3.1-1

Entwicklungen in einzelnen Umweltschutzbereichen

Abfall: Bis 1995 sollen laut Roland Berger die Umsätze von Entsorgungsunternehmen der EG 50 Mrd DM erreichen (heute 25 Mrd). Defizite der südeuropäischen Entsorgungs-Infrastruktur erleichtern den Verkauf bewährter Technologie. Der Anfall an Sondermüll in Deutschland soll sich nach Expertenschätzungen bis zum Jahr 2000 (u.a. aufgrund von Neudefinitionen) verdoppeln. In Deutschland fehlen Müllverbrennungsanlagen (MVA), insbesondere für Sondermüll und in den neuen Ländern. Obwohl die MV ökonomische und ökologische Vorteile aufweist, wird vorerst die Entwicklung durch eine geringe Akzeptanz dieses Entsorgungsweges gebremst. Die kommende TA Siedlungsabfall wird hingegen die Bereitstellung von Kompostieranlagen fördern. Der EG-Markt für MVA wird nach Ansicht des BMU bis Ende d.J. 1,4 Mrd DM erreichen. Nicht zuletzt aufgrund gesetzlicher Bestimmungen erfordern Infrastruktur und Betrieb zunehmend High-Tech-Einsatz. Im Entsorgungsbereich werden zunehmend Chemieunternehmen, Rohstoffkonzerne und Energieversorger auftreten, die mit dem Stoffkreislauf in Verbindung stehen und über Insiderwissen bezüglich Wiederverwertung und Entsorgung ihrer Produkte verfügen. Wachstumschancen werden auch durch spezielle Entwicklungen bei Autorecycling, Elektronikschrott und Kunststoffrecycling eröffnet.

Wasser/Abwasser: Die aufgrund von EG-Vorschriften erforderliche Nachrüstung westdeutscher Klärwerke mit zusätzlichen Verfahren zur Phosphat- und Stickstoffelimination bei der Abwasserbehandlung (3. Reinigungsstufe) verschlingt laut BMU 100 Mrd DM, in den neuen Ländern ist ein erheblicher Neubau erforderlich. EG-weit wären Kommissionsschätzungen zufolge jährlich 8 Mrd DM nötig, um die Gewässer auf den Qualitätsstand von 1950 zu bringen. Auf 160 Mrd DM schätzen Experten den jährlichen Gesamtmarkt der Trinkwassergewinnung, Abwasser- und Schlammbehandlung. High-Tech-Verfahren wie Ultrafiltration, Ionenaustauscher oder Membrantechniken lösen heute theoretisch die meisten industriellen Schadstoffprobleme. Wenn z.B. Schwermetalle, chlorierte Chemikalien oder Pflanzenschutzmittel das Trinkwasser belasten, werden solche Technologien auch für die öffentliche Wasserversorgung interessant. Wichtig wird zunehmend auch die umweltverträgliche Entsorgung von Klärschlamm, der nicht (mehr) landwirtschaftlich genutzt wird. Vermehrt nachgefragt werden z.B. Pressen zur Schlammreduktion und Wertstoffrückgewinnungsverfahren (z.B. für Öl und Gas).

Luft: Die Übertragung westdeutscher Vorschriften (GFAVO, TA Luft) auf die neuen Länder ergibt einen erheblichen Erneuerungs-, Nachrüstungs- bzw. Stillegungsbedarf. Je nach Priorität sind Investitionen zwischen 3 und 220 Mrd DM zu erwarten. Neben end-of-pipe Technologien werden verstärkt integrierte Technologien (im Kraftwerksbereich z.B. Wirbelschichtfeuerung oder Gas- und Dampfturbinentechnik) zum Einsatz kommen. In Westdeutschland geht es zunehmend um neue organische Emissionen und Schwermetalle. Dazu sind oft maßgeschneiderte Anlagen erforderlich. Die Vielzahl kleiner Spezialanbieter von verbesserten Filter und verbesserten Filtermedien zeigt dies bereits. Der Markt für Luftreinhaltung ist meistens verordnet (vgl. z.B. 17. BImSchV bzgl. Dioxinfilter für MVA) und zeitlich begrenzt. In der Industrie steigt aber das Interesse an integrierten Produktionsumstellungen, die den Schadstoffausstoß und zugleich u.a. das Müllaufkommen und die Entsorgungskosten senken.

Lärm: Lärm, insbesondere Straßenverkehrslärm, verursacht jährlich Kosten in Milliardenhöhe. Neben Sekundärmaßnahmen wie Lärmschutzwände spielen Minderungsmaßnahmen an der Quelle eine zunehmende Rolle. LKW-Produzenten beginnen z.B. damit, den Motor der Fahrzeuge völlig einzukapseln. Potentiale stecken auch in der Verwendung von Flüsterasphalt. Technische Lösungen dominieren auch bei der Lärmbekämpfung am Arbeitsplatz.

Meß-, Regel- und Analysesysteme: Politischer Druck und erhöhte gesetzliche Anforderungen sorgen dafür, daß die Nachfrage nach Analysegeräten seit Jahren boomt. 1991 hat die Branche weltweit rd. 7,5 Mrd DM umgesetzt, wovon ein Viertel des Marktes auf Deutschland entfällt. Schlüsselelement einer zunehmend verfeinerten Technik sind die Sensoren. Prognos schätzt den Sensormarkt in Deutschland im Jahr 2000 auf 8 Mrd DM, wobei Biosensoren das Marktsegment mit der größten Wachstumsdynamik sind. Der gesamte Sensormarkt weist Wachstumsraten p.a. von 10-20vH auf. Ein Sensor ist ohne integrierte Schaltkreise kaum noch denkbar; wichtig ist dabei die individuelle Software. Noch fehlen daher in der Meßtechnik Standardlösungen, welche die Systeme verbilligen.

Betriebsstoffe: Ohne Chemie kein Umweltschutz - dies gilt nahezu in allen Schutzbereichen. Von steigenden Anforderungen (u.a. gepl. EG-Richtlinie zu kommunalen Abwässern) profitiert z.B. der Absatz von Chemikalien zur Wasserreinigung (Phosphate, Nitrate) - 1990 EG-weit ein Markt von rund 1,6 Mrd Dollar (z.B. Chlor, Kalk, organische Schwefelverbindungen als Schwermetall-Fänger). Bei den Waterchemicals (Kalkmilch, Säuren, Laugen, Wasserstoffperoxid) nimmt das Wachstum mit weiteren Verfahrensfortschritten z.B. in den Galvanikunternehmen allerdings ab. Daneben spielen Katalysatoren eine wesentliche Rolle. Katalysatoren sind oft wirksamer als herkömmliche Filter- und Abscheidetechniken, da sie durch schnelle chemische Reaktionen Schadstoffe gezielt zersetzen oder umwandeln. Bis 1995 soll der Markt für Katalysatoren in Europa ein Volumen von 850 Mio Dollar erreichen. Neben

noch: Übersicht 3.1-1

> Autokatalysatoren werden katalytisch wirksame Materialien bei der Reinigung von Industrieabwässern verwandt. Bei der Luftreinhaltung ist auch die Aktivkohle von zunehmender Bedeutung.
>
> <u>Dienstleistungen (Informationsdienstleistungen, Wartung und Service, Beratung)</u>: Der Markt für solche Dienste betrug in Westdeutschland 1989 rund 6,5 Mrd DM (2000 geschätzte gut 9 Mrd DM). Über 1000 Firmen bieten hier ihre Dienste an. Umweltinformationssysteme erleichtern zunehmend die Einhaltung gesetzlicher Bestimmungen z.B. bei der Planung von Anlagen oder dem Management von Altlasten, Gefahrstoffen oder Sondermüll. Der Markt für Expertensysteme könnte bis zum Jahr 2000 von 4 Mio DM (1989) auf 200 Mio DM expandieren, wobei die Anforderungen hoch sind: sämtliche relevanten Gesetze und die verfügbaren Technologien sind zu berücksichtigen. Bei steigenden Energiepreisen und dadurch angeregter Prozeßoptimierung und Prozeßsubstitution entsteht zunehmender Bedarf im Bereich Beratung/Schulung, Reparaturleistungen, Problemanalyse und Bewertung. Umweltbezogene Dienstleistungen bieten zudem Diversifizierungschancen für Unternehmen aus Energiewirtschaft, Maschinen- und Anlagenbau (zunehmende Bedeutung des Umweltschutzes und Vorbereitung des Marktes für eigene Anlagen).
>
> <u>Energieeinsparung</u>: Trotz gegenwärtig niedriger Energiepreise bleibt die Energieeinsparung bei künftig steigenden Energiepreisen, Treibhauseffekt, möglichen CO2-Abgaben und Vorschriften zur Nutzung alternativer Treibstoffe im Verkehr, steigendem Umweltbewußtsein, Energiepolitik zugunsten alternativer Energien (z.B. Stromeinspeisungsgesetz) und verbesserter Energienutzung wichtig. Der zunehmende Einsatz von Solarenergie in den Mittelmeerländern, die Zunahme der Windenergienutzung, das Bemühen, fossile Energieträger zurückzudrängen, und steigende F&E-Ausgaben in diesem Bereich deuten auf Chancen in diesem Bereich hin.

Zusammenstellung nach Angaben im Rahmen der ENVITEC 92

Die Unternehmen reagieren auf diese Entwicklung zunächst organisatorisch, indem sie den Umweltschutz - über die z.B. immissionsschutzrechtlich und gewässerschutzrechtlich vorgeschriebene Einsetzung von Umweltbeauftragten hinaus - im Unternehmen höherrangig verankern. In der kürzlich bekannt gewordenen Entscheidung der Volkswagen AG, einem Mitglied des Vorstandes ausschließlich Fragen des Umweltschutzes zu überantworten, wird diese Entwicklung auch nach außen deutlich sichtbar.

Gleichwohl scheinen auch heute die Möglichkeiten des integrierten Umweltschutzes bei weitem noch nicht ausgeschöpft. Gerade in Bereichen, wo die Produktion vielfache stoffliche Verflechtungen aufweist, bestehen noch weitere Möglichkeiten der Schließung von Stoffkreisläufen, weitere Skalen- und Lerneffekte im Umweltschutz sind durchaus möglich. Mehr und mehr sind die Industrieunternehmen an einer frühzeitigen Produktionsumstellung interessiert - zum überwiegenden Teil wohl, um den steigenden Entsorgungskosten zu entgehen, möglicherweise aber auch, weil sie dadurch diesbezügliche Erfahrungsvorsprünge erhoffen.

Mit wachsender Erfahrung im Umweltschutz steigt überdies zugleich die Tiefe und die Breite des umweltbezogenen technischen und organisatorischen know-hows. Zum einen wird der Umweltschutz zunehmend tiefer (und langfristiger) in den Produktionsprozeß und den ökonomischen Kreislauf integriert[106], er wird immer

---

[106] Die Tiefe der Umgestaltung von Produktionsprozessen steigt dabei sowohl unternehmensintern (z.B. durch Übergang von additivem auf integrierten Umweltschutz) als auch unternehmens- und

häufiger privatwirtschaftlich betrieben und betriebswirtschaftlich lohnend. Zum anderen verbreitet sich - die integrierte Umweltanpassung erleichternd - die technische Kompetenz und Markterfahrung der (Umwelt)industrie durch die steigende Verfügbarkeit, Leistungsfähigkeit und zunehmende Anwendung moderner sektorübergreifender und umweltrelevanter Querschnitts- und Schlüsseltechnologien (wie z.B. Mikroelektronik, Mikrobiologie und neue Materialien und Werkstoffe), insbesondere aber auch die zunehmende umweltbezogene Informationsvernetzung (vgl. die Übersicht 3.1-2. zu umweltrelevanten Schlüsseltechnologien) und durch die wachsende Integration umweltbezogener Beratungsdienstleistungen in das Angebot. Dabei wirkt sich mittelfristig auch die - erst verzögert zum Tragen kommende - Anpassung von (Aus)bildungsinhalten an neue umweltbezogene Herausforderungen günstig aus. Ingenieure, Architekten, aber auch Naturwissenschaftler erwerben mit der Zeit zunehmende "Umweltkompetenz", daneben gibt es eine steigende Zahl (von Absolventen) spezieller Umweltberufsausbildungen (z.B. Entsorger), welche zunehmend zum Angebot umweltbezogener Dienstleistungen beitragen.

Schließlich bildet die zunehmend breitere Verankerung des Umweltschutzgedankens auf internationaler und nationaler Ebene den Rahmen für umfassende und nachhaltige unternehmerische Anpassungen an umweltbezogene Knappheiten. So wurde auf der Konferenz über Umwelt und Entwicklung in Rio die Staatengemeinschaft zur Integration des Umweltschutzes in alle Politikbereiche verpflichtet. Neben der Einigung auf ein weltweites entwicklungs- und umweltpolitisches Programm wurden ferner - völkerrechtlich verbindlich - eine Klimakonvention zur CO_2-Minderung und eine Artenschutzkonvention beschlossen und von über 150 Staaten unterzeichnet sowie eine Grundsatzerklärung über die nachhaltige Bewirtschaftung und den Schutz der Wälder abgegeben. In der Bundesrepublik Deutschland soll das bisher weit verzweigte Umweltrecht in sich schlüssig und widerspruchsfrei in einem Umweltgesetzbuch verzahnt und als ökologischer Rechtsrahmen für die Soziale Marktwirtschaft gestaltet werden. Eine entsprechende Rechtsentwicklung läßt sich im internationalen Bereich beobachten. So haben wesentliche Teile des laufenden Gesetzgebungsprogramms ihren Ursprung im EG-Recht. Die zu erwartende zunehmende Angleichung der Umweltpolitik in den Mitgliedstaaten der Europäischen Gemeinschaft bewirkt im übrigen, daß ein verbleibendes Umweltschutzgefälle als möglicher Faktor für Standortentscheidungen an Gewicht verliert.

---

branchenübergreifend, wenn z.B. die Grundstoffindustrien umweltbezogen verbesserte Roh-, Hilfs- und Betriebsstoffe bereitstellen oder unternehmens- und branchenübergreifende Stoff- und Recyclingkreisläufe sich zu schließen beginnen.

Übersicht 3.1-2

	Synopse von Schlüsseltechnologien und -bereichen mit Umweltbezug		
	Dt. Bank, Batelle	Panorama (nach 2000)	Kaiser
Elektronik/EDV	- Mikroprozessoren[1] - Datenbanken und Informationssysteme[1] - Sprach-, Bild- u. Mustererkennung[2]	- Fortentwickelte Regelsysteme	- Fortgeschrittene Halbleiter[2] - Höchstleistungsrechner[2] - Datenspeicherung, höchst-dicht[2]
- Expertensysteme[2]	- Telekommunikation (Nachrichtensatelliten)[2] - Bürokommunikationssysteme[3] - Breitbandtelekommunikation[3] - opt. Datenverarbeitung[3] - Molekularelektronik (Bio-Chips)[4]		- K/I/Expertensysteme[2,3], - Optoelektronik[2,3] - Digitale Bildtechnik[2] - Mikrosystemtechnik[3]
Fertigungstechnik	- Fertigungsautomation (CAD,CAM)[1] - Dünnschichtoberflächentechnik[1] - Lasertechnologie[1] bzw. -anwendungen[2] - CIM (incl. Robotik)[2]	- elektr. Verfahrenstechnik z.B. Plasmabrenner - trockene Oberflächenbehandlung	- flexible CIM[2] - Sensortechnik[2,3] - Laser[3] - Robotik[3] - Automation[3]
Biologische Verfahren	- Biolog. Reinigungsverfahren[2] - Bio-Verfahrenstechnik (fermentative und enzymatische Prozesse[2] - nachwachsende Rohstoffe[3] - Gentechnologien[3] - Molekularelektronik (Bio-Chips)[4] - wirksame Therapien gegen Krebs[3]		- Biotechnologie[2,3] - Mikrosystemtechnik[3] - Gentechnik[3]
Medizin			- Medizinische Diagnostik[2] - Medizinische Instrumente[2] - Medizintechnik[3] - Orthomolekulare Medizin[3]

noch: Übersicht 3.1-2

	Dt. Bank, Batelle	Panorama (nach 2000)	Kaiser
Energie	- Technologien rationeller Energieverwendung[1] - Anwendung der Supraleitung[3] - Energiespeichertechnologien[3] - Photovoltaik[3] - Energiegewinnung durch Kernfusion[4] - Wasserstofftechnologien	- neue Energieträger z.B. Wasserstoff	- Supraleitung[2] - Energietechnik[3]
Umwelt	- Recyclingverfahren[1] - Umweltsanierungstechnologien[3] - Abfallverwertung durch Pyrolyse[3] - ökolog. unbedenk. Prozesse bei Rohstoffgewinnung, Produktion u. Entsorgung	- Membranverfahren, - Filtrationsmittel	- Umwelttechnik
Werkstoffe	- Verbundwerkstoffe[2]		- Neue Werkstoffe[2,3]
Sonstige	- bodengeb. Massenverkehrsmittel[1] - Klimabeeinflussung[4]	- Meerestechnik[3]	- Luft und Raumfahrt[3]

Zusammenstellung nach Angaben der deutschen Bank, der H. Kaiser Unternehmensberatung und des Panorama der EG Industrie 1990. - [1]bis 1990. - [2]bis 2000. - [3]bis 2010. - [4]nach 2010.

3.2. Ökonomische Wirkungen der Kosten des Umweltschutzes - ausgewählte empirische Befunde

Im Anschluß an diese eher grundsätzlichen Betrachtungen soll nunmehr der Versuch gemacht werden, die tatsächlichen ökonomischen Wirkungen der tatsächlichen Kosten des Umweltschutzes zu bestimmen[107]. Dies kann nur ein Versuch sein, da - wie erwähnt - die verfügbaren Daten lückenhaft sind und vielfältige Überlagerungs- und Kompensationseffekte mit anderen Kostendeterminanten zu berücksichtigen sind. Um die damit verbundenen Risiken zu minimieren, soll die Analyse auf sog. umweltintensive Bereiche - auf Branchen, die in besonders hohem Maße mit Umweltschutzkosten konfrontiert sind - beschränkt werden.

3.2.1. Zur Auswahl der umweltintensiven Wirtschaftsbereiche

Der Kreis der umweltintensiven (d.h. der in besonderem Maße durch Umweltschutzaufwendungen belasteten) Wirtschaftsbereiche läßt sich relativ eindeutig eingrenzen, wenn die im mehrjährigen Durchschnitt getätigten Gesamtaufwendungen bzw. -ausgaben für den Umweltschutz zugrundegelegt werden; dies waren - mit Aufwendungen von mehr als 1,5 vH des Produktionswertes - die Elektrizitäts-, Gas- und Wasserversorgung, der Bergbau und die Chemische Industrie (vgl. Tabelle 2.2.-6.). Allerdings ist das verwendete Gliederungsraster relativ grob; es unterscheidet, wie bekannt, nur elf Branchen. Legt man die stärker disaggregierten Investitionsausgaben zugrunde und unterstellt, daß sie in einem festen, proportionalen Verhältnis zu den Gesamtausgaben stehen, dann erweisen sich insgesamt zehn Sektoren (die Energie- und Wasserversorgung, der Bergbau, die Mineralölverarbeitung, die NE-Metallerzeugung, die Chemische Industrie, die Eisenschaffende Industrie, die Zellstoff-, Papier- und Pappeerzeugung, die Gießereien, die Holzbearbeitung und der Sektor Steine und Erden) als umweltintensiv[108]. Ein nahezu identisches Branchenspektrum ergibt sich, wenn die Umweltbelastung anhand ausgewählter Schadstoffindikatoren (z.B. den Anteilen an den SO_2-, NO_x-, CO_2-Emissionen sowie dem Abwasser- und Abfallaufkommen) gemessen wird[109].

Es mag eingewendet werden, daß diese umweltintensiven Branchen nicht unbedingt mit jenen identisch seien, die die Umweltschutzkosten letztlich tragen müssen: Soweit den Unternehmen gelingt, ihre direkte Kostenbelastung (nach Maßgabe der Abschreibungen, aber auch der laufenden Aufwendungen für den Umweltschutz) in den Outputpreisen weiterzuwälzen, ohne nennenswerte Absatzein-

---

[107] Die von der Nachfrage nach Umweltschutzgütern ausgehenden positiven Wirkungen werden im vierten Kapitel behandelt.

[108] Vgl. R. Graskamp u.a., S. 258.

[109] Vgl. R. Graskamp u.a., S. 290f.

bußen hinnehmen zu müssen[110], sind möglicherweise ganz andere Branchen als umweltintensiv anzusprechen. In diesem Zusammenhang sind - im volkswirtschaftlichen Gesamtzusammenhang - nur solche Güter zu betrachten, die unmittelbar in die Endnachfrage eingehen: Hohe unmittelbare (direkte) Umweltschutzkosten der Elektrizitätserzeugung z.B. gehen mittelbar (indirekt) in die Kosten der NE-Metallerzeugung, letztlich in die Preise der Automobilindustrie ein.

Diese Zusammenhänge zwischen direkten und indirekten Kosten des Umweltschutzes lassen sich unter zwei - allerdings sehr restriktiven - Annahmen mit Hilfe der Input-Output-Analyse nachzeichnen[111]: Zum einen wird vorausgesetzt, daß alle Wirtschaftsbereiche die von ihnen aufgewendeten Kosten des Umweltschutzes in voller Höhe auf die Abnehmer überwälzen; zum anderen wird unterstellt, daß die Struktur der Umweltschutzaufwendungen weitestgehend der Struktur der Schadstoffemissionen entspricht[112]. Als Ergebnis einer solchen Verknüpfung der sektoralen Schadstoffkoeffizienten mit den Input-Output-Tabellen des RWI ist festzuhalten, daß auch im Rahmen der gesamtwirtschaftlichen Endnachfrage vor allem Strom, chemische Erzeugnisse, Mineralöl- und Stahlprodukte sowie Zellstoff- und Papiererzeugnisse als besonders umweltintensiv zu gelten haben: Durch die Berücksichtigung der indirekten Umweltschutzkosten (bzw. -belastungen) ändert sich die Zusammensetzung der Gruppe der zehn besonders umweltintensiven Branchen im Prinzip nicht (vgl. Tabelle A 3.1, Spalte 4, 6, 8 usf.). Auffällig ist gleichwohl, daß neben diesen Branchen auch einige Sektoren vorzugsweise des Investitionsgüterbereiches direkt oder indirekt umweltrelevant sind in der Weise, daß ihnen vergleichsweise hohe Umweltschutzaufwendungen der Vorlieferanten zuzurechnen sind. Die nachfolgenden Analysen beschränken sich allerdings auf die unmittelbar (direkt) umweltintensiven Wirtschaftsbereiche.

3.2.2. Zu den binnenwirtschaftlichen Wirkungen der Kosten des Umweltschutzes

Am Beispiel von zehn als besonders umweltintensiv eingestuften Branchen soll nunmehr versucht werden, einige für typisch gehaltene Reaktionsmuster und Verhaltensweisen zu analysieren. So können die Unternehmen den umweltschutzinduzierten Kostenanstieg dadurch kompensieren bzw. dem drohenden Produktionsrückgang entgehen, indem sie versuchen:

---

[110] Eine solche Überwälzung kann durch staatliche Preisregulierungen - wie sie z.B. in der Elektrizitätswirtschaft bestehen - durchaus erleichtert werden.

[111] In der hier beschriebenen Weise ist auch die sog. Hohmeyer-Studie zur Emittentenstruktur vorgegangen. Vgl dazu O. Hohmeyer u.a., Methodenstudie zur Emittentenstruktur in der Bundesrepublik Deutschland. Verknüpfung von Wirtschaftsstruktur und Umweltbelastung. Abschlußbericht. (Forschungsbericht 92-101 05 014 des Umweltforschungsplans des Bundesministers für Umwelt, Naturschutz und Reaktorsicherheit.) Karlsruhe 1992.

[112] Letzteres ist allerdings, wie erwähnt, oft der Fall.

- die zusätzlichen Kosten über steigende Preise auf die Abnehmer ihrer Produkte zu überwälzen,
- mengenmäßige Wettbewerbsvorteile durch Erschließung neuer Inlands- und/oder Auslandsmärkte zu erringen und/oder
- durch organisatorische Verbesserungsmaßnahmen und/oder Einführung technischer Prozeßinnovationen die Kapitalintensität zu senken bzw. die Kapitalproduktivität zu erhöhen und darüber hinaus
- die Arbeitsproduktivität zu verbessern.

Der Erfolg oder Mißerfolg dieser Bemühungen findet letztendlich seinen Niederschlag in der Kapitalrentabilität, die daher hier als wichtigste Zielgröße der Unternehmenspolitik betrachtet wird. Denn ein weiteres Wirtschaften wird Unternehmen einer Branche - auf lange Sicht - nur dann sinnvoll erscheinen, wenn die Verzinsung des eingesetzten Kapitals zumindest der alternativer Anlageformen entspricht; anderenfalls wird es sich mehr oder weniger rasch aus der betreffenden Branche zurückziehen.

Zur empirischen Nachprüfung der unterschiedlichen Reaktionen der einzelnen Unternehmen auf erhöhte Umweltschutzanforderungen werden die die Sachkapitalrentabilität (bzw. -rendite) hauptsächlich beeinflussenden Faktoren auf Branchenebene[113] näher analysiert. Als wichtigste Einflußgrößen gelten demnach:

- die relativen Preise (genauer: die relative Veränderung der Preise), also die Differenz zwischen dem sektoralen und dem gesamtwirtschaftlichen Preisanstieg;
- das Wachstum der Arbeitsproduktivität[114], definiert als Verhältnis von Bruttowertschöpfung (in Preisen von 1985) zur Anzahl der Erwerbstätigen;
- die Entwicklung der Kapitalintensität, definiert als Relation von Bruttoanlagevermögen (in Preisen von 1985) zur Anzahl der Erwerbstätigen sowie
- das Wachstum der Kapitalproduktivität, d.h. die Relation von Bruttowertschöpfung zum Bruttoanlagevermögen, jeweils bewertet zu Preisen des Jahres 1985.

Außerhalb dieses definitorischen Zusammenhangs finden noch ergänzend die Entwicklung der Erwerbstätigen sowie die Export- und Lohnquote Berücksichtigung in der Analyse.

---

[113] Es ist darauf hinzuweisen, daß die adäquate Untersuchungsebene aufgrund der heterogenen Produkte und Produktionsverfahren das einzelne Unternehmen wäre, dies läßt jedoch das statistische Datenmaterial nicht zu. Darüber hinaus wird als Indikator für die Kostenbelastung - wiederum aus Gründen der restriktiven Datensituation - nicht die Gesamtausgaben für Umweltschutzzwecke herangezogen, sondern nur die reinen Umweltschutzinvestitionen. Die tatsächliche Belastung dürfte im Durchschnitt das Vier- bis Fünffache betragen.

[114] Das Wachstum der Arbeitsproduktivität wird nicht explizit aufgeführt, da sie sich relativ leicht aus der Differenz der beiden jahresdurchschnittlichen Veränderungsraten der Bruttowertschöpfung (real) und der Erwerbstätigen ermitteln läßt.

Die genannten Indikatoren stehen in einem z.T. rein tautologischen Kontext[115]: Die Veränderung der relativen Bruttowertschöpfung mißt, zusammengewichtet mit der Veränderung der jeweiligen Preise, die Erweiterung bzw. Verringerung des Verteilungsspielraumes (ergibt folglich die Bruttowertschöpfung zu jeweiligen Preisen). Hieraus ergeben sich nach Abzug von Löhnen, Abschreibungen und indirekten Steuern (zzgl. Subventionen) die Bruttoeinkommen aus Unternehmertätigkeit und Vermögen und, bezogen auf das Nettoanlagevermögen zu Wiederbeschaffungspreisen, die Sachkapitalrentabilität. Darüber hinaus sind die Arbeitsproduktivität und die Kapitalintensität über die Kapitalproduktivität miteinander verbunden. Jedoch beschreiben diese Komponenten zugleich auch ökonomisch relevante Zusammenhänge, insbesondere zwischen einer Veränderung der relativen Preise sowie der Nachfrage bzw. Bruttowertschöpfung (als Indikator der Produktion) einerseits und der Veränderung von Investitionsneigung, Kapitalproduktivität, -intensität und der daraus resultierenden Kapitalrentabilität andererseits.

Zur Erläuterung der diskutierten Zusammenhänge - und als Vergleichsmaßstab - soll anhand der geschilderten Indikatoren bzw. Einflußgrößen der Kapitalrentabilität die Entwicklung im Warenproduzierenden und ggf. auch im Verarbeitenden Gewerbe nachgezeichnet werden. Die Beurteilung der in Betracht gezogenen Größen erfolgt anhand eines Vergleichs des Anfangs- und Endjahres des hier zugrunde gelegten Beobachtungszeitraumes von 1975 bis 1988.

Auf den ersten Blick ergibt sich ein recht uneinheitliches Reaktionsmuster, denn die umweltintensiven Branchen

- gehören teils zu den Wachstumsbranchen (Energie- und Wasserversorgung, Chemische Industrie, Zellstoff-, Papier- und Pappeverarbeitung)[116], teils zu den Schrumpfungsbranchen (Bergbau, Mineralölverarbeitung, Eisenschaffende Industrie und Gießereien);
- haben ihre Nettosachkapitalrendite[117] teils verbessern können (Chemische Industrie, Steine und Erden, Eisenschaffende Industrie sowie der Sektor Zell-

---

[115] Vgl. dazu die Ausführungen von J. Schmidt, Zur Entwicklung der Kapitalrentabilität in den Unternehmensbereichen der Bundesrepublik Deutschland. "RWI-Mitteilungen", Berlin, Jg. 31 (1980), S. 207ff.

[116] Eigentlich gehört die NE-Metallerzeugung auch zu den Wachstumsbranchen, was hier allerdings nicht zum Ausdruck kommt, da die Entwicklung der Bruttowertschöpfung durch erratische Preisausschläge verzerrt ist.

[117] Auf die Interpretation der Nettosachkapitalrendite wird nicht eingegangen, sondern nur auf deren Entwicklung, da das Niveau größtenteils sektoral produktionstechnisch bedingt ist und zudem nur eine Momentaufnahme darstellt, d.h. den zukünftigen Anpassungsbedarf anzeigt. Gleichwohl kann hier auf den Ausweis der Niveaugröße nicht verzichtet werden, weil die Berechnung von Veränderungsraten bei Auftreten alternierender oder negativer Vorzeichen im Zeitablauf nicht möglich ist oder zu falschen Schlußfolgerungen Anlaß gibt; dies würde in den Sektoren Bergbau, Mineralölverarbeitung sowie Zellstoff-, Papier- und Pappeerzeugung der Fall sein.

stoff, Papier- und Pappeerzeugung), teils mußten sie erhebliche Einbußen hinnehmen wie der Bergbau, die Mineralölverarbeitung, die Gießereien und die Holzbearbeitung; die Energie- und Wasserversorgung wie auch die NE-Metallerzeugung hatten dagegen nur leichte Rückgänge zu beklagen;

- haben z.T. ihre relativen Preise senken müssen (aus Wettbewerbsgründen) oder aber senken können (als Folge kostensparender Produkt- und Prozeßinnovationen), dazu zählen die Energie- und Wasserversorgung, die Chemische Industrie, Steine und Erden, die Eisenschaffende Industrie, die Holzbearbeitung sowie die Zellstoff-, Papier- und Pappeerzeugung;

- haben die Kapitalproduktivität sowie die Kapitalintensität erhöht oder gesenkt.

Allenfalls ist ihnen gemeinsam, daß sie in der Regel zu einem überproportionalen Personalabbau gezwungen waren (mit Ausnahme der Chemischen Industrie und der staatlich regulierten Energie- und Wasserversorgung). Diese Maßnahme führte aber nur dann zum Erfolg, d.h. zu einer Verbesserung der Renditesituation, wenn mit dem Abbau von Arbeitsplätzen (was bei der wachstumsintensiven Chemischen Industrie nicht notwendig erschien) auch ein überdurchschnittlicher Anstieg der Arbeitsproduktivität[118] einherging (Steine und Erden, Eisenschaffende Industrie und Zellstoff-, Papier- und Pappeindustrie, aber auch - wiederum - die Chemische Industrie). Die dazu erforderlichen Umsatzsteigerungen konnten jedoch nur unter Verzicht auf die Durchsetzung höherer Preise am Inlands- sowie Auslandsmarkt erreicht werden, anderenfalls mußten Umsatzeinbußen hingenommen und niedrigere Produktivitätssteigerungen in Kauf genommen werden.

3.2.3. Internationale Wettbewerbsfähigkeit bei umweltintensiven Gütern

Im Zusammenhang mit dem Themenkomplex Umweltschutz als Standortfaktor stellt sich auch die Frage nach der internationalen Wettbewerbsfähigkeit von Industrien, die als Nutznießer oder Benachteiligte von hohen Umweltstandards angesehen werden. Dabei dürfen Wettbewerbsfähigkeit und Standortqualität aber nicht von vornherein gleichgesetzt werden. Vielmehr ist die Wettbewerbsfähigkeit nur ein Einzelindikator mit entsprechend beschränkter Aussagefähigkeit.

---

[118] In einer Untersuchung kommt A. Maddison auch zu dem Ergebnis, daß Umweltschutzmaßnahmen - im Gegensatz zu den USA - für die Bundesrepublik Deutschland (und auch für Japan) einen vergleichsweige geringen negativen Effekt auf das Produktivitätswachstum haben. Dagegen stellt E.F. Denison für die US-amerikanische Wirtschaft im Zeitraum 1973/81 gegenüber 1948/73 eine Verlangsamung des Produktivitätswachstums infolge der gestiegenen Umwelt- und Arbeitsschutzaufwendungen fest; deren Anteil am Produktivitätsrückgang beziffert er auf 7 vH. Zu den genannten Untersuchungen vgl. A. Maddison, Growth and Slowdown in Advanced Capitalist Economies: Techniques and Quantitative Assessment. "Journal of Economic Literature", Nashville, TN, vol. 25 (1987), S. 649ff. und E.F. Denison, The Interruption of Productivity Growth in the U.S. "The Economic Journal", Oxford, vol. 93 (1983), S. 56ff.

Internationale Wettbewerbsvorteile von Industrien sind das Ergebnis eines komplexen Prozesses[119]. Die an der Schaffung solcher Wettbewerbsvorteile beteiligten Faktoren sind durch ein Geflecht von Kombinations- und Interaktionsbeziehungen zu einem System vernetzt. Monokausale Erklärungsansätze wie "höhere Kosten durch höhere Umweltschutzanforderungen verschlechtern die internationale Wettbewerbsfähigkeit einer Branche" haben deshalb keine Geltung. Im Rahmen dieses Gutachtens ist es indes nicht möglich, die Auswirkungen von höheren Umweltstandards auf das die internationale Wettbewerbsfähigkeit determinierende System von Faktoren zu untersuchen. Es soll stattdessen das Ergebnis dieses Prozesses unter Zuhilfenahme der Außenhandelsströme und daraus abgeleiteter Kennziffern beurteilt werden.

Immer wieder wird angeführt, daß die internationale Wettbewerbsfähigkeit von umweltintensiv produzierten Waren leide, falls im Ausland niedrigere Standards vorherrschten. Die Bundesrepublik Deutschland, so eine oft gehörte Klage, habe mit die höchsten Umweltstandards, was die heimische Industrie gegenüber dem Ausland benachteilige[120]. Im folgenden Abschnitt wird daher untersucht, wie sich die Position der Bundesrepublik Deutschland im internationalen Wettbewerb bei umweltintensiven Gütern darstellt.

Der internationale Handel und die Wettbewerbsfähigkeit bei umweltintensiven Gütern ("environmentally dirty products") stehen im Mittelpunkt einer Studie von Low and Yeats[121]. Als umweltintensiv werden diejenigen Industrien eingestuft, die im Jahre 1988 die höchsten Ausgaben für Umweltschutz in den USA hatten[122]. Auf dieser Basis wurden 40 3-stellige Produktgruppen nach SITC (Rev 1) als in der Produktion besonders umweltintensiv identifiziert und die Handelsströme im Zeitraum von 1965 - 1988 für 109 Länder analysiert[123].

Diese Vorgehensweise ist nicht ganz unproblematisch. Erstens wird unterstellt, daß diejenigen Industrien mit den höchsten Umweltschutzausgaben auch diejeni-

---

[119] Vgl. M.E. Porter: The competitive advantage of nations, London, 1990.

[120] Vgl. beispielsweise o.V.: Der ökologische Vorsprung kann Nachteile bringen, in: Handelsblatt vom 10.April 1992.

[121] Vgl. P. Low, A. Yeats: Do "Dirty" Industries Migrate? in: Low, P. (Hrsg.): International Trade and the Environment, Washington 1992.

[122] Diese Industrien hatten 1988 Umweltschutzkosten, die 1 vH ihres Umsatzes übertrafen.

[123] Zu diesen Produkten gehören alle 3-stelligen Produkte der SITC- Kategorien 67 (eisenhaltige Metalle), 68 (nicht-eisenhaltige Metalle) und 69 (Metallerzeugnisse) sowie alle Produkte der Kategorien 251 (Papierhalbstoffe und Papierabfälle), 332 (Erdölerzeugnisse), 512 (organisch-chemische Erzeugnisse), 513 (anorganisch-chemische Grundstoffe, Säuren, Halogenverbindungen der Nichtmetalle und Basen), 514 (andere anorganisch-chemische Erzeugnisse), 515 (radioaktive und verwandte Stoffe), 521 (Mineralteere und rohe chemische Erzeugnisse aus Kohle, Erdöl und Erdgas), 561 (chemische Düngemittel), 599 (chemische Stoffe und Erzeugnisse), 631 (Furniere, Sperrholzplatten, vergütetes Holz, Kunstholz und dergleichen), 632 (Holzwaren), 641 (Papier und Pappe), 642 (Waren aus Papierhalbstoff, Papier oder Pappe), 661 (Kalk, Zement und bearbeitete Baustoffe).

gen mit der höchsten Umweltverschmutzung sind. Dies erscheint auf den ersten Blick plausibel, da Umweltschutzausgaben in der Regel nicht freiwillig, sondern erst nach staatlichen Eingriffen getätigt werden. Da das Niveau des zu erreichenden Umweltschutzes aber im wesentlichen Ergebnis eines politischen Prozesses ist, kann bereits ein geschicktes Lobbying die Umweltschutzkosten reduzieren, mit der Folge, daß die anhand der Umweltschutzkosten als umweltintensiv eingestuften Industrien nicht die größten Verschmutzer sind.

Ein weiterer Einwand ist, daß die umweltintensiven Güter nicht in der ganzen Welt mit der in den USA verwendeten Technologie hergestellt werden. Die Umweltbelastung kann daher von Land zu Land variieren. Außerdem können unterschiedliche internationale Umweltstandards sogar soweit führen, daß Produkte in einem Land relativ umweltschonend, in einem anderen hingegen relativ umweltintensiv hergestellt werden. Hier zeigt sich, daß es nicht ganz unproblematisch ist, bei internationalen Vergleichen auf national definierte Kriterien zurückzugreifen. Ein Blick auf die als umweltintensiv eingestuften Produkte zeigt jedoch, daß dort im wesentlichen jene Waren zu finden sind, die allgemein als relativ umweltintensiv produziert gelten. Daher können die Ergebnisse dieser Studie großen und ganzen als einigermaßen verläßlich angesehen werden.

Für die Bundesrepublik Deutschland kann man davon ausgehen, daß umweltintensiv produzierte Güter mit hohen Umweltschutzkosten belastet sind[124]. Daher ist bei diesen Gütern eine geringe Spezialisierung und ein geringes Volumen des Außenhandels der Bundesrepublik Deutschland zu erwarten, wenn die These zutrifft, daß hohe Umweltschutzkosten die Wettbewerbsfähigkeit deutscher Unternehmen beeinträchtigen. Dies ist - zumindest nach den Ergebnissen der Untersuchung von Low und Yeats - jedoch nicht der Fall. Die Bundesrepublik Deutschland war bei den umweltintensiven Gütern 1988 mit einem Anteil von 11,9 vH und einem Ausfuhrwert von US-$ 45,6 Mrd. die führende Exportnation, gefolgt von den USA (US-$ 28,5 Mrd.), Kanada, Frankreich, Belgien und den Niederlanden (Tabelle 3.2-1).

Die Außenhandelsspezialisierung eines Landes bei bestimmten Gütern läßt sich mit dem Index des relativen Weltmarktanteils (RWA) messen[125]. Er beschreibt, ob der Weltmarktanteil eines Landes bei einem bestimmten Gut über- (RWA > 1) oder unterdurchschnittlich (RWA < 1) ist.

---

[124] Vgl. o.V.: Der ökologische Vorsprung kann Nachteile bringen. "Handelsblatt", Düsseldorf, Ausgabe vom 10. April 1992.

[125] Zur Methode siehe Übersicht A 2.2-1 im Anhang.

Tabelle 3.2-1

Länder mit der höchsten Ausfuhr von umweltintensiven Gütern (1988)			
		nachr.:	
	RWA-Wert	Welthandels-anteil (in vH)	Ausfuhr (Mrd. US$)
Bundesrepublik Deutschland	1,00	11,9	45,6
USA	0,67	7,4	28,5
Kanada	1,52	6,6	25,2
Frankreich	0,93	5,7	22,0
Belgien-Luxemburg	1,50	5,4	20,8
Niederlande	1,29	5,3	20,3
Japan	0,52	4,9	18,9
Großbritannien	0,90	4,5	17,3
Italien	0,88	4,2	16,0
Schweden	2,10	4,0	15,3
Finnland	3,27	2,6	10,0
Sowjetunion	1,85	2,2	8,3
Brasilien	1,55	2,1	7,9
Österreich	1,57	1,8	6,9
Spanien	1,17	1,8	6,8
Süd-Korea	0,75	1,7	6,6
Taiwan	0,64	1,6	6,2
Norwegen	1,74	1,6	6,0
Australien	1,26	1,5	5,7
Schweiz	0,71	1,5	5,6

Quelle: P. Low/A. Yeats, 1992, a.a.o., Berechnungen des DIW. Siehe Übersicht A 2.2-1.

Mit einem RWA-Wert von 1,00 erreicht die Bundesrepublik Deutschland beim Handel mit umweltintensiven Gütern gerade den Durchschnittswert. Im Gegensatz dazu sind die anderen großen Exportnationen wesentlich weniger auf umweltintensive Güter spezialisiert. Japan (0,52), die USA (0,67), Taiwan (0,64) und Korea (0,75) erreichen den deutschen Wert ebensowenig wie Frankreich (0,93), Großbritannien (0,90), Italien (0,86) und die Schweiz (0,71).

Sowohl die absolute Höhe der Ausfuhren als auch der im Vergleich zu den großen Exportländern relativ hohe RWA-Wert zeigt also, daß die Bundesrepublik Deutschland beim Export umweltintensiver Güter Erfolg hat und stärker als die wichtigsten Konkurrenzländer auf diese Warengruppe spezialisiert ist, auch wenn es gemessen an den RWA-Werten noch erfolgreichere Exportländer gibt. Diese Zahlen relativieren deutlich Behauptungen, nach denen die deutsche Industrie im Exportgeschäft bei umweltintensiven Gütern aufgrund des hohen Umweltstandards Nachteile gegenüber den größten Konkurrenten hat. Dies liegt zum einen an der bereits erwähnten Schwäche monokausaler Erklärungsansätze für die internationale Wettbewerbsfähigkeit. Zum anderen deutet es aber auch darauf hin, daß die Kostenunterschiede aufgrund verschiedener Umweltstandards nicht so gravierend sein können, als daß die internationale Wettbewerbsfähigkeit der Bundesrepublik Deutschland bei umweltintensiv produzierten Gütern gefährdet würde.

3.3. Anpassungsstrategien in ausgewählten umweltsensiblen Wirtschaftsbereichen

Durch beispielhafte Betrachtung besonders umweltintensiver Wirtschaftsbereiche sollen nachfolgend einige der angesprochenen unterschiedlichen Auswirkungen, Betroffenheiten und Reaktionen auf staatliche Umweltpolitik anschaulich verdeutlicht werden.

3.3.1. Elektrizitätswirtschaft

Die Elektrizitätserzeugung gehört zu den expandierenden und zugleich relativ standortgebundenen Bereichen der Wirtschaft. Gleichzeitig ist die Stromerzeugung (je nach Einsatz der Energieträger) mit unterschiedlichen Emissionen und Risiken verbunden. Eine Entlastung der Umwelt durch intrasektoralen Strukturwandel ist vor allem durch Substitution der Energieträger und Erhöhung des Wirkungsgrades zu erreichen.

Bedingt durch den Energieeinsatz gehört die Elektrizitätserzeugung zu den schadstoffintensiven, vor allem luftbelastenden Sektoren der Wirtschaft. Im Jahr 1983 lag der Anteil am gesamten SO_2-Ausstoß bei 62,4 vH, am NO_x-Ausstoß bei 28 vH und am Staubausstoß bei 18,1 vH. Bei CO_2, dem Gas, das man für einen der Hauptverursacher für die zu erwartende Klimaverschlechterung hält, lag der Anteil bei 37,2 vH. Darüber hinaus ist die Stromerzeugung für etwa drei Viertel der gesamten Abwässer (und hier vor allem Kühlwasser) verantwortlich. Mit der GFAVO wurde deshalb 1983 eine Verordnung erlassen, den Schadstoffausstoß an SO_2 bis 1991 um ca. 85 vH, an NO_x und Staub um etwa 75 vH zu senken. Diese Maßnahmen sind inzwischen nahezu vollständig abgeschlossen. Realisiert wurden die Zielvorgaben in erster Linie durch end-of-pipe-Technologien. Die Folgen dieser nachgeschalteten Maßnahmen waren eine Verschiebung der Umweltbelastung hin zu den Abfällen (Klärschlämme aus den Beseitigungsanlagen) und das Entstehen neuer Reststoffe (Gips aus REA), deren Verbleib bzw. Verwertung allerdings inzwischen weitgehend befriedigend geklärt ist[126].

Über diese spezielle Umweltanpassung hinaus läßt sich (auch schon vor 1983) eine deutliche Entkopplung von Stromerzeugung und Energieeinsatz bzw. Emissionen beobachten. Dies gelang zum einen durch die Verbesserung der Wirkungsgrade im Umwandlungsbereich, zum anderen aber insbesondere durch das Vordringen der Kernenergie. Mit diesen Verhaltensmustern - sparsamer Energieverbrauch, Substitution der (fossilen) Energieträger untereinander und verstärkter Einsatz der Kernenergie - sind auch die derzeit technisch verfügbaren Optionen beschrieben, mittels derer sich die anvisierte drastische Verminderung der CO_2-Emissionen erreichen ließe - fraglich erscheint nur, ob hierfür ein gesellschaftlicher Konsens erreicht werden kann.

Maßnahmen zur Verringerung der CO_2-Emissionen sind für die Elektrizitätswirtschaft in jedem Fall mit erheblichen Konsequenzen verbunden. Insbesondere dort, wo die Stromerzeugung zum überwiegenden Teil auf Stein- und Braunkohle basiert, wäre mit spürbaren Kostensteigerungen in der Stromerzeugung zu rechnen. Die geringen Substitutionsmöglichkeiten im Rahmen des bestehenden Kraftwerksparks und die nur sehr langsam ablaufende Umstellung des Kraftwerksparks führen zumindestens kurzfristig dazu, daß etwa eine CO_2-Abgabe zum überwiegenden Teil kostenerhöhend und nur zu einem geringen Teil emissionsreduzierend wirkt.

Eine nähere Analyse der Folgen einer CO_2-Abgabe, wie sie vom Bundesminister für Umwelt, Naturschutz und Reaktorsicherheit vorgeschlagen wurde[127], zeigte in der Tat, daß die CO_2-Emissionen erst mit einer Verzögerung von etwa 10 Jahren nach Einführung der Abgabe erkennbar zurückgehen würden; zu ähnlichen Ergebnissen führte eine Untersuchung der Auswirkungen der EG-CO_2/Energiesteuer[128]. Diese Reduktion ist zudem ausschließlich auf die steigende Stromerzeugung in Kernkraftwerken zurückzuführen. Die Einführung umweltschonender Verstromungstechnologien wird durch die Abgabe nicht zusätzlich stimuliert.

---

[126] Vgl. R. Graskamp u.a., Kapitel 4.

[127] Gültigkeit zunächst nur für Feuerungsanlagen über 1 MW bei Kohle, über 5 MW bei Heizöl und über 10 MW bei Gas; mit steigendem Wirkungsgrad sinkender und nach Brennstoffen differenzierter Abgabensatz; Aufkommen zweckgebunden für CO_2-arme Anlagen, Kraft-Wärme-Kopplung und Umrüstung von Anlagen auf CO_2-ärmere Verstromungstechnik. Vgl. dazu im einzelnen R. Hamm, B. Hillebrand, Elektrizitäts- und regionalwirtschaftliche Konsequenzen einer Kohlendioxid- und Abfallabgabe. (Untersuchungen des Rheinisch-Westfälischen Instituts für Wirtschaftsforschung, Heft 5). Essen 1992.

[128] Vgl. B. Hillebrand, Auswirkungen einer EG-CO_2/Energiesteuer auf die Energiepreise in den Ländern der EG. (RWI-Papiere, Nr. 33.) Essen 1992.

Insbesondere die modernen Kombiprozesse zur Verstromung von Braunkohle sind auch ohne die Einführung einer CO_2-Abgabe kostengünstiger als traditionelle Technologien, werden daher ohnehin in Zukunft die veralteten Trockenfeuerungen ersetzen. Ein Anreiz zur beschleunigten Einführung dieser Technologien entsteht durch diese Form der CO_2-Abgabe nicht. Die wenig differenzierte Ausgestaltung der Abgabensätze bewirkt im Gegenteil, daß effizientere Verstromungstechnologien ebenfalls finanziell belastet werden, eine forcierte Anwendung daher eher behindert als gefördert wird.

Mit der Einführung einer CO_2-Abgabe bzw. CO_2/Energiesteuer wären überdies Nebenwirkungen verbunden, welche die Maßnahmen - jedenfalls in der erwogenen Form - zweifelhaft erscheinen lassen. Dazu gehören die zusätzlichen Preiserhöhungsspielräume für Erdgas (aufgrund der brennstoffbedingt geringeren Belastung durch die Abgabe sowie der an konkurrierenden - stärker abgabebelasteten - Energieträgern orientierten Preisbildung), die für die Bundesrepublik Deutschland insgesamt zu erwartenden Steigerungen der Stromerzeugungskosten sowie die von den Kostensteigerungen ausgehenden regionalen Belastungsunterschiede. Regionen mit einem relativ hohen Anteil an Kernenergiestrom werden nur geringfügig belastet, während dort, wo die Stromerzeugung nahezu ausschließlich auf dem Einsatz fossiler Energieträger basiert, überdurchschnittliche Mehrbelastungen anfallen. Die Stromerzeugungskosten können in solchen Regionen - ggfls. stufenweise - um bis zu 1 Pf/kWh steigen.

Die zusätzlichen Belastungen der untersuchten CO_2-Abgabe kumulieren sich der genannten Untersuchung zufolge in den ersten 15 Jahren in Westdeutschland auf jährlich 2,8 Mrd. DM. Die öffentlichen Kraftwerke hätten den überwiegenden Teil dieser Belastung zu tragen. Erst mit dem Bau neuer Kernkraftwerke ab Mitte des nächsten Jahrzehnts wäre eine Entlastung zu erwarten, die allerdings durch die höheren Kapitalkosten dieser Kraftwerke teilweise wieder kompensiert werden dürfte.

Der Elektrizitätswirtschaft waren in der Vergangenheit erhebliche umweltbezogene Anpassungslasten auferlegt, welchen sie - der Natur ihres Angebotes entsprechend - kaum durch Standortverlagerungen ausweichen konnte. Diese Anpassungen führten zu deutlichen umweltpolitischen Erfolgen. Weitere Umweltentlastungen werden umso schwerer durchzusetzen sein, je einschneidender die erforderlichen Umstrukturierungen des bestehenden Kraftwerksparks sind.

3.3.2. Chemische Industrie

Nach der Eisen- und Stahlindustrie ist die Chemie mit einem Anteil von 20 vH zweitgrößter Energieverbraucher des Verarbeitenden Gewerbes[129]. Verglichen mit dem Produktionsanteil von etwa 11 vH bedeutet das, daß die Energieintensität deutlich über derjenigen der Industrie insgesamt liegt. Ursache hierfür ist auch, daß in der Chemischen Industrie Energie als Rohstoff eingesetzt wird. Dies gilt vor allem für die organische Grundstoffchemie.

Der Energieeinsatz konzentriert sich insgesamt zu 85 vH auf die Herstellung chemischer Grunderzeugnisse (auch mit anschließender Weiterverarbeitung), die ihrerseits nur zu etwas mehr als der Hälfte zum gesamten Branchenumsatz beitragen. Der spezifische Energieverbrauch der Chemie lag 1989 bei 103 000 Tonnen t. SKE pro Mill. DM Produktion. Er konnte vor allem dank intensiver Einspar- und Substitutionsbemühungen seit 1980 um 17 000 Tonnen reduziert werden. Vergleichsweise gering war der Rückgang in den siebziger Jahren (3 000 t). Gründe für die Einsparungen dürften sowohl in technologischen Veränderungen der Produktionsprozesse als auch in der abnehmenden Bedeutung der Grundstoffbereiche für die Produktion zu finden sein.

Es läßt sich feststellen, daß einerseits der Anteil rohstoff- und energieintensiver Produkte wie Anorganika, Düngemittel, Farben und Lacke abgenommen hat, daß es andererseits aber auch durch Verfahrensänderungen gerade in diesen Produktgruppen zu Energieeinsparungen gekommen ist. Auch die Erfolge hinsichtlich der Abwasser- und Schad- bzw. Reststoffreduktion dürften neben nachgeschalteten Umweltschutzmaßnahmen teilweise auf die Veränderungen der Produktionsprozesse zurückzuführen sein (vgl. Übersicht 3.3.-1).

Viele deutsche Hersteller aus den umwelt- und energieintensiven Grundstoff- und Produktionsgüterindustrien, voran die chemische Industrie, beklagen gegenwärtig auf den internationalen Märkten umweltschutzbezogene Wettbewerbsnachteile.[130]

Die Chemische Industrie unternimmt gegenwärtig große Anstrengungen hinsichtlich der Internationalisierung ihrer Aktivitäten. Sie rechnet dies vielfach vor allem der Verschärfung von Umweltgesetzen (wie z.B. ChemG) und den langen Genehmigungsverfahren zu[131]. Insgesamt dürften freilich vor allem fundamentale Markt-

---

[129] Vgl. W. Streck, Chemische Industrie, Strukturwandlungen und Entwicklungsperspektiven. (Schriftenreihe des Ifo-Instituts für Wirtschaftsforschung, Reihe Industrie, Heft 36.) Berlin 1984, S. 129ff. Nach Angaben der Arbeitsgemeinschaft Energiebilanzen blieben trotz steigender Produktion zwischen 1974 und 1990 der Endenergieverbrauch und der Stromverbrauch mit rd. 16 Mio t. SKE bzw. ca. 5,2 Mio t. SKE in etwa konstant.

[130] Vgl. hierzu BASF (Hrsg.), Standortkriterien bei Investitionsentscheidungen. (Vorträge des 3. BASF-Gesprächs zwischen Politik, Wissenschaft und Wirtschaft. Ludwigshafen 1992.

[131] Vgl. 3. BASF-Gespräch, a.a.O., S. 31, 36 und S. 55ff.

Übersicht 3.3-1

Produktionsintegrierte umweltbezogene Maßnahmen in der Chemischen Industrie

Herstellung von Polypropylen (Massenkunststoff): Bisher war keine vollständige Lösungsmittelrückgewinnung möglich, aber eine aufwendige Nachbehandlung der Abluft erforderlich. Neues, erst nach Verfügbarkeit neuer leistungsfähiger Katalysatoren anwendbares Verfahren (u.a. höherer Druck) vermeidet Lösemittelemissionen in der Abluft und verursacht weit weniger Abwasser, Roh- und Reststoffe. Durch die Verfahrensumstellung konnte der Rohstoffeinsatz für 1000kg Produkt von 1185 auf 1013kg gesenkt werden.

Kernchlorierung von Toluol (Vorprodukt u.a. für Pflanzenschutzmittel, Farbstoffe und Pharmazeutika): Durch andere Struktur der Katalysatorzugaben, der Katalysatormenge und der Reaktionstemperatur konnte das Verhältnis der bei diesem Prozeß entstehenden Isomere para-Chlortoluol und ortho-Chlortoluol von 1:1 auf 2:1 verschoben, damit besser an die Struktur der Nachfrage angenähert und der Rohstoffeinsatz zur Beseitigung überschüssigen ortho-Chlortuols gesenkt werden.

Herstellung von Naphtalinsulfonsäuren (Ausgangsprodukt für hochelastische Kunststoffe z.B. für PKW-Stoßdämpfer): Bisheriges Verfahren erzielte nur 45%ige Ausbeute, bezogen auf das eingesetzte Naphtalin, zudem fiel eine nicht rückgewinnbare und der Kläranlage zuzuführende verdünnte Schwefelsäure an. Durch ein neues Syntheseverfahren (Produktabtrennung durch Kristallisation anstelle von Aussalzen) wurde eine zweistellige Ausbeutesteigerung erreicht und die Recyclierung der anfallenden verdünnten Schwefelsäure möglich. Die CBS- (Chem. Sauerstoffbedarf) Belastung der Kläranlage sank deutlich, die Gesamt-CBS-Abgabe des Werkes Leverkusen in den Vorfluter sank um ca. 8vH. Mit der Ausbeutesteigerung wurde zugleich eine Senkung der Materialkosten erreicht.

Herstellung aromatischer Amine (Zwischenprodukte u.a. für Farbstoffe, Pflanzenschutzmittel, Pharmazeutika): Durch ein neues Verfahren (katalytische Reduktion anstelle von Reduktion mit Eisen) wird der Anfall von Eisenoxidschlamm vermieden, damit ein Deponieproblem gelöst sowie - durch Wegfall der zuvor zur Reinigung des Schlamms erforderlichen Wasserdampfdestillation - Abwasser und Energie gespart. Das neue Verfahren senkt die Abwassermenge um rd. 90vH, die Abwasserbelastung und die gasförmigen Emissionen um 99vH. Ferner entfällt die Entsorgung des Eisenoxidschlamms. Durch Erhöhung der Ausbeuten und Energieeinsparung können die Herstellkosten gesenkt werden.

Herstellung von Lichtschutzmitteln (zur Umwandlung von polymerschädlichem Licht in Wärme): Aufgrund geringer Nachfrage lohnt für diese Produkte keine maßgeschneiderte Anlage, sie werden als "Spezialität" in Auslastungstälern auf anderen Anlagen mit erheblichen Reststoff- und Entsorgungsproblemen hergestellt. Durch Verfahrensumstellung (Alkohol anstelle von Zink als Reduktionsmittel, Verwertung des Nebenproduktes Keton) konnte der problematische Zinküberschuß (u.a. Entzündungsgefahr, Wärmeakkumulation, Energie-, Transport- und Deponieaufwand) vermieden werden. Der Prozeß ist einfach, die eingesetzten Rohmaterialien (Laugen) gehen überwiegend in den Kreislauf zurück, Zahl und Menge der Hilfschemikalien ist gering, der kleine Abwasserstrom ist unproblematisch, die festen Rückstände werden u.a. verbrannt. Die Einsparungen fangen die Kosten für Entwicklung und Teuerung auf. Der ökonomischen und ökologischen Optimierung der Spezialitätenherstellung sind allerdings anlagebezogene Grenzen gesetzt.

Herstellung von Farbstoffen: Ein periodischer Wechsel der Strömungsrichtung des Wassers beim Waschen von Filterkuchen und die entsprechende Umrüstung der Waschaggregate bewirkte große Wassereinsparungen (ca. 50vH) und damit Energieeinsparungen. Die Waschdauer wurde deutlich verkürzt und der Aufwand bei der Abwasserreinigung verringert (u.a. weniger Energie für Pump- und Belüftungsanlagen). Da die kleinere Wassermenge nun mit erhöhter Schmutzbelastung anfällt, arbeitet zudem die Abwasserreinigung effizienter und mit weniger Hilfschemikalien.

Produktion von Reinnaphtalin (Anwendung s.o.): Naphtalin fällt als Beiprodukt im Steinkohlenteer bei der Kokserzeugung an. Früher wurde Reinnaphtalin in mehrstufiger Prozeßführung durch physikalische und chemische Verfahren von störenden Beiprodukten (z.B. hochviskose, produktbeladene Säureharze, die deponiert werden mußten, produktbeladene Abfallschwefelsäuren und verdünnte produktbeladene Natronlaugen) befreit. Diese Abfallströme führten, vermischt mit naphtalinhaltigen Ölen, zu schlammigen Ablagerungen in der Kläranlage, die mit hohem Aufwand beseitigt werden mußten. Eine optimierte mehrstufige Kristallisation in neuen Produktionsanlagen ermöglicht bei computergestützter Steuerung von Kristallisationstemperatur und Mengenverhältnissen höhere Reinheiten bei besserer Ausbeute sowie gänzliche Vermeidung von Abfällen und Abwässern (die auftretenden Abluftströme werden der werkseigenen zentralen Abgasverbrennung zugeleitet). Die Entwicklung des neuen Verfahrens der Naphtalinproduktion hat angesichts steigender Deponiekosten auch einen Beitrag zur Stabilisierung der Steinkohlenteerverarbeitung in Deutschland geleistet.

Herstellung des Vitamins Nikotinsäure (Wasserstoffüberträger z.B. bei Photosynthese, Atmungskette, Citronensäurezyklus): Durch Verfahrensumstellung (Änderung des Verhältnisses der Einsatzstoffe sowie Temperatur-

Übersicht 3.3-1

und Druckerhöhung bei kürzerer Verweilzeit) konnte die Ausbeute um mehr als 20vH gesteigert werden, die anfallende, stark saure Mutterlauge in den Ansatz zurückgeführt und verschiedene Nebenprodukte beim Durchlauf durch den Reaktor abgebaut werden. Insgesamt wurde die Energiebilanz wesentlich verbessert, große Kühlwassermengen eingespart, die Luftschadstoffe um 90vH und die Abwasserbelastung um 99vH reduziert und dadurch die zentralen Entsorgungsanlagen entlastet.

Herstellung von Methionin (Tierfutterbestandteil): Im bisherigen Sulfatverfahren sind pro kg Methionin ca. 1,5kg organisch belastetes Natriumsulfat aufwendig zu entsorgen. Dies vermeidet bei verbesserter Wirtschaftlichkeit das modifizierte Syntheseverfahren (Neutralisation mit Kohlensäure anstelle von Schwefelsäure). Dieses geschlossene Kreislauf-Verfahren (Rückführung der Mutterlauge sowie der eingesetzten Hilfsstoffe Ammoniak, CO_2 und Kaliumcarbonat) verbessert die Produktausbeute, vermeidet Abwasserbelastung mit organisch verunreinigter Salzfracht und vermeidet bzw. verwertet Reststoffe.

Vitamin-Großproduktion, Zwischenprodukt "Etinol": Zur Gewinnung von 1kg Etinol mußten bisher ca. 3kg Rohstoffe eingesetzt werden, von denen rund 2/3 als Abfälle verlorengingen. Die relativ junge Disziplin der chemischen Reaktionstechnik erlaubt es, durch genaue Dosierung des Reaktionspartners Lithiumacetylid und geeignete Wahl der Reaktionstemperatur die Bildung unlöslicher Harze weitgehend zu unterdrücken und die Ausbeute bezüglich Keton von 82vH auf 95vH und bzgl. Lithium von 68vH auf 90vH zu steigern. Die Lithiumrückgewinnung wird nun nicht mehr durch Harze behindert (Lithium-Einsparung von ca. 86vH gegenüber altem Verfahren), der Verbrauch von Acetylen wurde durch gesteigerte Rückgewinnung auf weniger als die Hälfte und von Ammoniak auf ein Viertel gesenkt, die Energierückgewinnung durch Abgasverbrennung (Ethen) möglich. Insgesamt wurde der Rohstoffeinsatz um 55vH und die Abfallmenge um 95vH reduziert. Dadurch verbesserte sich insgesamt auch die Wirtschaftlichkeit.

Herstellung von Methanol (u.a. Kraftstoff und Proteinbasis) aus Abgas der Acetylenproduktion: Das überwiegend aus Wasserstoff und CO bestehende Abgas der Acetylenproduktion wurde früher nur energetisch genutzt, d.h. im Kraftwerk verfeuert. Seit 1988 werden mehr als 80vH dieses Gases als Rohstoff einer Methanol-Anlage zugeführt und zu Methanol umgesetzt. Damit wird die zur Produktion von Methanol zuvor erforderliche Energie eingespart und die Emission von CO_2 und NO_x deutlich reduziert. Bei einer Anlage mit einer Tageskapazität von 740t Methanol bedeutet das eine Energieeinsparung von 3.500 GJ und eine Vermeidung der Emission von ca. 600t CO_2 und ca. 720kg NO_x pro Tag.

Herstellung von Nitrobenzol (u.a. Lösemittel und Rohstoff der Anilinherstellung): Bei der Produktion von Nitrobenzol fällt bisher eine 70%ige Schwefelsäure als Gebrauchtsäure an. (Nur) ein Teil dieser Säure kann nach Aufkonzentrieren in die Produktion zurückgeführt werden. Zugleich fällt nitrophenolhaltiges Abwasser an, das nicht der Kläranlage zugeleitet werden kann, dessen Verbrennung aber mit Sicherheitsproblemen verbunden ist. Ein neues Verfahren zur Gebrauchtsäure-Konzentrierung (u.a.: geringerer Druck) ermöglicht eine über 90%ige Rückführung von Benzol und NO_2. Eine weitere Verfahrensänderung ermöglicht die thermische Aufarbeitung des nitrophenolhaltigen Abwassers. So vorbehandeltes Abwasser kann problemlos in einer biologischen Kläranlage entsorgt werden.

Reststoffminderung bei der Produktion von Methacrylsäureestern (Einsatz in Lack- und Beschichtungssystemen z.B. für Straßenmarkierungen): Bisher gehen beim Waschprozeß etwa 5vH des Produkts verloren. Dies führt u.a. zu einer erheblichen Belastung des Prozeßabwassers. Eine Modifikation der Produktreinigung mit Rückführung der Lösemittelfraktion vermeidet den Anfall von Abwasser vollständig und erhöht die Produktausbeute um jene 5vH, die zuvor beim Waschen verlorengingen. Als Abfall bleibt nur der unlösliche zu deponierende Filterkuchen zurück (ca. 25kg pro t Produkt). Eine weitere Abwasserbelastung entstand beim Betrieb der Vakuumpumpen der Destillationskolonnen. Die (zu verbrennenden) Abgase enthalten flüchtige Anteile des Hilfslösemittels Hexan. Der Verlust an Hilfslösemittel beträgt ca. 75kg pro t Produkt. Durch geeignete Abführung der Wärmeenergie der Vakuumpumpen (Kühlung) werden zugleich die z.T. im Betriebswasser gelösten organischen Dämpfe (ca. 68vH des flüssigen Lösemittels Hexan) zurückgewonnen, die Abwasserbelastung verringert (ca. 50kg pro t Produkt) und die Verbrennungsanlage entlastet.

Maleinsäureanhydrid (MSA) für Polyesterharze, Wasch- und Lackrohstoffe aus Abwasser der Phtalsäureanhydrid-(PSA)-Produktion: Im früheren Verfahren fiel ein konzentriertes, organisch beladenes Abwasser an, das mit erheblichem Energieaufwand verbrannt wurde. Seit über 15 Jahren wird dieses Waschwasser so aufgearbeitet, daß MSA als Wertprodukt gewonnen und das Wasser wieder in der Abgaswäsche der PSA-Anlage eingesetzt wird. Die organischen Rückstände werden unter Energienutzung in der PSA-Anlage verbrannt. Neben der zusätzlichen Wertstoffgewinnung von ca. 50 kg MSA je t PSA arbeitet das PSA/MSA-Verfahren nahezu abwasserfrei.

Neue Produkte aus Abfallsäuren der Adipinsäureproduktion: Das anfallende Säuregemisch wird in eigenem Verfahren zu verkaufsfähigem Produkt veredelt (Säuerungsmittel u.a. für Klarspüler, Hilfsmittel für die Lackherstellung). Früher wurde das Säuregemisch gesammelt und unter Energieaufwand verbrannt. Heute wird zunächst Adipinsäure auskristallisiert und zurückgewonnen. Dann werden Salpetersäure und Wasser abgetrennt. Nach weiterer Behandlung

Übersicht 3.3-1

und Destillation wird das Säuregemisch als Verkaufsware konfektioniert. Nur der bei der Destillation noch anfallende Rückstand wird verbrannt.

Soda-Herstellung (für Glasfabrikation und Seifenherstellung) aus Rückständen der Caprolactam-Produktion: Die Rückstände der Caprolactam-Produktion wurden früher großteils verbrannt. Ein kleiner Rest löslicher Bestandteile war im Abwasser enthalten. Heute wird aus diesen Reststoffen unter Dampferzeugung hochreines Soda hergestellt. Zudem erzeugt der Abhitzekessel Hochdruckdampf, der auch anderen Produktionsstätten als Energie zur Verfügung steht.

Flüssiges Schwefeldioxid (Rohstoff der Schwefelsäureherstellung) aus Kraftwerksrauchgas: Für die BASF hätte eine herkömmliche Rauchgasentschwefelung einen jährlichen Gipsanfall von 35.000t bedeutet, dessen Vermarktung, Zwischenlagerung oder Entsorgung (wegen der Wasserlöslichkeit) nicht ohne Probleme ist. Bei dem nun gewählten Rauchgasreinigungsverfahren entsteht dagegen unter Energieeinsatz Schwefeldioxid. Als Nebenprodukt entsteht ein Natriumsulfatstrom, der entsorgt werden muß. Nach Verflüssigung wird das Schwefeldioxid als Rohstoff für viele Produktionen eingesetzt. Das Kraftwerk wird somit auch stofflich in die Chemieproduktion integriert.

Klärschlammkonditionierung mit Abfallruß aus der Synthesegaserzeugung: Früher wurden Ruß und Asche aus der Synthesegaserzeugung unter Zusatz von Filtrationsmitteln und Kalkmilch aus dem Wasser entfernt. Der Filterkuchen mit ca. 80vH Wasser, ca 15vH Ruß und Asche und ca. 5vH Calciumhydroxid wurde deponiert. Neuerdings wird das rußhaltige Abwasser gemeinsam mit vorentwässertem Klärschlamm in die Kammerfilterpressen der BASF-Kläranlage geleitet. Dort ersetzt der Ruß teilweise die zur Konditionierung des Klärschlammfilterkuchens eingesetzte Ballastkohle. Der Filterkuchen wird getrocknet und im Kraftwerk unter Energienutzung verbrannt. Durch Einsparung der Rußfiltration werden Flockungsmittel und Kalkmilch eingespart. Die Calciumbelastung des Abwassers entfällt gänzlich. Die Menge des zu deponierenden Rußfilterkuchens wird durch Verbrennung um gut 85vH verringert.

Rückgewinnung von Chlor aus der Isocyanatenherstellung (Rohstoffe u.a. für Schaum- und Klebstoffe, Lacke, Pflanzenschutzmittel): Durch Chlor-Rückgewinnung aus dem anfallenden Chlorwasserstoff wird dessen Neutralisation mit Natronlauge oder Kalk und das salzhaltige Abwasser (von 1,35t je t Produkt) vermieden. Die Rückführungsmenge deckt dabei mit 97-98vH fast den gesamten Chlorgasbedarf ab. Auch der bei der Elektrolyse anfallende Wasserstoff ist wieder einsetzbar. Somit kann der gesamte Chlorwasserstoff nach Aufarbeitung wieder der Produktion zugeführt werden.

Rückgewinnung von Chrom aus Fällwässern: Bei der Herstellung pharmazeutischer Wirkstoffe (u.a. für Hormonpräparate) wird Chrom eingesetzt, das in gelöster Form im Prozeßwasser auftaucht. Es ist mittlerweile durch geeignete Ausgestaltung von Fälltemperatur, pH-Wert, Fällmittel (z.B. Natronlauge), Fälldauer, Verweilzeit und Durchmischung der Komponenten im Reaktor möglich, die Chromgehalte der Fällwässer um über 99vH zu reduzieren. 1988 wurden (bei Schering) über 26t Chrom zurückgewonnen, im Abwasser verblieben ca. 0,2t.

Reststoffvermeidung und -verwertung aus der Titandioxidproduktion (Weißpigment): Um reines Titandioxid zu gewinnen, muß man es von seinen Begleitstoffen trennen. Der Rohstoffaufschluß mit Schwefelsäure (Sulfatverfahren) führte früher zu großen Mengen verdünnter Abfallsäure (ursprünglich 8t pro t Titandioxid). Durch weitgehende Umstellung der Produktion auf das abfallarme Chlorid-Verfahren sowie Einsatz eines neuen Dünnsäureaufbereitungsverfahrens (Aufkonzentration und Wiedereinsatz der Abfallsäure beim Sulphatverfahren) wurde die Beendigung der Dünnsäureeinbringung in die Nordsee ab Ende 1989 möglich. Weitere Reststoffe werden in anderen Betrieben zu verkaufsfähiger Schwefelsäure umgesetzt.

Schwefelsäure aus Abgasen der Zellwolleproduktion (Faserstoff zur Herstellung von Textilien und technischen Artikeln): Bei der Herstellung von Faserstoffen nach dem Viskoseverfahren entstehen toxische und übelriechende schwefelhaltige Abgase. Daher muß an den Spinnstraßen eine hohe Luftmenge (ca. 235 000m^3/h bei einer Produktionsmenge von 55 000t Zellwolle/jahr) abgesaugt werden. Die Abgasentsorgung scheiterte am Volumenproblem. Seit gut 10 Jahren werden die schwefelhaltigen Abgase der Zellwolleproduktion (HoechstAG) einer benachbarten Schwefelsäureanlage (Süd-ChemieAG) zugeführt und dort als Rohstoff bzw. Verbrennungsluft eingesetzt. Die neue Verfahrenskonzeption erforderte wesentliche Veränderungen und Neuentwicklungen in beiden Anlagen (Gesamtinvestitionen von 25Mio DM, u.a. Kapselung der Spinnmaschinen und neuartige Absaugung, dadurch Reduktion des Abgasstroms von 235 000m^3/h auf 20 000m^3/h) und ermöglicht eine verbesserte Rückgewinnung des Schwefelkohlenstoffs im Viskosebetrieb. Die gefundene Lösung kommt ohne zusätzlichen Energiebedarf aus. Neue Abfallstoffe fallen nicht an. Aus dem Abwasser werden 37.000t Natriumsulfat/jahr zurückgewonnen.

Quelle: Deutsche Gesellschaft für Chemisches Apparatewesen, Chemische Technik und Biotechnologie e.V., Frankfurt a.M., VDI-Gesellschaft Verfahrenstechnik und Chemieingenieurwesen, Düsseldorf und Schweizerische Akademie der Technischen Wissenschaften (Hrsg.), Produktionsintegrierter Umweltschutz in der chemischen Industrie.

faktoren wie Nähe zum Kunden, Dynamik der internationalen Märkte, Infrastruktur und logistische Bedingungen wie z.B. Küstennähe, Arbeitskosten und Erdgaspreis eine Rolle gespielt haben. Zumindest insoweit, wie Investitionen im Bereich Biotechnologie und Gentechnik "auswandern" und die Auslagerung von Forschung und Großinvestitionen in einem Dominoeffekt andere Ketten der Wertschöpfung (Weiterverarbeitung, Zulieferer) mit sich zieht, sind allerdings diese Entwicklungen ernst zu nehmen. Handelt es sich dabei doch um die Reaktion auf eine vor allem in Deutschland fehlende Akzeptanz dieser Technologien, denen zudem bei der Bewältigung von Umweltproblemen ein immer größeres Gewicht zukommen dürfte.

Andererseits profitiert die Chemische Industrie (nicht nur im Bereich Biotechnologie) vom Umweltschutz. Sind doch umwelttechnische Anforderungen häufig auf das Schließen von Stoffkreisläufen und auf Energieeinsparung gerichtet, welche gerade auch die Verbundstrukturen in der Chemischen Industrie auszeichnen. Es erscheint - zumal angesichts der vernetzten Stoffkreisläufe in den genannten Verbundstrukturen und der somit schwierigen Zurechnung von Kosten und Erlösen - willkürlich, tragende und nichttragende Investitionen unterscheiden bzw. umweltpolitisch bedingte Investitionen generell als nichttragend (dis)qualifizieren zu wollen.[132] Vielfach ist umweltorientierte Chemie zugleich "High-Chem". Bezeichnenderweise empfindet die BASF AG hinsichtlich der umfangreichen, angeblich aber zu mehr als 60 vH in nichttragende Umwelt- und Infrastrukturprojekte fließenden Investitionen auch nur "wachsendes Unbehagen".[133]

3.3.3. Stahlindustrie

Mit einem Anteil am gesamten Produktionsabwasser von 6,5 vH, an den Produktionsabfällen von 7,2 vH und am CO_2-Ausstoß von 8,7 vH trägt die Stahlindustrie überdurchschnittlich zum gesamten Schad- und Reststoffaufkommen bei. Typisch für diese Industrie sind im Gegensatz zur Chemischen Industrie relativ homogene Produkte, die in wenigen Produktionsprozessen hergestellt werden.

Der 1970 bis 1990 von 31 Mio t. SKE auf 20 Mio t. SKE beträchtlich verringerte Energieeinsatz[134] ist vor allem das Ergebnis moderner Produktionstechnologien und für sich genommen schon ein entscheidender Beitrag zur Umweltentlastung. Im Zuge eines generellen Modernisierungsprozesses konnte aber auch sonst in der Stahlindustrie ein hohes Maß an integriertem Umweltschutz realisiert werden.

---

[132] Vgl. 3. BASF-Gespräch, a.a.O., S. 41 und S. 54ff.
[133] Vgl. ebenda, S. 57
[134] Nach Angaben der Arbeitsgemeinschaft Energiebilanzen.

Dieser ist jedoch nicht durch umweltpolitische Maßnahmen, sondern allein durch Verbesserung der Technologien (des Kapitalstocks) erreicht worden. Die Produktion konzentriert sich heute im Prinzip auf wenige große integrierte Stahlwerke mit geschlossenen Energie- und Abgas-Kreisläufen (z.B. bei Koksofen- und Gichtgas). Darüber hinaus wurden im Bereich Luft bereits in den siebziger Jahren eine Vielzahl von Entstaubungsmaßnahmen durchgeführt. Die Realisierung der TA-Luft führt(e) zu einer Reduktion der unterschiedlichsten Luftschadstoffe (inzwischen jedoch mit immer mehr abnehmendem Grenzerfolg, gemessen an den Kosten neuer Maßnahmen).

Auch im Bereich Wasser sind die Kreisläufe inzwischen nahezu vollständig geschlossen. In den Jahren 1979 bis 1987 hat sich noch einmal eine deutliche Verbesserung ergeben. Kühlabwasser- und Produktionsabwasseraufkommen sanken im Jahresdurchschnitt um 5,6 vH bzw. 4,6 vH, bei einem Rückgang der Stahlproduktion um nur 3 vH. Das bedeutet gleichzeitig einen Anstieg des Nutzungsfaktors von 4,1 auf 5,1.

Die Wiederverwertung von Schrott ist ein weiteres typisches Merkmal der Stahlindustrie. Hochofenschlacke wird nahezu vollständig als Schotter und Split im Straßenbau und als Schüttstein im Wasserbau verwendet. Neben der internen Wiederverwertung hat sich auch das externe Recycling deutlich verbessert. Der Anteil der an die weiterverarbeitenden Bereiche und den Altstoffhandel abgegebenen Reststoffe am gesamten Reststoffaufkommen stieg im Zeitraum 1980 bis 1987 von 37 vH auf 70 vH. Das Abfallaufkommen ist im Jahresdurchschnitt während dieser Jahre deutlich stärker zurückgegangen als die Stahlproduktion (-3,8 vH gegenüber -1 vH).

Insgesamt befindet sich damit die Eisen- und Stahlindustrie, nicht zuletzt aufgrund der Zunahme des Anteils wertschöpfungsintensiver Bereiche, vor allem aber durch die Veränderung der Produktionsprozesse, hinsichtlich der Umweltfreundlichkeit auf einem sehr hohen Niveau. Die Belastung der Umwelt durch die Produktion ist deutlich gesunken.

3.3.4. Papierindustrie

Die Zellstoff-, Holzschliff, Papier und Pappeerzeugung ist eine der kleineren Industrien in der Bundesrepublik Deutschland mit einem Anteil an der Produktion des Verarbeitenden Gewerbes von 1,7 vH. Die hier anzutreffenden Produktionsprozesse sind jedoch sehr schadstoff- und energieintensiv; sie verursachen fast 17 vH der produktionsspezifischen Abwässer, 21 vH der Klärschlämme, 8 vH der produktionsspezifischen Abfälle sowie knapp 7 vH des gesamten SO_2-Ausstoßes[135]. Darüber hinaus stellen Papierprodukte für die Hausmüllentsorgung ein großes Problem dar. Trotz intensiver Recyclingbemühungen (die Altpapiereinsatzquote bei der Papiererzeugung beträgt inzwischen 53 vH) liegt der Anteil von Papier und Pappe beim gesamten Hausmüll und den hausmüllähnlichen Gewerbeabfällen bei 24 vH.

Die Umweltbelastung durch die Papierindustrie wird in großem Umfang von der Qualität des nachgefragten Papiers bestimmt: Da vor allem Zeitschriften aus technischen, aber auch aus optischen Gründen auf zerreißfestem, weißem Papier gedruckt werden, Holzschliff und Altpapier aber zu grauen Papiersorten mit schlechterer Haltbarkeit führen, ergibt sich solange ein Anteil chlorgebleichten Zellstoffs bei der Papierproduktion, wie sich neuere Verfahren zum chlorfreien Bleichen von Papier noch nicht endgültig durchgesetzt haben.

Erst in den letzten Jahren werden umweltfreundliche Änderungen beim Rohstoffeinsatz deutlich. Die Recyclingquote beim Altpapier, die in den siebziger bis in die erste Hälfte der achtziger Jahre bei etwa 45 vH gelegen hatte, ist seitdem wie erwähnt auf 53 vH gestiegen. Hierdurch wurde zumindest ein Teil des Zellstoffes substituiert (neben Holzstoff). Darüber hinaus wurde die Umwelt in den letzten Jahren (in der Bundesrepublik Deutschland) dadurch entlastet, daß auf die Produktion von Zellstoff verzichtet wurde, der Rohstoff also nahezu vollständig eingeführt wird; die Importquote stieg von 87,1 vH im Jahre 1970 auf inzwischen 97 vH. Auf diese Weise werden die Umweltbelastung durch die Zellstoffproduktion nahezu vollständig auf die wasser- und holzreichen Länder ausgelagert. Darüber hinaus zeichnen sich umweltfreundlichere Herstellungsverfahren ab, welche die Chlorbleiche durch Bleichen mit Ozon oder Wasserstoffperoxyd ersetzen und ohne Chlorwäsche auskommen.

Eine zwischen 1977 und 1987 zu beobachtende deutliche Verminderung der spezifischen Abwassermenge ist zum einen auf den Anstieg der Zellstoffimporte zurückzuführen, zum anderen aber auch auf die deutliche Ausweitung der Mehrfachnutzung. Das genutzte Wasser stieg in diesem Zeitraum um jährlich 1,5 vH, der Nutzungsfaktor damit von 3,5 auf 4,7. Andererseits erhöhte sich der Schadstoffgehalt des Abwassers, so daß eine intensive Abwasserbehandlung notwendig wurde.

Das Abfallaufkommen ist seit 1980 mit jährlich knapp 1 vH deutlich schwächer gestiegen als die Produktion. Das innerbetriebliche Recycling (Schließen der Stoffkreisläufe) hat sich verbessert. Die Branche entsorgt einen großen Teil der Abfälle selbst (84,8 vH im Jahr 1987 bei den Produktionsabfällen). Die eigenen Entsorgungsleistungen sind seit Anfang der achtziger Jahre nicht wesentlich gesteigert worden.

---

[135] Der gesamte Endenergieverbrauch des Sektors nahm nach Angaben der Arbeitsgemeinschaft Energiebilanzen seit 1960 von 2,3 auf 4 Mio t. SKE (1990), der Stromverbrauch von 0,4 auf 1,4 Mio t. SKE zu.

Es bleibt zu hoffen, daß sich der intrasektorale Strukturwandel in Zukunft verstärkt fortsetzt. Technische Möglichkeiten zur Änderung der Produktionsverfahren der Zellstofferzeugung zeichnen sich wie erwähnt ab. Es ist schwer zu beurteilen, ob und wie das umweltpolitische Instrumentarium diesen Prozeß in der Bundesrepublik Deutschland beschleunigen kann.

3.3.5. Maschinenbau

Der Maschinenbau ist als hauptsächlicher Anbieter von Umweltschutzgütern überwiegend Nutznießer umweltpolitischer Regelungen. Die vom Statistischen Bundesamt für die Jahre 1983 bis 1988 vorgenommene Schätzung des Produktionsvolumens von Umweltschutzgütern[136] weist den Maschinenbau als bedeutendsten Wirtschaftsbereich im Rahmen der Produktion von Umweltschutzgütern aus, der mit 11,7 Mrd. DM 1988 knapp 50 vH der Umweltschutzgüter des Verarbeitenden Gewerbes produzierte. Dabei entfielen rd. 5,7 Mrd. DM auf den Bereich Wasser/Abwasser, 4,4 Mrd. DM auf die Luftreinhaltung und 1,1 Mrd. DM auf die Abfallbeseitigung.

Die Dominanz des Maschinenbaus beim Angebot von Umweltschutzgütern läßt sich auch anhand der Umweltinvestitionen des Produzierenden Gewerbes erkennen[137], wo 1988 8 vH aller Investitionen auf Umweltschutzgüter und 6 vH auf Maschinen und Anlagen für den Umweltschutz entfielen. In der Elektrizitäts-, Gas-, Fernwärme- und Wasserversorgung waren es im gleichen Jahr sogar 18 vH bzw. 16 vH, im Bergbau 21 vH bzw. 9 vH und im Grundstoff- und Produktionsgütergewerbe 11 vH bzw. 7 vH.

Die Produktionsprozesse im Maschinenbau sind demgegenüber wenig umweltintensiv. Der Endenergieverbrauch erreichte 1990 mit knapp 2,4 Mio t. SKE nur etwa 15 vH bzw. 12 vH desjenigen der Chemischen Industrie bzw. der Stahlindustrie und war (anders als etwa in der Papierindustrie) in den achtziger Jahren rückläufig. Bezüglich der Schadstoffemissionen sowie der (Ab)wasser- und Abfallmengen kommt dem Maschinenbau - verglichen mit seinem Anteil von rd. 12 vH an der gesamtwirtschaftlichen Bruttowertschöpfung - nur marginale Bedeutung zu, auf ihn entfielen 1986 0,3 vH der SO_2-Emissionen, 1 vH aller NO_x- und 0,8 vH aller CO_2-Emissionen, ferner 1987 1,4 vH aller Produktionsabwässer, 0,7 vH des gesamten sowie 1,7 vH des produktionsbezogenen Abfalls[138].

---

[136] Zu Einzelheiten bezüglich dieser Schätzung vgl. Kapitel 4.

[137] Vgl. Statistisches Bundesamt (Hrsg.) Investitionen für Umweltschutz im Produzierenden Gewerbe, Fachserie 19, Reihe 3, sowie Verband Deutscher Maschinen- und Anlagenbau (Hrsg.), Statistisches Handbuch für den Maschinenbau.

[138] Vgl. R.Graskamp u.a., Anhangtabelle A2.

3.3.6. Abschließende Bemerkungen

Insgesamt belegen diese empirischen und z.T. an Beispielen veranschaulichten Ausführungen, daß die in der Bundesrepublik Deutschland bestehenden Umweltschutzanforderungen für die Unternehmen im großen und ganzen "verkraftbar" waren; von einem Quantensprung der umweltpolitisch bedingten Belastungen kann wohl kaum gesprochen werden. Zudem sind immer mehr Erträge des Umweltschutzes - nicht zuletzt angesichts eines umweltpolitischen Nachziehens anderer Länder - den umweltschutzbedingten Kosten gegenzurechnen.

Darüber hinaus ist festzuhalten, daß sich die Anpassungsmöglichkeiten der Unternehmer in dem Maße erweitern, in dem die Umweltpolitik flexibler wird, die Einsatzmöglichkeiten moderner Schlüsseltechnologien im Umweltschutz wahrgenommen werden, alte umweltbelastende Produkte und Verfahren im Zuge der laufenden Erneuerung ausgemustert werden, das Angebot an umweltbezogenen Beratungsdienstleistungen sich verbessert, der Umweltschutz von Konsumenten, Produzenten, Behörden und Politik als zentrale Herausforderung akzeptiert wird und generell die Erfahrung mit umweltbezogener und integrierter Umweltanpassung zunimmt. Die diesbezüglichen Voraussetzungen sind in Deutschland generell gut und verbessern sich zumeist im Zeitablauf. Dies gilt jedoch nur eingeschränkt, soweit die Überschaubarkeit der Umweltpolitik sowie die Möglichkeiten einer zeitlich flexiblen unternehmerischen Reaktion (Genehmigungsverfahren) angesprochen sind.

4. Indikatoren zu den Erträgen von Umweltschutz

In der Debatte um die Standortqualität der Bundesrepublik Deutschland wird der Umweltschutz fast ausschließlich als Belastungsfaktor gewertet; seine positiven Seiten bleiben zumeist unerwähnt. Es ist aber unmittelbar einleuchtend, daß

- Umweltschutzanforderungen eine bedeutende Triebfeder für Innovation und Produktverbesserung sind,
- Umweltschutzgüter ein rasch wachsender Absatzmarkt sein werden - im nationalen wie im internationalen Maßstab, so daß
- eine steigende Zahl von Arbeitsplätzen direkt oder indirekt von der Nachfrage nach Umweltschutzgütern abhängig sein wird.

Nachfolgend soll versucht werden, hierzu einige Indikatoren zusammenzutragen, wobei auch sonstige Vorteile (etwa im Finanzierungsbereich oder im Energieeinsatz) angesprochen werden sollen. In diesem Zusammenhang ist auch zu fragen, welche Bedeutung der Nachfrage nach Umweltschutzgütern im regionalen Kontext zukommt.

4.1. Innovationswirkungen von Umweltschutz

Innovationen im Umweltbereich spielen offensichtlich in der Bundesrepublik Deutschland eine immer bedeutendere Rolle, und zwar sowohl im Hinblick auf die F&E-Aufwendungen als auch auf die damit verbundenen Erträge: Die Bundesrepublik Deutschland wies in den achtziger Jahren mit den USA die höchsten öffentlichen F&E-Ausgaben für Umweltschutz auS. Sie machten einen Anteil von 3,4 vH des gesamten öffentlichen F&E-Budgets aus[139]. Für die Leistungsfähigkeit der deutschen Umweltforschung auch bei marktnahen und vielfach privatwirtschaftlich initiierten F&E-Anstrengungen spricht die mit 12,7 vH überdurchschnittliche Beteiligung deutscher Projektpartner bei umweltbezogenen EUREKA-Projekten (die deutsche Beteiligung an EUREKA-Projekten insgesamt beläuft sich auf 11,9 vH)[140]. Schließlich läßt auch der in Deutschland hohe Anteil privater Ausgaben an den gesamten Umweltschutzausgaben (vgl. dazu Kapitel 2) hohe private F&E-Ausgaben für den Umweltschutz vermuten.

Diese Ausgaben sind zukunftsorientiert. Das auf diese Weise mit öffentlichen oder privaten Mitteln "produzierte" Know-how kommt den Unternehmen zugute:

---

[139] Siehe OECD Environmental Data 1991 a.a.O., sowie OECD, The Environment Industry, a.a.O. Für andere Länder weichen die Angaben in diesen beiden Quellen teilweise erheblich voneinander ab.

[140] EUREKA-Sekretariat (Hrsg.), o. T., Brüssel 1991.

- Vor allem für Entwickler und Hersteller, teilweise aber auch für Anwender von Umwelttechnologien stehen die Erkenntnisse als "Vorleistungen" zur Verfügung.

- Anwender von Umwelttechnologien können auf leistungsfähige und damit normalerweise auch kostengünstige Lösungen zurückgreifen.

Ein aktuelles Beispiel vermag die Bedeutung umwelttechnologischer Führungspositionen zu verdeutlichen: Da sich deutsche Katalysatorenhersteller nicht rechtzeitig mit der Stickoxidreduktion befaßt hatten, kamen die ersten Katalysatoren aus Japan. Die Investitionskosten beliefen sich auf etwa 50.000 DM pro Kubikmeter. Diese Kosten konnten auf unter 20.000 DM pro Kubikmeter reduziert werden, nachdem mit japanischer Lizenz in Deutschland produziert wurde. Die deutschen Hersteller haben zwar nun erhebliche Erfahrungen mit diesen Katalysatoren, können aber erst dann verstärkt auf den Markt gehen, wenn die Lizenzverträge mit den japanischen Herstellern abgelaufen sind.

Die hohen deutschen F&E-Aufwendungen für Umweltschutz haben sich insgesamt in einer deutlich gestiegenen technologischen Kompetenz niedergeschlagen. Die jüngste Ifo-Auswertung der Patentstatistik zeigt, daß die deutsche Industrie seit Mitte der achtziger Jahre gegenüber den USA eine führende Position im Bereich der (nachsorgenden) Umwelttechniken gewonnen hat[141]. Von den Erfindungen im Bereich Umwelttechnik im Zeitraum 1985 - 1988 mit Patentanmeldung in mehr als einem Land entfallen fast 30 vH auf die Bundesrepublik Deutschland, 22 vH auf die USA und 12 vH auf Japan[142]. Im Technikfeld Umweltschutz sind auch viele deutsche mittelständische Unternehmen aktiv. Die Branchenzugehörigkeit deutscher Patentanmelder bei Umwelttechniken streut stark. Schwerpunkte liegen bei Metallerzeugung, Chemie, Elektrotechnik und Fahrzeugbau. Wesentlich sind aber vor allem die FuE-Aktivitäten von Maschinenbauunternehmen.

Betrachtet man alle "dynamischen" Technologiefelder, in welchen sich die pro Jahr zum Patent angemeldeten Erfindungen in den letzten Jahren verdoppelt haben, so wird deutlich, daß in den 80er Jahren in der Bundesrepublik Deutschland offenbar eine technologische Spezialisierung auf dem Gebiet der Umweltschutztechnik

---

[141] Vgl. W. Gerstenberger, 1992, a.a.O., W. Gerstenberger: Grenzen fallen - Märkte öffnen sich. Die Chancen der deutschen Wirtschaft am Beginn einer neuen Ära, Strukturbericht 1990. (Schriftenreihe des Ifo-Instituts Bd. 27.) Berlin und München 1991.

[142] Vgl. für entsprechende Angaben hinsichtlich der Anmeldung europäischer Umweltschutzpatente Kommission der Europäischen Gemeinschaften (Hrsg.), Panorama der EG-Industrie 1990. Luxemburg 1989, S. 144. Demnach entfielen 1986 (ebenfalls) ca. 30 vH aller europäischen Umweltschutzpatente auf deutsche Anmelder. Die USA rangierten mit knapp 25 vH auf dem zweiten Platz. Bezogen auf Umweltschutzbereiche war die deutsche Dominanz im Bereich Luftreinhaltung besonders ausgeprägt, wo ca. 40 vH aller Patentanmeldungen auf deutsche Anmelder entfielen. Nur im Bereich der festen Abfallstoffe rangierten die USA mit 28 vH vor der Bundesrepublik Deutschland mit 23 vH.

stattgefunden hat (vgl. Tabelle 4.1-1)[143]. Während deutsche Patentanmeldungen häufiger als in den übrigen G5-Ländern auf Umwelt- und Entsorgungstechnologien entfielen, war bei allen anderen zukunftsträchtigen Technologiefeldern die entsprechende deutsche Position schwächer[144]. Die durch konsequente (oder sogar forcierte) Entwicklung und Anwendung biotechnischer Verfahren möglichen umweltbezogenen Erträge werden allerdings in der Bundesrepublik Deutschland (möglicherweise aufgrund mangelnder Akzeptanz dieser Technologie) nicht in vollem Maße ausgeschöpft.

Tabelle 4.1-1

Zur Klassifizierung der Patentanmeldungen führender Industrieländer auf ausgewählten zukunftsträchtigen Technologiefeldern[1]						
SITC (II)-Nr.	Technologieintensive Produkte bzw. Technologiefelder	BR Deutschland	Frankreich	Großbritannien	USA	Japan
541	Medizinische und pharmazeutische Erzeugnisse	4	3	1	2	5
714	Triebwerke	3	4	5	2	1
752	ADV-Geräte und -einrichtungen	5	3	3	2	1
776	Elektronenröhren usw.	3	3	3	2	1
792	Luftfahrzeuge	4	1	2	3	5
871	Optische Instrumente, Apparate und Geräte	5	3	2	4	1
874	Meß-, Prüf-, Steuer- und Regelgeräte sowie -instrumente	5	2	4	3	1
764	Geräte für Nachrichtentechnik	4	2	3	4	1
251	Zellstoff- und Papiererzeugung	-	-	-	-	-
611	Ledererzeugung	-	-	-	-	-
522	Anorganische Chemikalien	-	-	-	-	-
736	Metallbearbeitungsmaschinen	-	-	-	-	-
713	Verbrennungsmotoren	2	4	3	4	1
...	Gentechnologie	4	5	2	1	3
...	Umwelt-/Entsorgungstechnologie	1	4	4	3	2
...	Fahrzeuge	2	2	4	5	1
...	Testmaterialien	5	3	2	1	4
...	Robotertechnologie	3	5	2	4	1

Eigene Berechnungen nach Angaben von K. Faust, Früherkennung technischer Entwicklungen auf der Basis von Patentdaten. (Ifo-Studien zur Strukturforschung, Nr. 9/I.) München 1987. - [1] Die angegebenen Rangordnungen basieren auf Aktivitätsindizes, welche den Anteil eines Landes an den zum Patent angemeldeten Erfindungen im jeweiligen Technologiefeld auf den entsprechenden Anteil auf allen Gebieten der Technik beziehen und somit den relativen Erfolg der Anstrengungen eines Landes im jeweiligen Technologiefeld wiedergeben.

---

[143] Vgl. dazu auch K. Löbbe, R. Graskamp, R. Kampmann, M. Scheuer und J. Walter, Technische Dienstleistungen, Technologietransfer und Innovation. (Untersuchungen des Rheinisch-Westfälischen Instituts für Wirtschaftsforschung, Heft 7.) Essen 1992.

[144] Zu ähnlichen Ergebnissen kommt die jüngste Ifo-Auswertung der Patentstatistik. Vgl. dazu W. Gerstenberger, Zur Wettbewerbsposition der deutschen Industrie im High-Tech-Bereich. "Ifo-Schnelldienst", Berlin und München, Jg. 45 (1992), Heft 13, S. 14ff. Patenterfolgen in den Bereichen Auto und Maschinenbau (hier insbesondere Umweltschutztechnologien) stehen Gerstenberger zufolge schwächere Positionen der Chemischen und Elektrotechnischen Industrie gegenüber.

Eine Gegenüberstellung von umweltschutzbezogenen Patentanmeldungen und Umweltschutzausgaben (vgl. dazu Tabelle 4.1-2) zeigt darüber hinaus, daß die Bundesrepublik Deutschland im internationalen Vergleich bei den umweltbezogenen Patentanmeldungen deutlicher dominiert als bei den umweltbezogenen Gesamtausgaben, und daß zugleich in Deutschland den privaten Umweltschutzausgaben ein besonders hohes Gewicht zukommt. Das im internationalen Vergleich hohe Engagement der Unternehmen im Umweltschutz in Deutschland hat also möglicherweise eine technologische Führungsposition bei Umweltschutzeinrichtungen begünstigt. Es ergeben sich deutliche Hinweise darauf, daß auch umweltpolitische Vorreiterpositionen (vgl. z. B. die Förderung des bleifreien Benzins) sowie eine hohe Qualität umweltbezogener F&E-Anstrengungen die umwelttechnologische Position der Bundesrepublik Deutschland verbessert haben.

Tabelle 4.1-2

Struktur öffentlicher und privater Umweltschutzausgaben sowie der Anmeldung von Umweltschutzpatenten im internationalen Vergleich					
	Öffentliche Ausgaben[1]		Ausgaben[1] der Unternehmen		umweltbezogene europäische Patentanmeldungen
	1986	1991	1986	1991	1986
BR Deutschland	11,7	10,4	13,8	20,0	29,4
Frankreich	7,1	7,8	5,2	5,2	5,9
Großbritannien	6,4	5,2	8,0	6,3	5,9
Niederlande	2,9	3,8	1,3	1,2	2,2
Dänemark	1,0	1,0	0,2	0,2	1,8
Schweiz	1,6	1,6	-	-	1,9
Japan	26,6	24,6	5,0	3,7	10,4
USA	33,4	36,0	59,8	56,7	24,5
Insgesamt	100,0	100,0	100,0	100,0	100,0

Eigene Berechnungen nach Angaben von Voss, IW-Trends 2/92, S. 47 und Panorama der EG-Industrie 1990, S. 144.-
[1] Investitionen und laufende Ausgaben; Preise und Wechselkurse von 1980.

4.2. Bedeutung des Umweltschutzes als Absatzmarkt

Auf der Basis der in den Input-Output-Tabellen für Umweltschutz ausgewiesenen Informationen läßt sich die Bedeutung des Umweltschutzes als Absatzfeld für einzelne Gütergruppen abgreifen (Tabelle 4.2-1 und Tabelle A 4.2-1). Abgesehen von den externen Umweltschutzleistungen, die naturgemäß vollständig für Umweltschutzzwecke eingesetzt werden, dienten 1986 bei bestimmten Gütergruppen bereits bis zu 3,3 vH der Vorleistungslieferungen dem Umweltschutz (Bauleistungen), 1980 waren es erst bis zu 2,4 vH (Energie, Wasser, Bergbauerzeug-

Tabelle 4.2-1

Gütergruppe	Vorleistungen	Anlageinvestitionen	Insgesamt
Bedeutung des Umweltschutzes als Absatzmarkt Anteil der Lieferungen für Umweltschutz an den Lieferungen insgesamt für ausgewählte Gütergruppen 1986 in vH			
Bauleistungen	3,3	4,2	4,0
Stahl- und Maschinenbauerzeugnisse, ADV, Fahrzeuge	1,0	6,1	3,2
Energie, Wasser, Bergbauerzeugnisse	3,1	0,0	3,1
Mineralölerzeugnisse	2,2	0,0	2,2
Elektrotechnische und feinmechanische Erzeugnisse, EBM-Waren	0,2	3,2	1,2
Chemische Erzeugnisse	1,0	0,0	1,0

Quelle: Statistisches Bundesamt UGR. Siehe auch Tabelle A 4.2-1.

nisse). Relativ bedeutend für den Vorleistungsabsatz war der Umweltschutz außerdem für Mineralölerzeugnisse (1986: 2,2 vH), chemische Erzeugnisse (1 vH) sowie Stahl- und Maschinenbauerzeugnisse, ADV-Geräte und Fahrzeuge (1 vH).

Bei den Lieferungen von Anlageinvestitionen finden sich (im Jahr 1986) vor allem in den Gütergruppen "Stahl- und Maschinenbauerzeugnisse, ADV, Fahrzeuge", "Dienstleistungen des Handels und Verkehrs, Postdienste usw. " und "Bauleistungen" hohe Anteile für den Umweltschutz (bis zu 6,1 vH). Im Jahr 1980 hatten nur die Bauleistungen einen überdurchschnittlichen Anteil. Faßt man die Lieferungen von Vorleistungen und Anlageinvestitionen zusammen, weisen Bauleistungen mit 4 vH, Stahl- und Maschinenbauerzeugnisse, ADV, Fahrzeuge

(3,2 vH), Energie, Wasser und Bergbauerzeugnisse (2,2 vH) sowie Mineralölerzeugnisse (3,1 vH) die größten anteiligen Lieferungen für Umweltschutz auf.

Die Schwerpunkte der Umweltschutzgüterlieferungen bilden neben den externen Umweltschutzleistungen die Bauleistungen, Produkte aus den Gruppen "Stahl- und Maschinenbauerzeugnisse, ADV, Fahrzeuge" sowie "Energie, Wasser und Bergbauerzeugnisse", gefolgt von Erzeugnissen aus den Gütergruppen "Dienstleistungen des Handels, Verkehrs, Postdienste usw.", "Elektrotechnische und feinmechanische Erzeugnisse, EBM-Waren" und "Chemische Erzeugnisse". Damit zeigt sich, daß nur in geringem Umfang Bereiche, die durch Umweltschutzkosten stark belastet sind, über die Absatzseite auch direkt begünstigt werden. Über die Verflechtung der Wirtschaftsbereiche und den gesamtwirtschaftlichen Kreislauf profitieren aber letztlich alle Wirtschaftsbereiche von Umweltschutzausgaben.

4.2.1. Schwerpunkte der Umweltschutzgüterproduktion im Verarbeitenden Gewerbe in Westdeutschland

Zur Abschätzung möglicher Erträge aus dem Verkauf von Umweltschutzeinrichtungen sind entsprechende Marktvolumina heranzuziehen. Aufgrund des heterogenen Charakters von Umweltschutzgütern und des Fehlens einer allgemein akzeptierten Marktabgrenzung ist die statistische Erfassung der Umweltschutzgüterproduktion bislang außerordentlich schwierig.

Man kann sich dem Markt für Umweltschutzgüter zum einen durch eine Festlegung, welche Produkte bzw. Leistungen als Umweltschutzeinrichtungen zu gelten haben, zu nähern versuchen. Da jedoch Produkte bzw. Leistungen vielfach für Umweltschutzzwecke, aber auch für andere Zwecke verwendet werden können ("dual-use-Produkte" wie z. B. Behälter, Pumpen, Ventilatoren, Rohre), überschätzen statistische Untersuchungen, die bestimmte Komponenten bzw. Produktgruppen generell dem Umweltschutz zuschlagen, den Umweltschutzmarkt bei diesen "dual-use-Produkten" bzw. ordnen Marktanteile falsch zu (etwa beim Komponentenhersteller statt beim Systemführer der kompletten Umweltschutzanlage)[145].

Alternativ kann versucht werden, den Markt für Umweltschutzgüter durch eine (vollständige) Erfassung der jeweiligen Umweltschutzanbieter einzugrenzen. Ansätze, die Zahl der Anbieter von Umweltschutzgütern aufgrund von Messekatalogen, Inseraten u. ä. zu ermitteln, unterschätzen allerdings i. d. R. die Anbieterzahl, da sich viele Unternehmen mit gemischter Produktpalette vor allem auf den Ge-

---

[145] Bei komplexen Produkt- bzw. Leistungspaketen mit einem unklaren Umweltschutzanteil - insbesondere bei dem in den Produktionsprozeß integrierten Umweltschutz - ist hingegen bei einer produktbezogenen Marktabgrenzung mit einer Unterschätzung des Marktes zu rechnen, wenn Betreiber neuer Produktionsanlagen mit höherer Energie- und Ressourceneffizienz diese Anlagen nicht unter dem Umweltaspekt einordnen.

bieten von Produktions- und Verfahrenstechnik nicht als typische Anbieter von Umweltschutzgütern ansehen, obwohl sie u. U. (zumeist integrierten) Umweltschutz liefern.

Das Statistische Bundesamt hat bei der Schätzung des Produktionsvolumens von Umweltschutzgütern in Deutschland versucht, beide geschilderten Methoden der Eingrenzung des Marktes für Umweltschutzgüter miteinander zu verbinden. Die Schätzung des Statistischen Bundesamtes gibt für die **Jahre 1983 bis 1988** einen detaillierteren Aufschluß über die Schwerpunkte der Umweltschutzgüterproduktion im Verarbeitenden Gewerbe in Westdeutschland.[146] Von den rd. 6 000 in der Produktionsstatistik erfaßten Gütern wurden diejenigen als Umweltschutzgüter identifiziert, die dazu dienen, Emissionen zu verringern oder zu vermeiden. Die Schätzung bezieht sich auf einen Teilbereich des Umweltschutzgütermarktes, nämlich auf etwas mehr als 800 Unternehmen, die aufgrund von Anbieterverzeichnissen u. ä. als im Umweltschutz tätig identifiziert wurden, Umweltschutzgüter produzierten, zum Bergbau oder zum Verarbeitenden Gewerbe gehören und zur Produktionsstatistik melden (i. a. mit 20 und mehr Beschäftigten).

Bei diesem Verfahren sind Mehrfachzählungen auf verschiedenen Produktionsstufen nicht ausgeschlossen[147]. Außerdem wird die Abgrenzung von Umweltschutzgütern als problematisch angesehen, zumal dabei viele multifunktionale Güter erfaßt werden, die auch für andere Zwecke eingesetzt werden können[148]. Die Beschränkungen auf Unternehmen mit 20 und mehr Beschäftigten führt dazu, daß fast ein Viertel der Anbieter auf dem Umweltschutzmarkt, die nach Erhebungen des Ifo-Instituts weniger als 20 Beschäftigte haben[149], nicht berücksichtigt wird. Dies ist umso gravierender, als kleine und mittlere Anbieter die Dynamik dieses Marktes bestimmen. Völlig ausgeklammert bleiben bei dieser Betrachtung die Umweltschutzleistungen der Bauwirtschaft und umweltbezogene Dienstleistungen.

Die erfaßte Absatzproduktion an Umweltschutzgütern stieg von 1983 bis 1988 um gut 30 vH (durchschnittlich jährlich also um 5,5 vH) von 18,3 auf 23,9 Mrd. DM (Tabelle 4.2-2). Der Anteil an der gesamten Absatzproduktion der erfaßten 823 Unternehmen stieg von 11,4 vH im Jahr 1983 auf 12,5 vH im Jahr 1986, nahm aber dann bis zum Jahr 1988 wieder auf 11,6 vH ab.

---

[146] Das Statistische Bundesamt arbeitet an einer Auswertung für 1989.

[147] Die in der Erhebung festgestellte Dominanz von Maschinenbauerzeugnissen, auf die knapp 50 vH der hier ermittelten Gesamtproduktion von Umweltschutzgüter entfallen, läßt zudem vermuten, daß additive Umweltschutzeinrichtungen wesentlich vollständiger erfaßt wurden als in Produktionsanlagen integrierte Umweltschutzeinrichtungen.

[148] Vgl. J. Wackerbauer, Der Umweltschutzmarkt: Zunahme des regionalen Wettbewerbs um Marktanteile. "Ifo-Schnelldienst", Berlin und München, Jg. 45 (1992), Heft 14. Andererseits sind umweltfreundliche Produkte bzw. Produktlebenszyklen in der Erhebung nicht einbezogen.

[149] Vgl. J. Wackerbauer, 1992, a.a.O.

Tabelle 4.2-2

Umweltschutzgüterproduktion im Verarbeitenden Gewerbe 1983 - 1988			
Jahr	Anzahl	Absatzproduktion	
		insgesamt	darunter Umweltgüter
		in Mill. DM	in vH[1]
1983	802	161 554	18 350	11,4
1984	791	162 904	19 255	11,8
1985	785	180 443	21 537	11,9
1986	829	185 558	23 264	12,5
1987	851	186 706	22 952	12,3
1988	823	206 302	23 917	11,6

Quelle: Statistisches Bundesamt - Sonderauswertung. - [1]an der Absatzproduktion insgesamt.

Fast die Hälfte der Umweltschutzgüterproduktion entfiel im Jahr 1988 auf Maschinenbauerzeugnisse, weitere 22 vH waren elektrotechnische Erzeugnisse (Tabelle 4.2-3). Weitere bedeutende Gütergruppen (mit Anteilen über 4 vH) waren Stahlbauerzeugnisse u. Schienenfahrzeuge (5,3 vH), Kunststofferzeugnisse (4,6 vH) sowie Gießereierzeugnisse (4,3 vH).

Dem erfaßten Produktionsvolumen von ca. 24 Mrd. DM stehen 1988 Gesamtausgaben (d. h. laufende Ausgaben und Investitionen) für Umweltschutz in Höhe von 34 Mrd. DM gegenüber[150]. Da allen Umweltschutzausgaben letztlich Erträge für andere entgegenstehen, erscheint die zwischen diesen beiden Werten bestehende Differenz auf den ersten Blick recht hoch. Da aber die laufenden Ausgaben auch (Personal)kosten für die Wartung von Umweltschutzeinrichtungen enthalten, welche nicht direkt zu Erträgen von Umweltschutzanbietern führen, und das Volumen der Exporte von Umweltschutzeinrichtungen vom entsprechenden Importvolumen abweichen kann, scheint der oben angegebene Wert der Umweltgüterproduktion nicht völlig abwegig zu sein.

---

[150] Vgl. Statistisches Bundesamt (Hrsg.), Ausgewählte Ergebnisse zur Umweltökonomischen Gesamtrechnung 1975 bis 1990. (Schriftenreihe Ausgewählte Arbeitsunterlagen zur Bundesstatistik, Heft 18.) Wiesbaden 1991, S. 127.

Tabelle 4.2-3

Gütergruppe	Absatzproduktion von Umweltgütern	
	in Mill. DM	in vH[1]
Umweltschutzgüterproduktion im Verarbeitenden Gewerbe nach Gütergruppen 1988		
Steine und Erden, Asbestwaren, Schleifmittel	858	3,6
NE-Metalle und -Metallhalbzeug	66	0,3
Gießereierzeugnisse	1 030	4,3
Erzeugnisse der Ziehereien und Kaltwalzwerke und der Stahlverformung	119	0,5
Stahlbauerzeugnisse und Schienenfahrzeuge	1 265	5,3
Maschinenbauerzeugnisse	11 729	49,0
Straßenfahrzeuge	543	2,3
Elektrotechnische Erzeugnisse	5 194	21,7
Feinmechanische Erzeugnisse, Uhren	919	3,8
Eisen-, Blech-, Metallwaren	150	0,6
Chemische Erzeugnisse	36	0,2
Feinkeramische Erzeugnisse	16	0,1
Glas und Glaswaren	2	0,0
Holzschliff, Zellstoff, Papier und Pappe	54	0,2
Papier- und Pappewaren	47	0,2
Kunststofferzeugnisse	1 102	4,6
Gummiwaren	408	1,7
Textilien	379	1,6
insgesamt	23 917	100,0

Quelle: Statistisches Bundesamt - Sonderauswertung. - [1]Anteil der jeweiligen Gütergruppe an der Absatzproduktion von Umweltgütern insgesamt.

Es gibt freilich auch andere Schätzungen. Der BDI veranschlagt - ohne weitere Angaben zur Ermittlungsmethode - das Marktvolumen für Umweltschutzgüter und -leistungen derzeit in Deutschland auf 40 Mrd. DM/Jahr (und in Europa auf 215 Mrd. DM/Jahr), wobei in den nächsten Jahren Wachstumsraten von 6-8 vH p. a. für möglich gehalten werden[151]. Die H. Kaiser Unternehmensberatung kommt aufgrund einer in den Bereichen Meß- und Regeltechnik, integrierter Umweltschutz und umweltbezogene Dienstleistungen weiteren Definition von Umweltschutzgütern für die Bundesrepublik Deutschland zu einem Marktvolumen von 52 Mrd. DM im Jahr 1990[152]. Diese Abweichungen verdeutlichen die große Unsicherheit eines jeden Versuches, das Volumen des Marktes für Umweltschutzgüter abzuschätzen, und die eingeschränkte Aussagekraft von darauf aufbauenden Abschätzungen entsprechender Erträge bei vor- oder nachgelagerten Branchen oder beim Staat.

Ein beachtlicher Teil der beschriebenen Abweichung ist wohl den umweltbezogenen Dienstleistungen zuzuschreiben. Eine Auswertung der vom Umwelt-Magazin zusammengestellten Angebote von Umweltschutztechniken[153] ergab, daß nahezu ein Fünftel aller Angebote auf den Bereich Planung und Beratung entfielen. Weitere Dienstleistungselemente sind in den Bereichen Energie und Umwelt sowie Messen/Analysieren/Steuern/Regeln zu vermuten (vgl. dazu Tabelle 4.2-4).

Weitere Informationen über die Struktur der Anbieter auf dem Umweltschutzmarkt können vor allem Auswertungen von Messekatalogen und ähnlichen Unterlagen liefern. Eine Auswertung[154] des Niedersächsischen Instituts für Wirtschaftsforschung weist für 1991 in Westdeutschland etwas über 1 500 Angebote nach, dabei sind allerdings auch Mehrfachnennungen möglich. Das Ifo-Institut schätzt, daß damit allenfalls ein knappes Drittel aller Umweltschutzfirmen aus den alten Bundesländern erfaßt ist[155]. Eine Zuordnung der Anbieter zu Wirtschaftsbereichen läßt sich nicht vornehmen, auch lassen solche Daten keine Rückschlüsse auf Produktion oder Beschäftigte in diesem Markt zu.

Insgesamt bestätigen die vorliegenden Informationen über die Anbieterstruktur auf dem Umweltschutzgütermarkt nicht die Vermutung[156], daß Unternehmen, die durch Umweltschutzkosten belastet sind, über die Nachfrageseite auch begünstigt

---

[151] Bundesverband der Deutschen Industrie (Hrsg.), Inter-National Environmental Policy - Perspectives 2000, Köln 1992, S. 58.

[152] Vgl. H. Kaiser (Hrsg.) Umweltschutz macht Märkte, Statusbericht. Tübingen 1992.

[153] Vgl. Sonderheft Umweltmarkt von A-Z (1991/92).

[154] Die Auswertung erfolgte auf der Basis von: Vogel-Verlag (Hrsg.), Umweltmarkt von A-Z 1991/92. Würzburg 1991.

[155] Vgl. J. Wackerbauer, a.a.O.

[156] Vgl. W. Meißner und U. Gräber-Seißinger, Umweltpolitik und internationale Wettbewerbsfähigkeit. In: U. Steeger, (Hrsg.), Handbuch des UmweltschutzmanagementS. München 1992.

Tabelle 4.2-4

	Umwelttechnik-angebote 1991[1]		Umweltschutzausgaben 1988[2]			
			Produzierendes Gewerbe		Staat	
	insge-samt[3]	be-reinigt[4]	Inves-titionen	lfd. Aus-gaben	Inves-titionen	lfd. Aus-gaben
Abfallwirtschaft	16,0	26,7	6,6	16,3	12,3	52,7
Wasser/Abwasser	24,0	40,2	19,7	37,9	84,0	47,1
Luftreinhaltung	14,9	27,6	70,3	44,6	0,4	0,2
Lärmdämmung	2,6	5,5	3,4	1,2	3,3	0,0
Energie und Umwelt	3,4	-	-	-	-	-
Messen/Analysieren/ Steuern/Regeln	20,3	-	-	-	-	-
Planung und Beratung	18,8	-	-	-	-	-
Insgesamt	100,0	100,0	100,0	100,0	100,0	100,0

Angebote von Umweltschutztechnologien nach Schutzbereichen[1] 1991
(nachrichtlich: Umweltschutzausgaben des Produzierenden Gewerbes und des Staates 1988[2])

[1] Nach Angaben aus: Umweltmarkt von A-Z (Sonderheft des Umweltmagazins). - [2] Nach Angaben des Statistischen Bundesamtes. - [3] Zahl der Nennungen: 16 960 Angebote. - [4] Durch Umlage der auf die 4 Schutzbereiche Abfall, Wasser, Luft und Lärm bezogenen Angebote der Bereiche Messen/Analysieren/Steuern/Regeln sowie Planung und Beratung und Nichtberücksichtigung der Angebote aus dem Bereich Energie und Umwelt. Zahl der Nennungen: 15 254 Angebote

werden. Es wäre zu prüfen, ob Kreislaufzusammenhänge und Vorleistungsverflechtungen dazu führen, daß die zusätzliche Nachfrage in überdurchschnittlichem Umfang den Wirtschaftszweigen mit hohen Umweltschutzaufwendungen zugute kommt.

4.2.2. Potentiale zur Produktion von umweltschutzrelevanten Gütern in Ostdeutschland

Nach den für Westdeutschland gebräuchlichen Methoden ist in Ostdeutschland eine Umweltschutzgüterindustrie nicht zu identifizieren. Es können lediglich die technologischen Potentiale dafür identifiziert werden[157]. Ausgangspunkt ist die Überlegung, daß Unternehmen, die aufgrund ihrer technologischen Ausrüstung und des Know-hows der Arbeitnehmer prinzipiell leicht in der Lage sind, Umweltschutzgüter zu produzieren, bei entsprechender Nachfrage versuchen, in diesen Markt hinein zu diversifizieren. Über eine Zuordnung der in der Liste des Statistischen Bundesamtes enthaltenen, für nachsorgenden Umweltschutz relevanten Güter zum Wirtschaftszweigschlüssel der Treuhandanstalt können im Verarbeitenden

---

[157] Vgl. Deutsches Institut für Wirtschaftsforschung (Hrsg.), Ökologische Sanierung in den neuen Bundesländern - Impulse für den wirtschaftlichen Strukturwandel. (Bearb. H. Belitz und J. Blazejczak.) "DIW-Wochenbericht", Nr. 8. Berlin, Jg. 59 (1992).

Gewerbe in Ostdeutschland hochgerechnet 740 Unternehmen als potentielle Produzenten von umweltschutzrelevanten Gütern identifiziert werden; eine Hochrechnung ergibt eine Gesamtzahl von etwa 1 000 Unternehmen.

Das technologische Potential zur Umweltschutzgüterproduktion wird durch die Vielzahl der Maschinenbaubetriebe Ostdeutschlands bestimmt (Tabelle 4.2-5). Fast die Hälfte der Umsätze der Umweltschutzgüterproduktion entfällt auch in Westdeutschland auf diesen Sektor. Auch die Wirtschaftszweige Stahl- und Schienenfahrzeugbau, Steine und Erden sowie Herstellung von Kunststoffwaren sind in Ostdeutschland stark besetzt, haben aber eine relativ geringe Bedeutung für den Umweltschutzmarkt (Anteile an der gesamten Umweltschutzproduktion des Verarbeitenden Gewerbes in Westdeutschland jeweils unter 6 vH). Schwächer ist in Ostdeutschland der Sektor Elektrotechnik entwickelt, der im Verarbeitenden Gewerbe in den alten Bundesländern der nach dem Maschinenbau zweitwichtigste Liefersektor für Umweltschutztechnik ist.

Tabelle 4.2-5

Potentielle Produzenten von Umweltschutzgütern im Verarbeitenden Gewerbe in Ostdeutschland		
	Potentielle Produzenten	
Wirtschaftszweig	Zahl der Unternehmen	Anteil in vH
Steine und Erden	72	9,7
Gießerei	39	5,3
Stahl- und Schienenfahrzeugbau	79	10,7
Maschinenbau	328	44,3
Straßenfahrzeugbau	39	5,3
Elektrotechnik	70	9,5
Feinmechanik, Optik, Uhren	37	5,0
Herstellung von Kunststoffwaren	76	10,2
Zusammen	740,0	100,0

Quellen: Datei der Treuhand-Unternehmen (März 1991), Berechnungen des DIW. Aus: Belitz/Blazejczak a.a.O.

Allerdings darf die Bedeutung der Umwelttechnik für die Perspektiven der ostdeutschen Unternehmen nicht überschätzt werden. Sie ist für die meisten, vor allem größeren Unternehmen in Westdeutschland nur eine weniger gewichtige Komponente des Produktionsprogrammes. In Westdeutschland betrug im Jahr 1988 der Anteil der Absatzproduktion im Umweltbereich an der gesamten Produktion der auf dem Umweltmarkt aktiven Unternehmen des Verarbeitenden Gewerbes 11,5 vH, bezogen auf die Absatzproduktion der umweltschutzgüterproduzierenden Betriebe betrug der Anteil 24,5 vH[158].

Bereits bei der 2. Leipziger Energie- und Umweltmesse im Mai 1991 kam ein Viertel der Aussteller aus den neuen Bundesländern. Bei der Messe Umwelt 91 im August 1991 in Rostock waren es 57 vH. Dies ist ein Hinweis darauf, daß ostdeutsche Unternehmen die Chancen auf dem Umweltmarkt erkennen und versuchen, sie umzusetzen. Weitere Hinweise auf Anstrengungen zur Umsetzung der in Ostdeutschland identifizierten Potentiale zur Herstellung von Umweltschutzgütern gibt die Auswertung des Messekatalogs der Umweltmesse TERRATEC, die im März 1992 im Rahmen der Leipziger Frühjahrsmesse stattgefunden hat (Tabelle 4.2-6). Danach kamen insgesamt 219 von 709 Ausstellern aus Ostdeutschland (rund 31 vH). Überdurchschnittlich viele Nennungen lagen im Bereich Abfallbehandlung, Vermeidung und Sanierung von Umweltschäden und Consulting vor, unterdurchschnittlich viele im Bereich Luftreinhaltung und Meß-, Regel- und Analysetechnik (Tabelle A 4.2-2). Die Markterschließungsaktivitäten konzentrieren sich allerdings bisher auf Ostdeutschland. Auf der Düsseldorfer ENVITEC im Sommer 1992 kamen von rund 1 250 Ausstellern lediglich 38 aus Ostdeutschland[159].

Allerdings zeigt der relativ geringe Umfang der Produktion von umweltschutzrelevanten Gütern im Jahr 1991, daß es noch Probleme bei der Umsetzung dieser Potentiale gibt. Auf der Basis der Daten der Produktionsstatistik kann die Absatzproduktion von umweltrelevanten Gütern im Verarbeitenden Gewerbe Ostdeutschlands im Jahr 1991 auf gut 2,5 Mrd. DM geschätzt werden[160]. In Westdeutschland wurden 1988 etwa 40 vH der umweltrelevanten Güter tatsächlich für den Umweltschutz eingesetzt[161]. Übernimmt man diesen Anteil für Ostdeutschland, so wurden dort im Verarbeitenden Gewerbe 1991 Umweltschutzgüter im Wert von etwa 1,0 Mrd. DM hergestellt.

---

[158] Vgl. Statistisches Bundesamt, Schätzung des Produktionsvolumens von Umweltschutzgütern 1983 bis 1988, Wiesbaden 1990.

[159] Vgl. o. V.: Ostler sind noch zu zaghaft. "Die Wirtschaft", Nr. 27. Berlin (Ost) 1992.

[160] Der Produktionswert der umweltrelevanten Güter lag im Jahr 1991 bei 2,4 Mrd. DM, wobei aber für fast die Hälfte der 346 Positionen keine Produktionszahlen vorlagen, da sie unbekannt oder geheimzuhalten waren.

[161] Vgl. H. Belitz, J. Blazejczak, M. Gornig, M. Kohlhaas, E. Schulz, T. Seidel und D. Vesper unter Mitarbeit von R. Lüdigk: Ökologische Sanierung und wirtschaftlicher Strukturwandel in den neuen Bundesländern. "Beiträge zur Strukturforschung des DIW", Heft 132. Berlin 1992, S. 60.

Tabelle 4.2-6

Herkunft der Aussteller auf der Umweltmesse "Terratec 1992"		
Herkunftsort	Anzahl	Anteil in vH
Westliche Länder	478	67
Westliches Ausland	37	5
Westdeutschland	441	62
Ost-West-Kooperationen	7	1
Östliche Länder	224	32
Östliches Ausland	5	1
Ostdeutschland	219	31
Brandenburg	9	1
Mecklenburg-Vorpommern	6	1
Ost-Berlin	17	2
Sachsen	126	18
Sachsen-Anhalt	45	6
Thüringen	16	2
insgesamt	709	100

Quelle: Messekatalog der Umweltmesse Terratec 1992, Berechnungen des DIW.

Die Produktion von umweltschutzrelevanten Gütern ist in Ostdeutschland von September 1990 bis Ende 1991 stärker zurückgegangen als die Produktion im Verarbeitenden Gewerbe insgesamt. Mit Ausnahme von einzelnen Bereichen innerhalb der Wirtschaftszweige Maschinenbau, Stahlbau oder Steine und Erden konnte das Verarbeitende Gewerbe Ostdeutschlands bisher nicht überdurchschnittlich vom Nachfragepotential des Umweltschutzes profitieren. Eine Trendwende ist auch zu Beginn des Jahres 1992 nicht zu erkennen (Abbildung 4.2-1. Siehe auch Tabelle A 4.2-3).

Im innerdeutschen Warenverkehr wurden 1991 umweltrelevante Güter im Wert von etwa 2 Mrd. DM von Westdeutschland nach Ostdeutschland geliefert[162]. Diese "Einfuhren" umweltrelevanter Güter stiegen dabei vom ersten zum zweiten Halbjahr 1991 wesentlich stärker als die Produktion dieser Güter in Ostdeutschland. Westdeutsche Anbieter von Umweltschutzgütern profitieren also stärker von der steigenden Nachfrage nach Umweltschutztechnik als die ostdeutschen Produzenten (Tabelle A 4.2-4).

Die Schwierigkeiten der neuen ostdeutschen Produzenten von Umwelttechnik werden auch durch Markteintrittsbarrieren verursacht - vor allem fehlende Referenzanlagen, geringe Erfahrungen auf dem Umweltmarkt sowie noch nicht eingespielte Kooperationsbeziehungen. Außerdem werden von ostdeutschen Unternehmen überwiegend noch Umweltschutzgüter mit geringem und mittlerem technischen Niveau - dabei oft Lizenzprodukte - angeboten, und es sind bisher kaum Ansatzpunkte für eigene innovative Entwicklungen erkennbar, in denen neue Forschungsergebnisse zur Produktionsreife geführt werden.

4.2.3. Umweltschutzgüterproduktion international

Die Nachfrage nach Umweltschutzgütern steigt im weltweiten Maßstab weiter an. Die OECD und H. Kaiser schätzen den Markt für Umweltschutzgüter und -dienstleistungen als auch weiterhin überdurchschnittlich dynamisch ein[163]. Kaiser zufolge expandiert zwischen 1990 und dem Jahr 2000 der Gesamtmarkt weltweit von 465 auf 870 Mrd. DM, in Westeuropa von 165 auf 317 Mrd. DM, in den USA von 95 auf 168 Mrd. Dollar, in Japan von 49 auf 84 Mrd. DM und in Deutschland von 52 auf 97 Mrd. DM. Dabei bleiben Wasser, Abfall und Luftreinhaltung weiterhin die dominierenden Marktbereiche, die höchste Dynamik wird in diesem Zeitraum weltweit jedoch für die Bereiche Meß-, Regel- und Analysetechnik (+153 vH) und Energieeinsparung (+94 vH) erwartet, nur gering legt demnach der Bereich Lärmminderung zu (+48 vH).

Die - etwas vorsichtigere - Prognose der OECD erwartet im gleichen Zeitraum einen von 200 auf 300 Mrd. Dollar (in konstanten Preisen) wachsenden Gesamtmarkt und sagt in den Bereichen Dienstleistungen und Abfall eine dynamischere Entwicklung voraus als in den Bereichen Luft und Wasser. Für die USA sieht die OECD ein Wachstum des Marktes von 78 auf 113 Mrd. Dollar, für Japan von 24

---

[162] Die in der Statistik des innerdeutschen Warenverkehrs ausgewiesenen Werte der Lieferungen sind aufgrund der Erfassungsmethode als Untergrenzen für die tatsächlichen Werte zu interpretieren.

[163] Vgl. H. Kaiser (Hrsg.), a.a.O. und Organisation for Economic Co-operation and Development (Hrsg.), The OECD Environment Industry, a.a.O., S. 12ff.

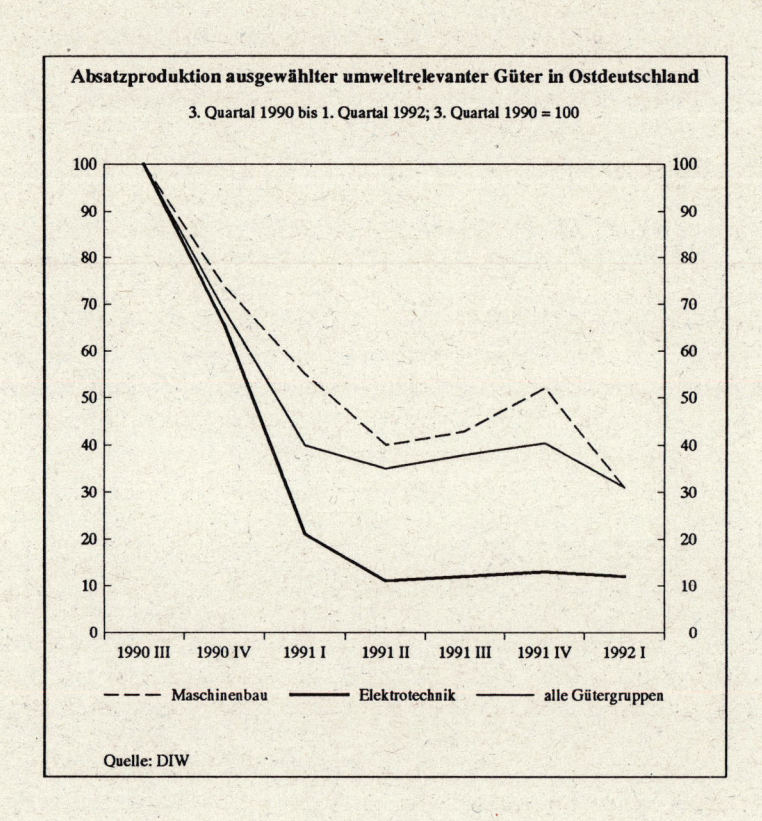

Absatzproduktion ausgewählter umweltrelevanter Güter in Ostdeutschland

3. Quartal 1990 bis 1. Quartal 1992; 3. Quartal 1990 = 100

– – – Maschinenbau ——— Elektrotechnik ——— alle Gütergruppen

Quelle: DIW

auf 39 Mrd. Dollar, für Westeuropa von 54 auf 78 Mrd. Dollar und für Deutschland von 17 auf 23 Mrd. Dollar voraus.

4.3. Internationale Wettbewerbsfähigkeit und Umweltschutz

Es besteht weitgehender Konsens darüber, daß eine "frühe inländische Nachfrage" (early home demand)[164] nach Produkten, die in absehbarer Zeit auch in anderen Ländern nachgefragt werden, den inländischen Produzenten internationale Wettbewerbsvorteile bringt[165]. Im folgenden soll untersucht werden, wie die internationale Wettbewerbsfähigkeit der Bundesrepublik Deutschland bei umweltschutzrelevanten Gütern aussieht.

Den Berechnungen des DIW ebenso wie einer ergänzend herangezogenen Untersuchung von Legler u. a.[166] liegt die im Anhang (Übersicht A 2. 2-1) beschriebene Methodologie zur Abschätzung der internationalen Wettbewerbsfähigkeit mit Hilfe von RWA- und RCA-Werten zugrunde.

Dabei mißt der RWA-Index die Außenhandelsspezialisierung eines Landes bei bestimmten Gütern daran, um wieviel deren Weltmarktanteil vom Durchschnitt für alle Güter abweicht. Der RCA (Revealed Comparative Advantage) -Index berücksichtigt zusätzlich, in welchem Maß sich heimische Unternehmen auf den Inlandsmärkten gegen ausländische Konkurrenten durchsetzen können. Er setzt die Ausfuhr-Einfuhr-Relation bei einer bestimmten Gütergruppe ins Verhältnis zur gesamten Ausfuhr-Einfuhr-Relation eines LandeS.

Um die internationale Wettbewerbsfähigkeit der Bundesrepublik Deutschland bei umweltschutzrelevanten Gütern ermitteln zu können, wurde die vom Statistischen Bundesamt herausgegebene Liste umweltschutzrelevanter Güter verwendet, die auf der Nomenklatur des deutschen Güterverzeichnisses für Produktionsstatistiken basiert. Die einzelnen Waren dieser Liste wurden für diese Studie in die neunstelligen Warennummern des deutschen Warenverzeichnisses für die Außenhandelsstatistik umgeschlüsselt und auf dieser Grundlage die RCA-Werte für die Jahre 1989 und 1991 berechnet. Die Ergebnisse sind in Tabelle 4.3-1 angeführt.

---

[164] Vgl. Porter, M. E. , a.a.O. , S. 95.

[165] Vgl. G. Prätorius, a.a.O. , S. 154.

[166] H. Legler, H. Grupp, B. Gehrke und U. Schasse: Innovationspotential und Hochtechnologie. Heidelberg 1992.

Tabelle 4.3-1

Außenhandelsspezialisierung der Bundesrepublik Deutschland bei umweltschutzrelevanten Gütern		
	RCA-Wert[1]	
Umweltbereich	1989	1991
Abfalltechnik	2,6	1,9
MSR[2]	1,4	1,5
Luftreinhaltung	1,8	1,8
Lärm	0,8	0,8
Abwasser	1,3	1,4
Gewichteter RCA-Wert	1,5	1,5

Quelle: Statistisches Bundesamt, Fachserie 7, Reihe 2; Berechnungen des DIW. - [1]Siehe Übersicht A 2. 2-1 im Anhang. - [2]Meß-, Steuer- und Regelungstechnik.

Sowohl für 1989 als auch 1991 ergibt sich ein RCA-Wert von 1,5. Dies deutet auf eine starke Wettbewerbsposition der Bundesrepublik Deutschland bei umweltschutzrelevanten Gütern hin. Ausländische Produkte konnten auf den inländischen Märkten nicht in dem Maße Fuß fassen wie dies den deutschen Produkten auf den Auslandsmärkten gelungen ist. Besonders ausgeprägt ist dieser Vorteil in den Bereichen Abfalltechnik und Luftreinhaltung mit RCA-Werten von 1,9 bzw. 1,8 im Jahre 1991. Bei der Meß-, Steuer- und Regeltechnik sowie der Abwassertechnologie sind die Wettbewerbsvorteile nicht ganz so stark. Ein RCA-Wert von 0,8 beim Lärmschutz deutet eher auf Wettbewerbsnachteile hin, jedoch sollte dieser Wert wegen der kleinen Zahl der Waren und des geringen Anteils der Lärmschutztechnik an den umweltschutzrelevanten Gütern nicht überbewertet werden.

Zu ähnlichen Ergebnissen und Schlußfolgerungen kommen Legler u. a. Im Gegensatz zum DIW schlüsseln sie die Liste der umweltschutzrelevanten Güter des Statistischen Bundesamtes nach dem Schwerpunktprinzip auf fünfstellige Warennummern des internationalen Warenverzeichnisses für den Außenhandel (SITC Rev. 3) um. Dies hat den Vorteil, daß RCA-Werte nicht nur für die Bundesrepublik Deutschland sondern auch für andere Länder bestimmt und RWA-Indizes - also relative Weltmarktanteile als Indikator der Spezialisierung eines Landes - und Welthandelsanteile berechnet werden können. Der Nachteil dieser Umschlüsselung liegt in ihrer geringeren Genauigkeit, da unter einer fünfstelligen SITC-

Nummer neben den umweltschutzrelevanten Gütern auch noch andere, nicht auf der deutschen Liste enthaltene Waren zu finden sind. Ein Vergleich der Ergebnisse Leglers mit den DIW-Berechnungen zeigt jedoch, daß die Ungenauigkeiten in diesem Fall nicht allzu hoch ausfallen.

Ein wesentlich gewichtigerer Einwand, der generell gegen diese Art von Untersuchungen vorgebracht werden kann, ist, daß eine nach nationalen Kriterien erstellte Liste als Ausgangspunkt für internationale Vergleiche verwendet wird. Man tut so, als ob die nach bundesdeutscher Definition umweltschutzrelevanten Güter auch in anderen Ländern im gleichen Maße umweltschutzrelevant sind, und unterstellt, daß der Rest der Welt keine zusätzlichen umweltschutzrelevanten Güter produziert bzw. handelt. So könnte es durchaus sein, daß Länder mit anderen Absorptionskapazitäten, Produktions- und Konsummustern andere Güter als das Statistische Bundesamt für umweltschutzrelevant erachten. Des weiteren ist nicht gesagt, daß die umweltschutzrelevanten Güter auch für Umweltschutzzwecke eingesetzt werden. Diese Einschränkungen sollten bei der Beurteilung der deutschen Werte beachtet werden.

Nach den Ergebnissen von Legler u. a. nimmt die Bundesrepublik Deutschland bei Betrachtung der Welthandelsanteile umweltschutzrelevanter Güter die Spitzenstellung ein[167]. Mit einem Anteil von 21 vH und einem Ausfuhrwert von DM 35 Mrd. war die Bundesrepublik Deutschland 1990 das mit Abstand größte Exportland bei umweltschutzrelevanten Gütern, vor den USA (16 vH), Japan (13 vH), Italien (10 vH), Großbritannien (9 vH) und Frankreich (8 vH).

Interpretiert man die von Legler u. a. für 1989 berechneten RCA-Werte im Sinne der oben gemachten Ausführungen als Indiz für die Wettbewerbsfähigkeit eines Landes bei umweltschutzrelevanten Gütern, so schneidet die Bundesrepublik Deutschland gut ab. Mit einem RCA-Wert[168] von 40 gilt sie als relativ wettbewerbsfähig; sie wird allerdings von Dänemark (63), den USA (61), Italien (55), der Schweiz (46) und Japan (46) übertroffen. Mit Großbritannien (17), Österreich (14) und Frankreich (4) erreichen noch 3 weitere Länder positive RCA-Werte, während die übrigen OECD-Staaten - wenn auch unterschiedlich stark - mit negativen RCA-Werten als weitaus weniger wettbewerbsfähig bei umweltschutzrelevanten Gütern angesehen werden müssen.

Betrachtet man mit Hilfe dieser RWA-Werte die Leistungsfähigkeit der Exporteure umweltschutzrelevanter Güter, so liegt die Bundesrepublik Deutschland mit einem Wert von 20 an fünfter Stelle unter den OECD-Ländern hinter Dänemark

---

[167] Die nachfolgenden Werte stammen aus der Studie von Legler u. a., 1992, a.a.O., S. 111 - 113.

[168] Bei den RWA- und RCA-Werten aus der Studie von Legler u. a. ist zu beachten, daß wegen der angewandten Berechnungsmethode positive (negative) RCA-Werte auf eine hohe (niedrige) Wettbewerbsfähigkeit und positive (negative) RWA-Werte auf eine starke (schwache) Spezialisierung hindeuten.

(53), der Schweiz (42), Italien (30) und Österreich (23). Mit Großbritannien (19), den USA (9) und Schweden (2) können die Exporteure von 3 weiteren OECD-Ländern noch als überdurchschnittlich erfolgreich gelten, während Japan (-9) überraschenderweise über weniger erfolgreiche Exporteure zu verfügen scheint.

Die Berechnungen des DIW und die Untersuchung von Legler u. a. zeigen also, daß die relativ hohen Umweltstandards der Bundesrepublik Deutschland für die Hersteller umweltschutzrelevanter Güter mit internationalen Wettbewerbsvorteilen einhergehen. Die Ausgangsposition der deutschen Umweltschutzindustrie in diesem zukunftsträchtigen Markt kann daher als ausgesprochen günstig angesehen werden.

4.4. Beschäftigungseffekte des Umweltschutzes

Die Nachfrage nach Umweltschutzgütern aus dem In- und Ausland wird auf lange Frist auch den Bedarf an Arbeitskräften erhöhen, und zwar zunächst und vor allem in den Umweltindustrien. Diesen direkten Veränderungen der Nachfrage und Produktion sind aber jene hinzuzurechnen, die sich im weiteren Verlauf der hochgradig arbeitsteiligen Produktions- und Lieferverflechtungen heutiger Volkswirtschaften ergeben: Zur Befriedigung der steigenden Nachfrage benötigen die Umweltschutzgüterindustrien eine höhere Menge von Vorprodukten (und Investitionsgütern), die bei deren Lieferanten zu höherer Produktion und Beschäftigung führen, was wiederum eine steigende Nachfrage nach Vorleistungsgütern dort auslöst. Neben diesen hier kurz skizzierten Vorleistungseffekten (indirekten Produktionseffekten) und den Kapazitätseffekten (über steigende Investitionen) könnte aber auch daran gedacht werden, daß in allen Sektoren und Stufen durch den steigenden Arbeits- und Kapitaleinsatz höhere Faktorentgelte in Form von Löhnen, Zinsen und Gewinnen anfallen, deren Verausgabung über Konsum- und Sparentscheidungen zusätzliche Einkommens- und Finanzierungseffekte nach sich zieht.

Diese vielfältigen Wirkungszusammenhänge lassen sich im Prinzip durch das Instrumentarium der Input-Output-Analyse bzw. der gesamtwirtschaftlich orientierten Input-Output-Modelle nachvollziehen und quantitativ abschätzen. In der Praxis sind allerdings regelmäßig datenbedingte Restriktionen zu beachten. Dies gilt auch und in besonderem Maße für die Umweltschutzaufwendungen: Die Zusammensetzung der Investitionen und der Sachgüter für Umweltschutzzwecke nach Lieferbereichen ist nur für wenige Stichjahre bekannt; Informationen über den Anteil der für Umweltschutzzwecke aufgewendeteten Löhne und Gehälter einerseits, der Gebühren und Beiträge andererseits müssen z. T. geschätzt werden. Weitgehende Unkenntnis besteht auch über die Kapazitätsauslastung und die Finanzausstattung in den Umweltschutzgüterindustrien, da es sich, wie erwähnt, um recht inhomogene Sektoren handelt. Dies erschwert eine Analyse der Investitions- und Finanzierungseffekte.

Zu berücksichtigen ist aber auch, daß - von der Ausnahmesituation einer allgemeinen Unterbeschäftigung abgesehen - jede volkswirtschaftliche Aktivität mit anderen um knappe Ressourcen (insbesondere Arbeitskräfte und Kapital) konkurriert (vgl. die Diskussion um die Verdrängung "produktiver" Investitionen durch Umweltschutzaufwendungen). Dies gilt auch und gerade für staatliche und private Ausgaben für den Umweltschutz. Aus diesem Grunde werden nachfolgend - neben einer eher konventionellen Input-Output-Analyse - die Ergebnisse einer Modellsimulation wiedergegeben, mit der die Wirkungen einer Umschichtung des Staatshaushaltes zugunsten der Umweltschutzinvestitionen und zu Lasten der Rüstungsausgaben abgeschätzt werden sollen. In diesem Zusammenhang sind auch die Auswirkungen einer veränderten Einkommensverwendung darstellbar.

4.4.1. Direkte und indirekte Produktions- und Beschäftigungseffekte

Anknüpfend an diesbezügliche Arbeiten Leontiefs ist es üblich geworden[169], die direkten und indirekten Produktions- und Beschäftigungseffekte einer vorgegebenen Endnachfrage (-änderung) in einer statischen Wirtschaft aus der (im Prinzip tautologischen) Beziehung

(1) $X = (I - A)^{-1} Y$

abzuleiten, wobei Y den Vektor der Endnachfrage, $(I - A)^{-1}$ die Inverse der Vorleistungsverflechtung und X den Vektor der sektoralen Produktionswerte symbolisiert. Die Grenzen dieses Ansatzes sind bekannt:

- Es handelt sich um eine statische, auf konstanter Koeffizientenstruktur beruhende Analyse, d. h. eine Veränderung der Inputkoeffizienten etwa als Folge integrierter Umweltschutztechnologien wird explizit ausgeschlossen;
- Kapazitätseffekte bzw. induzierte Investitionen werden vernachlässigt;
- Auswirkungen der höheren Faktoreinkommen werden vernachlässigt (d. h. der Keynes'sche Einkommensmultiplikator ist gleich Null). Diese Eigenschaft des Modells ist indessen kein Nachteil, da unter den gesetzten Vollbeschäftigungsannahmen alternative Verwendungen der Faktoreinkommen zu (fast) identischen Produktions- und Beschäftigungseffekten führen.

Als Ergebnis entsprechender hypothetischer Rechnungen ist festzuhalten, daß von den Umweltschutzaufwendungen des Staates und der Unternehmen im Jahre 1988

---

[169] Vgl. u. a. R. Stäglin und R. Pischner, Darstellung des um den Keynes'schen Multiplikator erweiterten offenen statischen Input-Output-ModellS. "Mitteilungen aus der Arbeitsmarkt- und Berufsforschung", Stuttgart u. a., Jg. 9 (1976), S. 345ff.

in Höhe von insgesamt 21 Mrd. DM (gemessen in Preisen des Jahres 1980) über die Ausstrahlungseffekte auf vorgelagerte Branchen ein Produktionswert von insgesamt ca. 45 Mrd. DM (wiederum in Preisen des Jahres 1980) induziert wurde[170]. Zur Erstellung dieses Produktionswertes wären nach den Produktivitätsverhältnissen des Jahres 1988 etwa 323.000 Erwerbstätige benötigt worden. Dies bedeutet, daß von den Umweltschutzaufwendungen des Jahres 1988 direkt und indirekt etwa 1,2 vH der Erwerbstätigen der deutschen Volkswirtschaft insgesamt abhängen.

Die sektorale Struktur dieser Produktions- und Beschäftigungseffekte spiegelt zunächst, was die direkten Effekte angeht, die Dominanz der Investitionsgüterindustrien als Lieferanten von Umweltschutzgütern wider. Es zeigt sich aber auch, daß über die Vorleistungsverflechtung die sektoralen Effekte der Umweltschutzinvestitionen auf das gesamte Wirtschaftsgefüge der Bundesrepublik Deutschland mehr oder weniger deutlichen Einfluß nehmen (vgl. dazu auch Tabelle 4.4-1). So erbringen nur fünf "Umweltschutzindustrien" bereits 73 vH der gesamten direkt induzierten Bruttoproduktion; ihr Anteil sinkt jedoch, wenn die indirekte Produktion einbezogen wird, auf 47 vH. Der Beschäftigungsmultiplikator - das Verhältnis von insgesamt betroffenen zu direkt betroffenen Erwerbstätigen - liegt mit einem Wert von 1,83 vergleichsweise hoch; dies spricht gleichfalls für eine relativ große Bedeutung der induzierten Vorleistungseffekte, spiegelt aber auch die vergleichsweise niedrigen Arbeitsproduktivitäten im Bereich des Handels oder der Sonstigen Dienstleistungen wider. Insgesamt sind nach den hier vorgelegten Berechnungen etwa 1,2 vH der Erwerbstätigen direkt oder indirekt von den Umweltschutzaufwendungen der Unternehmen oder des Staates abhängig; in den einzelnen Wirtschaftsbereichen, etwa im Baugewerbe (4,1 vH), im Maschinenbau (3,9 vH), der Elektrotechnik (1,5 vH) oder dem Stahl- und Leichtmetallbau (7,4 vH) liegen die relativen Bedeutungsanteile naturgemäß höher. Die relativ große absolute Zahl der direkt und indirekt Betroffenen im Großhandel und im Bereich der Sonstigen Dienstleistungen sollte nicht überbewertet werden; gemessen an den dort Erwerbstätigen machen die hier genannten Zahlen "nur" 2,2 vH (Großhandel) bzw. 0,8 vH (Sonstige Dienstleistungen) auS.

In den vorgenannten Zahlen sind die beim Staat selbst mit Umweltschutzaufgaben beschäftigten Personen, die in der privaten Entsorgungswirtschaft, im Altstoffgroßhandel oder für den Export (netto, d. h. nach Abzug der Importe) tätigen Personen nicht enthalten; das direkte und indirekte Beschäftigungsvolumen in die-

---

[170] Die in Tabelle 4.4-1 vorgenommene Zusammenfassung investiver und laufender Sachaufwendungen ist im Grunde genommen nicht unproblematisch, da es sich bei ersteren um eine Endnachfragekomponente, im zweiten Fall um Teile der Vorleistungsverflechtung handelt. Da diese Sachaufwendungen aber verhältnismäßig gering sind (in vH der gesamten Vorleistungsnachfrage), wurde auf eine Korrektur der Vorleistungsmatrix, bzw. der Leontief-Inversen verzichtet. Ungleich größere Schätzrisiken sind demgegenüber mit der Bereinigung der laufenden Aufwendungen für Umweltschutzzwecke um hier nicht zu berücksichtigende Lohn- und Gebührenkomponenten verbunden; außerdem mußten die sektoralen Arbeitsproduktivitäten nach Produktbereichen grob geschätzt werden.

Tabelle 4.4-1

Direkte und indirekte Produktions- und Beschäftigungseffekte der Umweltschutzaufwendungen der Unternehmen und des Staates, 1988
- in Preisen von 1980 -

Produktionsbereiche	Bruttoproduktion, in Mrd. DM			Beschäftigung, in 1000		
	direkt	in-direkt	insge-samt	direkt	in-direkt	insge-samt
Insgesamt	20,84	24,44	45,28	175,3	145,0	320,3
darunter[1]						
Baugewerbe	6,32	0,21	6,53	72,8	1,7	74,5
Maschinenbau	4,69	1,29	5,98	35,0	9,6	44,6
Sonstige Dienstleistungen	1,36	3,20	4,56	9,0	21,1	30,1
Großhandel	1,18	0,95	2,13	15,7	12,6	28,3
Elektrotechnik	1,32	0,93	2,25	10,5	7,4	17,8
Stahl- u. Leichtmetallbau	1,52	0,38	1,89	10,7	2,6	13,4
Übriger Verkehr	0,11	1,02	1,13	0,7	6,8	7,6
Chemie	0,57	1,36	1,93	2,0	4,8	6,9
Steine und Erden	0,26	0,93	1,18	1,5	5,3	6,8
Kohlenbergbau	0,26	0,60	0,85	1,9	4,5	6,4
Elektrizitätserzeugung	0,91	0,64	1,55	3,4	2,4	5,8
Kunststoffwaren	0,09	0,74	0,83	0,7	5,2	5,8
Ziehereien, Kaltw., Stahlv.	0,00	0,79	0,79	0,0	5,6	5,6
Feinmechanik, Optik	0,57	0,10	0,67	4,7	0,9	5,6

Eigene Berechnungen nach Angaben von R.-U. Sprenger und des Statistischen BundesamteS. - [1]Produktionsbereiche mit mehr als 5 000 induzierten Beschäftigungsfällen.

sen Bereichen dürfte sich auf grob geschätzt 175 000 Erwerbstätige belaufen[171]. Damit errechnet sich ein Gesamtvolumen von knapp einer halben Million Personen, die (in den alten Bundesländern) direkt und indirekt für den Umweltschutz arbeiten[172].

4.4.2. Alternative Verwendungen der Endnachfrage

Die vorstehenden hypothetischen Rechnungen blenden Einkommenseffekte explizit aus, um mögliche Doppelzählungen zu vermeiden. Diese Beschränkung läßt sich auflösen, wenn im Rahmen eines gesamtwirtschaftlichen Modells alternative Verwendungen des Einkommens, also unterschiedliche Endnachfragestrukturen, simuliert werden. Formales Hilfsmittel hierzu ist eine Verknüpfung der Input-

---

[171] Vgl. dazu auch RWI-Strukturberichterstattung 1987, Band 3, S. 185 ff.

[172] Zu ähnlichen Größenordnungen kommt das DIW in einer neueren Untersuchung. Vgl. Deutsches Institut für Wirtschaftsforschung (Hrsg.), Beschäftigungswirkungen des Umweltschutzes - Abschätzung und Prognose bis 2000. (Forschungsvorhaben Nr. 101 03 120 des Umweltforschungsplans des Bundesministers für Umwelt, Naturschutz und Reaktorsicherheit.) Berlin, erscheint demnächst.

Output-Tabellen, bzw. des darauf basierenden, gesamtwirtschaftlich orientierten und sektoral disaggregierten Input-Output-Modells des RWI; überdies werden die Staatsverflechtungstabellen des RWI herangezogen. Gegenstand der hier wiedergegebenen Simulationsrechnungen ist eine Umschichtung der staatlichen Endnachfrage zugunsten der Umweltschutzinvestitionen und zu Lasten der Rüstungsausgaben[173].

Dargestellt werden in Tabelle 4.4-2 die direkten und indirekten Beschäftigungseffekte einer Kürzung der Rüstungsausgaben um 25 vH oder 6,7 Mrd. DM (nach den Bundesausgaben des Jahres 1985) und der Verwendung der dadurch freigewordenen Mittel für Umweltschutzinvestitionen. Als Ergebnis der Simulationsrechnung ist festzuhalten, daß, wie nicht anders zu erwarten, das gesamtwirtschaftliche Produktions- und Beschäftigungsniveau annähernd konstant bleibt, da beide Arten der Verwendung öffentlicher Mittel die Arbeits- oder Kapitalproduktivitäten der Sektoren mittelfristig kaum beeinflussen. Die sektoralen Konsequenzen sind gleichwohl gravierend: Verlierer eines solchen sektoralen Strukturwandels wären im industriellen Bereich vor allem der Luft- und Raumfahrzeugbau, der Straßenfahrzeug- und Schiffbau, die Elektrotechnik und die EBM-Warenindustrie, Gewinner vor allem das Bau- und Ausbaugewerbe, der Maschinenbau und der Stahl- und Leichtmetallbau.

Hieraus könnte die Befürchtung abgeleitet werden, daß eine solche Umschichtung das technologische Potential der Wirtschaft und die Qualifikation der Arbeitskräfte in der Bundesrepublik Deutschland mindert, gelten doch einige der Branchen, die Bedeutungsverluste hinnehmen müßten, als vergleichsweise forschungs-, human- und sachkapitalintensiv, die positiv betroffenen Sektoren dagegen als eher arbeitsintensiv[174]. Diese Schlußfolgerung dürfte zumindest voreilig sein: Zum einen ist zu vermuten, daß diejenigen Unternehmen und Beschäftigten, die innerhalb der angesprochenen Branchen mit Umweltschutzaufgaben betraut sind, schon jetzt durch ein vergleichsweises hohes technologisches und qualifikatorisches Niveau gekennzeichnet sind; es kann zum anderen als sicher gelten, daß die zukünftigen Aufgaben im Umweltschutz ohne ein hohes Maß an Forschungs- und Entwicklungsarbeiten und spezielle Kenntnisse und Fähigkeiten nicht zu bewältigen sein werden. Diese Anforderungen erfüllen die Erwerbstätigen in der Bundesrepublik Deutschland, wie bekannt, in besonderem Maße.

---

[173] Diese Berechnungen wurden im Rahmen eines Beitrages zur Diskussion um die sog. Rüstungskonversion durchgeführt; sie lassen sich ohne Einschränkungen hier verwenden. Vgl. dazu M. Kiy und K. Löbbe, Verteidigungsausgaben der Bundesrepublik Deutschland und volkswirtschaftliche Auswirkungen verminderter Rüstungsausgaben. "RWI - Mitteilungen", Berlin, Jg. 41 (1990), S. 331ff.

[174] Vgl. dazu Rheinisch-Westfälisches Institut für Wirtschaftsforschung (Hrsg.), Analyse der strukturellen Entwicklung der deutschen Wirtschaft - RWI-Strukturberichterstattung 1987, Bd. 6: Methoden und Materialien. Gutachten im Auftrag des Bundesministers für Wirtschaft. Essen 1988.

Tabelle 4.4-2

Direkte und indirekte Beschäftigungseffekte erhöhter Umweltschutzinvestitionen des Staates bei gleichzeitiger Kürzung der Rüstungsausgaben[1] 1985		
	absolut	in vH[2]
	überdurchschnittlich begünstigte Produktionsbreiche	
Bauhauptgewerbe	15 925	1,5
Ausbaugewerbe	11 780	1,6
Maschinenbau	4 195	0,4
Großhandel	2 695	0,2
Steine, Erden	1 945	1,0
Holzverarbeitung	1 220	0,4
Stahlbau	1 160	0,7
Büromaschinen, ADV-Waren	645	0,7
Kunststoffwarenherstellung	610	0,3
Ziehereien, Stahlverformung	580	0,2
Übriger Verkehr	390	0,1
Elektrotechnik	385	0,1
	überdurchschnittlich belastete Produktionsbereiche	
Luft- u. Raumfahrzeugbau	-5 210	-8,1
Straßenfahrzeugbau	-3 310	-0,4
Schiffbau	-1 770	-3,7
Landwirtschaft	-1 620	-0,1
Gebietskörperschaften	-1 565	-0,0
Einzelhandel	-1 490	-0,1
Eisenbahnen	-1 155	-0,4
Deutsche Bundespost	-1 115	-0,2
EBM-Warenherstellung	-1 040	-0,3
Gastgewerbe, Heime	-985	-0,1
Ernährungsgewerbe	-975	-0,2
Druckerei, Vervielfältigung	-595	-0,3

Eigene Berechnungen nach Angaben des Statistischen Bundesamtes, des Bundesministeriums der Finanzen und R.-U. Sprenger [I], S. 229. - [1]Verwendung der aus einer Kürzung der Rüstungsausgaben um 25 vH bzw. 6,7 Mrd. DM freiwerdenden Mittel für Umweltschutzinvestitionen in gleicher Höhe. - [2]Anteil an der Zahl der Beschäftigten des jeweiligen Produktionsbereiches insgesamt.

4.5. Andere Vorteile aus Umweltschutz

Nicht nur die (in der soeben angesprochenen Weise direkt oder indirekt betroffenen) Anbieter von Umweltschutzgütern profitieren vom Umweltschutz. Auch die Betreiber fortschrittlicher Umwelteinrichtungen (und die Initiatoren integrierter Umweltschutzmaßnahmen) können im Zeitablauf erhebliche umweltbedingte Kosteneinsparungen und Erlöse erzielen. Durch "intelligenten" Umweltschutz lassen sich beispielsweise finanzielle Belastungen der Sammlung, Transportierung, Deponierung, Verbrennung oder Kompostierung von Stoffen sowie aufgrund von Abwasserabgaben spürbar verringern. Dasselbe gilt für potentielle Kosten durch

Nichteinhalten von Gesetzen (z. B. Umwelthaftungsgesetz). Erlösverbesserungen können ferner auf zusätzliches, umweltbegründetes Käufer- bzw. Absatzpotential zurückgeführt werden.

Die ausschließliche Betrachtung der Kostenbelastung der Wirtschaftsbereiche durch Umweltschutzmaßnahmen greift überdies in all den Fällen zu kurz, in denen die Einführung einer Umweltschutztechnik den Produktionsprozeß der Anwenderbranchen verändert. Insbesondere durch integrierte Produktionsweise lassen sich - z. B. im Wege der Energie- und Rohstoffeinsparung, der Reststoffverwertung, der Abwärmenutzung oder der Abwasseraufbereitung - beachtliche Kosteneinsparungen erreichen[175]. Eine globale Analyse solcher Prozeßänderungen ist nicht möglich, sie muß auf der Ebene einzelner Technologien ansetzen.

Am Beispiel der Wärmerückgewinnung aus Prozeß- und Raumabluft hat das ISI[176] gezeigt, daß Umweltschutzinvestitionen zu einer deutlichen Senkung der Energiekosten führen können. In sieben Produktionsbereichen, die aufgrund von Erhebungen bei Herstellern als potentielle Anwendersektoren für einen beschleunigten Einsatz von Wärmetauschern identifiziert wurden, ergeben sich unter der Annahme einer forcierten Einführung von Wärmetauschern über einen Zeitraum von 10 Jahren eingesparte Energiekosten von durchschnittlich jährlich fast 5 Mrd. DM in Preisen von 1980 (das sind etwa 4 vH der Energiekosten dieser Sektoren). Der größte Teil der eingesparten Energiekosten entfällt auf die Branchen Nahrungsmittel, Eisen und Stahl sowie Steine, Erden und Baustoffe (jeweils rund 20 vH). Hohe Einsparpotentiale ergeben sich auch bei der Produktion von chemischen Erzeugnissen (16,5 vH). Dem stehen im gesamten Zeitraum zusätzliche Investitionen von rund 6,7 Mrd. DM in Preisen von 1980 gegenüber. Die Energieeinsparungen machen also über einen Zehnjahreszeitraum ein Siebenfaches der dazu erforderlichen Investitionen aus. Diese Investitionskosten berücksichtigen allerdings nicht eventuell anfallende Kosten für die Stillegung von Produktionsanlagen zum Einbau der Wärmerückgewinnungsanlagen bei Nachrüstung. Außerdem wird angenommen, daß erhebliche Wartungs-, Reparaturkosten etc. im betrachteten 10-Jahres-Zeitraum noch nicht anfallen.

---

[175] Besonders instruktiv sind diesbezüglich die im Panorama der EG-Industrie 1990 (a.a.O., S. 124f.) genannten Beispiele der Einführung sauberer Technologien. Letztere zeigen, daß eine Reduktion der Investitionskosten z. B. durch Überarbeitung des Verfahrens und Ausrüstung von geringerem Gewicht und Einsparung von end-of-pipe-Reinigungseinrichtungen gelingen kann; Betriebskostenersparnisse können z. B. in Form von Material- und Energiegewinnen (Rückgewinnung), Verringerung von Lohnkosten und Wartungsaufwand, Verringerung von Umweltschutzabgaben, Einsparungen bei Entsorgung fester Abfälle und Schlämme oder in Form vereinfachter Lagerhaltung (weniger Erzeugnisse und Fertigungsstufen) und verringerter Sicherheitsausgaben anfallen. Bei der Edelmetallrückgewinnung wurden Amortisationszeiten integrierter Umweltschutztechniken von 6 Monaten, bei wasserfreien Verfahren zur Antikorrosionsbeschichtung von 1,5 Jahren und bei der Rückgewinnung von Salzsäure aus chlorierten Lösungsmitteln von bis zu 2 Jahren registriert.

[176] Vgl. O. Hohmeyer: Abwärmenutzung mit Hilfe von Wärmetauschern im Verarbeitenden Gewerbe, unveröffentlichte Arbeitsunterlage. Karlsruhe 1991.

Will man die gesamtwirtschaftlichen Wirkungen der Einführung einer Umweltschutztechnologie auf der Seite der Anwender weiter verfolgen, sind sowohl die Absatzeinbußen bei den Liefersektoren der eingesparten Vorleistungen (indirekte Anwendereffekte) als auch die Reaktionen auf die Kostensenkungen (Preissenkungen, höhere Löhne, höhere Gewinne) und deren Effekte (Kompensationseffekte) zu bestimmen. Außerdem bieten sich auf der Seite der Hersteller der Umwelt- schutztechnologie direkt und - über die Vorleistungsbezüge der Herstellersektoren - indirekt zusätzliche Absatzchancen an. Wenn die Kostensenkungen in Preissenkungen weitergegeben werden, verbessern sich die Absatzchancen vor allem für den Hersteller- und die Anwendersektoren, außerdem aber auch für die Herstellung von Stahl- und Leichtmetallbauerzeugnissen und Schienenfahrzeuge, Maschinenbauerzeugnisse, Dienstleistungen des Großhandels sowie sonstige marktbestimmte Dienstleistungen. Werden die Kosteneinsparungen dagegen in zusätzliche Einkommen umgesetzt, verteilen sich die Effekte außerdem noch auf die Bauwirtschaft, den Einzelhandel und weitere Dienstleistungsbereiche wie das Gastgewerbe. In beiden Fällen haben die Energieerzeugungssektoren, der Bergbau und die Herstellung von Mineralölerzeugnissen Absatzeinbußen.

Der Übergang von einer additiven zu einer integrierten Umweltanpassung kann darüber hinaus mit der Einsparung von Wartungsaufwand, Zeit und Personalkosten (aufgrund des nicht mehr erforderlichen Betriebs einer nachgeschalteten Reinigungsanlage) verbunden sein. Allerdings hängt die Wirtschaftlichkeit von Maßnahmen, durch welche Stoffkreisläufe geschlossen oder vormalige Abfallprodukte in vermarktungsfähige Güter verwandelt werden, auch von der Entwicklung der Energie- und Rohstoffpreise ab. Sinkt nämlich der Preis eines Stoffes, der aufgrund der Schließung von Stoffkreisläufen nicht mehr am Markt erworben werden muß, kann sich die entsprechende Investition im nachhinein als wenig(er) wirtschaftlich erweisen.

Ertrags- und Kosteneinsparungspotentiale können sich nicht zuletzt auch im Verbindungsfeld zwischen Umweltaspekten und Humanressourcen ergeben (vgl. dazu im einzelnen Kapitel 5). Mit wachsendem Umweltbewußtsein können etwa solche indirekten Erträge des Umweltschutzes steigen, die auf erhöhte Mitarbeitermotivation und verbessertes Betriebsklima aufgrund umweltbewußter Unternehmensführung zurückzuführen sind. Im Gefolge eines wirkungsvollen betrieblichen Umweltmanagements kann die Arbeitsleistung auch aufgrund positiver direkter Gesundheitsaspekte steigen. Sofern unternehmerische Umweltschutzaktivitäten einen fühlbaren Einfluß auf die weichen Standortfaktoren der Region haben, werden dadurch auch die Chancen verbessert, leitende Mitarbeiter zu rekrutieren (vgl. Kapitel 1). So ist neben dem Wohnumfeld (z. B. Angebot an Kindergärten und Schulen) auch der Umwelt- und Erholungswert der näheren Umgebung ein zunehmend bedeutender Aspekt der "persönlichen Standortwahl" gerade solcher Mitarbeiter, die für die umweltentlastende Umstrukturierung von Unternehmen besonders benötigt werden und die eine solche Umstrukturierung zugleich auch als reizvolle Tätigkeit empfinden.

4.6. Regionale Aspekte

Wie gezeigt worden ist, kommt es für eine Einschätzung ökonomischer Wirkungen des Umweltschutzes nicht nur auf die Aufwendungen für den Umweltschutz an. Berücksichtigt werden müssen auch die Wirkungen, die mit der Herstellung von Umweltschutzgütern verbunden sind und die zu einem Ausgleich ökonomischer Belastungen im Gefolge von Umweltschutzmaßnahmen führen können. Dabei interessiert auch die räumliche Verteilung von Belastungen und Begünstigungen durch den Umweltschutz. Eine gute Umweltqualität ist darüber hinaus als Aktivposten im regionalen Standortwettbewerb zu werten. Die mit einer entsprechenden Neuausrichtung der Leitbilder städtischer und regionaler Entwicklung - wie etwa einer Abkehr von der strikten räumlichen Trennung von Wohn- und Arbeitsbereichen - erzielbaren "weichen Standortvorteile" entziehen sich bislang allerdings einer quantitativen Erfassung und werden im folgenden nicht untersucht.

4.6.1. Umweltschutzinvestitionen nach Bundesländern als Indikator der regionalen Umweltschutzaufwendungen

Für die Abschätzung regionaler Unterschiede in den ökonomischen Folgewirkungen von Umweltschutzmaßnahmen ist entscheidend, welche Bedeutung die Region sowohl als Nachfrager als auch als Anbieter von Umweltschutzgütern hat[177].

Als Indikator zur Abschätzung der regionalen Umweltschutzaufwendungen müssen die Investitionen in diesem Bereich dienen, die vom Produzierenden Gewerbe und von den Gebietskörperschaften durchgeführt werden. Daneben nimmt der Aufwand für Betriebsmittel und Personal - auch aufgrund des zunehmenden Bestands an Umweltschutzeinrichtungen - immer mehr zu[178]. Die Datenlage erlaubt auf regionaler Ebene zur Zeit allerdings nur eine Einschätzung auf der Grundlage von Investitionen für den Umweltschutz.

---

[177] W. Benkert und M. Gornig: Umweltschutz, Wirtschaftsstruktur und Arbeitsmarkt in Nordrhein-Westfalen. In: Jahrbuch Arbeit und Technik in Nordrhein-Westfalen 1988, Bonn 1988, S. 353 ff.; J. Welsch: Umweltschutz und regionale Beschäftigungspolitik. In: WSI-Mitteilungen, 1985, S. 720; Deutsches Institut für Wirtschaftsforschung (Hrsg.), Regionale Aspekte des Marktes für Umweltschutzgüter. (Bearb.: M. Gornig.) "DIW-Wochenbericht", Nr. 3. Berlin, Jg. 57 (1990).

[178] R.-U. Sprenger: Keine beschäftigungspolitische Wende durch die Umweltpolitik. "Ifo-Schnelldienst", Berlin und München, Jg. 42 (1989), Heft 15, S. 8ff.; A. Ryll, Zur volkswirtschaftlichen Gesamtrechnung des monetären Umweltschutzes 1975 bis 1985. Internationales Institut für Umwelt und Gesellschaft. (reports 87-8.) Berlin 1987, S. 33ff.

Für das Produzierende Gewerbe insgesamt werden die Umweltschutzinvestitionen vom Statistischen Bundesamt getrennt nach Bundesländern ausgewiesen[179]. Nach diesen Angaben weicht die regionale Struktur dieser Investitionen erheblich von der Verteilung der gesamten Investitionsaufwendungen ab (Tabelle 4.6-1).

Tabelle 4.6-1

Investitionen für Umweltschutz im Produzierenden Gewerbe[1] nach Bundesländern				
	Umweltschutzinvestitionen	Gesamt-investitionen	Brutto produktionswert	Anteil der Umweltschutz-investitionen an den Gesamt-investitionen
	in Mill. DM	Anteile der Länder in vH		in vH
1988				
Schleswig-Holstein	104	1,3	2,4	3,2	4,3
Hamburg	111	1,4	1,9	2,5	6,0
Niedersachsen	494	6,2	10,4	9,8	4,8
Bremen	107	1,4	1,4	1,2	7,9
Nordrhein-Westfalen	3519	44,4	27,0	28,4	13,2
Hessen	542	6,8	8,3	8,6	6,6
Rheinland-Pfalz	462	5,8	5,7	5,5	8,2
Baden-Württemberg	891	11,3	18,7	18,8	4,8
Bayern	905	11,4	19,0	17,2	4,8
Saarland	237	3,0	1,5	1,6	15,5
Berlin (West)	545	6,9	3,8	3,1	14,7
Insgesamt	7917	100,0	100,0	100,0	8,0
1989				
Schleswig-Holstein	121	1,6	2,6	2,9	4,5
Hamburg	121	1,6	1,9	2,8	6,1
Niedersachsen	815	10,9	10,8	9,9	7,1
Bremen	88	1,2	1,3	1,2	6,3
Nordrhein-Westfalen	2547	34,0	25,8	28,5	9,3
Hessen	558	7,4	8,7	8,5	6,0
Rheinland-Pfalz	579	7,7	5,8	5,4	9,5
Baden-Württemberg	752	10,0	18,2	18,8	3,9
Bayern	1125	15,0	18,9	17,3	5,6
Saarland	195	2,6	1,9	1,6	9,6
Berlin (West)	590	7,9	4,3	3,0	13,1
Insgesamt	7491	100,0	100,0	100,0	7,0

Quelle: Statistisches Bundesamt, Fachserie 19, Reihe 3; Statistisches Landesamt Baden-Württemberg; Berechnungen des DIW. - [1]Berichtskreis Betriebe; ohne Baugewerbe.

---

[179] Statistisches Bundesamt (Hrsg.): Investitionen für Umweltschutz im Produzierenden Gewerbe 1986. Fachserie 19, Reihe 3. Wiesbaden 1989, S. 86.

Der größte Teil aller Umweltschutzinvestitionen des Produzierenden Gewerbes entfiel auf Nordrhein-Westfalen; Bayern und Baden-Württemberg sind ebenfalls stark an den Aufwendungen für den Umweltschutz beteiligt. Allerdings muß hier auch das relativ hohe Gewicht dieser Bundesländer an den Gesamtinvestitionen und an der Gesamtproduktion berücksichtigt werden. Betrachtet man die Umweltschutzinvestitionen in Relation zu den Gesamtinvestitionen, so weisen neben Nordrhein-Westfalen das Saarland, Berlin und Rheinland-Pfalz überdurchschnittlich hohe Anteile der Investitionen für den Umweltschutz auf.

Informationen über die regionale Verteilung der Umweltschutzinvestitionen der Gebietskörperschaften liegen für das Jahr 1986 vor. Auf die öffentlichen Haushalte entfiel in diesem Jahr mit einem Volumen von 8,7 Mrd. DM ein größerer Teil der Umweltschutzinvestitionen als auf das Produzierende Gewerbe (7 Mrd. DM). Dabei spielten neben den Ausgaben der Gebietskörperschaften, die aus den Haushaltsrechnungen ermittelt werden können, auch die Investitionen der öffentlichen Unternehmen (Eigenbetriebe) eine wesentliche Rolle[180]. Im regionalen Vergleich liegen aktuelle Erhebungen für Eigenbetriebe nicht vor. Aus den Untersuchungen des Niedersächsischen Instituts für Wirtschaftsforschung zu den Umweltschutzinvestitionen 1978 bis 1983[181] lassen sich jedoch für 1986 für sämtliche öffentliche Haushalte Schätzungen auf der Ebene von Bundesländern durchführen.

Danach ergeben sich auch für die öffentlichen Umweltschutzinvestitionen regionale Unterschiede zwischen den Bundesländern (Tabelle 4.6-2). Sie sind allerdings nicht so ausgeprägt wie im Produzierenden Gewerbe. Überdurchschnittlich auf Umweltschutzzwecke ausgerichtet waren die Investitionen der Gebietskörperschaften im Saarland, in Hamburg, Rheinland-Pfalz, Hessen und Baden-Württemberg. Dagegen entsprach die Relation in Nordrhein-Westfalen nur dem Bundesdurchschnitt; bezogen auf den Bevölkerungsanteil ergibt sich sogar ein unterproportionaler Anteil an Umweltschutzinvestitionen.

Die regionale Verteilung gewerblicher und öffentlicher Umweltschutzinvestitionen macht deutlich, daß ein Zusammenhang zwischen dem Umfang der Umweltschutzaufwendungen und den spezifischen sektoralen Wirtschaftsstrukturen besteht. Es verwundert daher nicht, daß in Nordrhein-Westfalen und dem Saarland, wo Wirtschaftszweige mit hohen Emissionswerten, wie Energie, Bergbau, Chemie sowie Eisen- und Stahlerzeugung[182] ein großes Gewicht haben, auch der Anteil der Umweltschutzinvestitionen hoch ist.

---

[180] M. Reidenbach: Umweltschutzausgaben des öffentlichen Bereichs - Darstellung, Erfassung und Finanzierung 1971- 1981. (Berichte des Umweltbundesamtes, 2/85.) Berlin 1985, S. 43 ff.

[181] Bonkowski und H. Legler: Umweltschutz und Wirtschaftsstruktur in Niedersachsen. Niedersächsisches Institut für Wirtschaftsforschung. Hannover 1986, S. 60 ff.

[182] Rheinisch-Westfälisches Institut für Wirtschaftsforschung (Hrsg.), Analyse der strukturellen Entwicklung der deutschen Wirtschaft - RWI-Strukturberichterstattung 1987. Bd. 4. (Schwerpunkt-

Tabelle 4.6-2

Umweltschutzinvestitionen der Gebietskörperschaften[1] nach Bundesländern 1986				
	Umweltschutz-investitionen	Gesamt-investitionen	Wohnbe-völkerung	Anteil der Umwelt-schutz-investitionen an den Gesamtin-vestitionen
Bundesländer	in Mio. DM	Anteile der Bundesländer in vH		in vH
Schleswig-Holstein	258	3,0	3,3	4,3	21,3
Hamburg	304	3,5	2,9	2,6	28,2
Niedersachsen	773	8,9	9,7	11,8	21,8
Bremen	68	0,8	0,9	1,1	21,6
Nordrhein-Westfalen	1909	22,0	22,1	27,3	23,6
Hessen	871	10,0	8,5	9,1	28,0
Rheinland-Pfalz	523	6,0	5,3	5,9	26,8
Baden-Württemberg	1709	19,7	17,6	15,3	26,5
Bayern	1896	21,9	22,2	18,0	23,3
Saarland	112	1,3	0,9	1,7	32,7
Berlin (West)	253	2,9	6,5	3,1	10,6
Insgesamt	8675	100,0	100,0	100,0	23,7

Quelle: S. Bonkowski und H. Legler: Umweltschutz und Wirtschaftsstruktur in Niedersachsen. Niedersächsisches Institut für Wirtschaftsforschung, Hannover 1986, S. 60ff.; Statistisches Bundesamt; Schätzungen des DIW. aus: M. Gornig 1990. - [1] Einschließlich Eigenbetriebe, soweit Angaben gemacht wurden.

Dies wird auch deutlich, wenn man für Nordrhein-Westfalen die Ausgaben für gewerbliche Umweltschutzinvestitionen um den Einfluß unterschiedlicher sektoraler Wirtschaftsstrukturen bereinigt. Die sich dann ergebenden Anteile der Investitionen für Umweltschutzzwecke sind kaum höher als im übrigen Bundesgebiet[183]. Die hohen Umweltschutzaufwendungen sind daher die Folge höherer Umweltbelastungen aufgrund der spezifischen Industriestruktur.

Bei den öffentlichen Umweltschutzinvestitionen haben die besonderen Umweltbelastungen in Teilregionen Nordrhein-Westfalens zu keinen vom Bundesdurchschnitt abweichenden Investitionsstrukturen geführt. Die Ursachen hierfür liegen sicherlich einmal in den hohen Standards Nordrhein-Westfalens bei den traditio-

---

thema): Strukturwandel und Umweltschutz, Umweltwirkungen des Strukturwandels, Auswirkungen von Maßnahmen des Umweltschutzes auf die gesamtwirtschaftliche Produktivitätsentwicklung und das Wachstum ausgewählter Wirtschaftszweige. Gutachten im Auftrag des Bundesministers für Wirtschaft. (Bearb.: M. Halstrick und K. Löbbe.) Essen 1987, S. 72 ff.

[183] W. Benkert und M. Gornig: Umweltschutz, Wirtschaftsstruktur und Arbeitsmarkt in Nordrhein-Westfalen, a.a.O., S. 360.

nellen Umweltbereichen Abwasser- und Abfallbeseitigung[184]. Zum anderen kommt hier die ungünstige Finanzsituation in vielen großstädtischen Gemeinden Nordrhein-Westfalens zum Ausdruck, die zu einer insgesamt verhaltenen Investitionstätigkeit geführt hat.

4.6.2. Regionale Produktion von Umweltschutzgütern

Die Nettoposition der Regionen hinsichtlich ökonomischer Folgewirkungen von Umweltschutzmaßnahmen kann nur eingeschätzt werden, wenn auch Informationen über die räumliche Verteilung der Produktion von Umweltschutzgütern berücksichtigt werden[185]. Dazu gibt es eine Reihe von Untersuchungen auf der Grundlage von Befragungen[186], die aber kaum zuverlässige Schlüsse über die regionale Verteilung der Umweltschutzgüterindustrie erlauben.

Bessere Informationen liefern regional differenzierte Aufbereitungen der Produktionsstatistik für das Verarbeitende Gewerbe, die das Statistische Bundesamt durchgeführt hat[187]. Danach produzierte das Verarbeitende Gewerbe in der Bundesrepublik Deutschland 1988 Umweltschutzgüter im Wert von über 24 Mrd. DM (Tabelle 4.6-3). An der Gesamtproduktion gemessen ist der Anteil der Umweltschutzgüter mit bundesdurchschnittlich 1,4 vH des Bruttoproduktionswertes allerdings immer noch sehr gering.

Nimmt man eine regionale Differenzierung nach Betriebsstätten vor, so dominieren die Bundesländer Nordrhein-Westfalen, Baden-Württemberg und Bayern. Eine stärkere Ausrichtung auf Umweltschutzgüter - gemessen am Anteil dieser Güter an der Gesamtproduktion - ist im Saarland, aber auch in Baden-Württemberg und Hessen zu beobachten. In Nordrhein-Westfalen dagegen liegt der Anteil von Umweltschutzgütern an der Gesamtproduktion unter dem Bundesdurchschnitt. Obwohl in diesem Land mehr als 1/3 aller Umweltschutzinvestitionen getätigt werden, ist es nur mit weniger als 1/4 an der Umweltschutzgüterproduktion in der Bundesrepublik Deutschland beteiligt.

Auch bei der Produktion von Umweltschutzgütern ist - wie bei den Umweltschutzaufwendungen - der Einfluß der regionalen Wirtschaftsstrukturen nicht zu übersehen. Die Produktion von Umweltschutzgütern, die Unternehmen des Verarbeiten-

---

[184] Umweltbundesamt (Hrsg.): Daten zur Umwelt. 1990/1991, Berlin 1992.

[185] Daneben bestehen auch direkte positive Beschäftigungseffekte z. B. bedingt duch die Umweltschutzverwaltung, vgl. R.-U. Sprenger: Beschäftigungswirkungen der Umweltpolitik - eine nachfrageorientierte Untersuchung. (Berichte des Umweltbundesamtes, Nr. 4.) Berlin 1989, S. 204 ff.

[186] R.-U. Sprenger und G. Knödgen: Umweltschutztechnik - ein wachstumsstarker Markt. Sonderband des Umwelt-MagazinS. Würzburg 1985; A. Ullmann und K. Zimmermann: Umweltpolitik und Umweltschutzindustrie in der BRD. (Berichte des Umweltbundesamtes, Nr. 1.) Berlin 1981, insbesondere S. 198 ff.

[187] S. Abschnitt 4.2.1.

Tabelle 4.6-3

Produktion von Umweltschutzgütern im Verarbeitenden Gewerbe nach Bundesländern 1988

Bundesländer	Umweltschutzgüterproduktion		Bruttoproduktionswert	Anteil der Umweltschutzgüterproduktion am Bruttoproduktionswert
	in Mill. DM	Anteile der Länder in vH		in vH
Schleswig-Holstein	766	3,2	3,1	1,4
Hamburg	718	3,0	2,7	1,6
Niedersachsen	1 544	6,5	9,6	0,9
Bremen	297	1,2	1,2	1,4
Nordrhein-Westfalen	5 335	22,3	27,2	1,1
Hessen	2 439	10,2	8,8	1,6
Rheinland-Pfalz	1 441	6,0	5,7	1,5
Baden-Württemberg	5 666	23,7	19,5	1,7
Bayern	4 305	18,0	17,6	1,4
Saarland	904	3,8	1,5	3,6
Berlin (West)	502	2,1	3,2	0,9
Insgesamt	23 917	100,0	100,0	1,4

Quellen: Statistisches Bundesamt, Fachserie 19, Reihe 3; Statistisches Landesamt Baden-Württemberg; Berechnungen des DIW.

den Gewerbes herstellen, entfällt auf wenige Wirtschaftszweige - Maschinenbau und Elektrotechnik haben einen Anteil von etwa 70 vH - , die wiederum sehr unterschiedlich in den Bundesländern vertreten sind. So hat in Nordrhein-Westfalen der Wirtschaftszweig Elektrotechnik bei weitem nicht die Bedeutung wie im gesamten Bundesgebiet. Ein räumlicher Zusammenhang zwischen Umweltschutzaufwendungen und Umweltschutzgüterproduktion im Verarbeitenden Gewerbe läßt sich dagegen nicht feststellen.

Bei einer Einschätzung der regionalen Produktionsanteile ist allerdings zu beachten, daß Umweltschutzgüter nicht nur vom Verarbeitenden Gewerbe hergestellt werden. Auch andere Wirtschaftsbereiche sind direkt beteiligt. Bei gewerblichen Umweltschutzinvestitionen beträgt der Beitrag des Baugewerbes etwa 20 vH und der der sonstigen Dienstleistungen über 5 vH. Bei öffentlichen Umweltschutzinvestitionen entfallen sogar etwa 80 vH auf Bauleistungen[188].

Detaillierte Analysen zur regionalen Verteilung der Produktion von Umweltschutzleistungen außerhalb des Verarbeitenden Gewerbes liegen nicht vor. Allerdings ist anzunehmen, daß - aufgrund des geringeren Spezialisierungsgrades insbesondere bei den Bauleistungen - hier eine stärkere Bindung an die regionale Nachfrage nach Umweltschutzleistungen besteht[189]. Insoweit führen insbesondere Umweltschutzaufwendungen der Gebietskörperschaften auch in der betreffenden Region zu einer Produktionssteigerung. Von verstärkten Umweltschutzmaßnahmen im gewerblichen Bereich profitieren in sehr viel stärkerem Maße auch andere Regionen.

---

[188] Rheinisch-Westfälisches Institut für Wirtschaftsforschung (Hrsg.), RWI-Strukturberichterstattung 1987, Bd. 4, a.a.O., S. 155 ff.

[189] R. Kahnert, K. Kunzmann und B. Lossin: Entwicklungsbedingungen und regionale Verteilung der Umweltwirtschaft in Rheinland-Pfalz. In: Zeitschrift für Umweltpolitik und Umweltrecht, 1986, S. 247 ff. ; P. Klemmer, Umweltschutz und Bautätigkeit. "Ifo- Schnelldienst", Berlin und München, Jg. 40 (1987), Heft 20, S. 22ff.

5. Umweltschutz als einzelwirtschaftliches und als gesellschaftliches Ziel

Die Anpassung an veränderte Standortbedingungen im Umweltschutzbereich und die hieraus resultierenden Investitionsentscheidungen können auf verschiedene Art und Weise erfolgen. Bereits im dritten Kapitel wurden Anpassungsmöglichkeiten der Unternehmen an gegebene umweltpolitische Regelungen diskutiert. Im Vordergrund stand dort allerdings die Frage nach den Handlungsalternativen (i.S. von Befolgung von Umweltschutzauflagen als betriebswirtschaftliches Entscheidungsproblem), die sich auf ebenfalls konkrete Vorgaben (Gebote, Verbote, Auflagen usw.) beziehen und insoweit situationsbezogene Maßnahmen betreffen. Nachfolgend soll diskutiert werden, inwieweit Veränderungen umweltbezogener Standortbedingungen als eine Chance für unternehmerisches Handeln begriffen werden kann, die - durch entsprechende Maßnahmen, die über situationsbezogene, kurzfristige Reaktionen hinausgehen - zu einer Stärkung der Marktposition und Ausweitung des unternehmerischen Erfolges führen kann. Geprüft werden soll insbesondere, ob und inwieweit

- die einzelnen Maßnahmen in eine (langfristige) Unternehmensstrategie eingebettet werden können (einzelwirtschaftliche Ebene),

- die durch Umweltschutzmaßnahmen induzierten Mehraufwendungen von den Unternehmen bzw. den Privaten Haushalten, beispielsweise infolge einer Nutzen-Kosten-Abwägung, akzeptiert werden (gesamtwirtschaftliche Ebene).

5.1. Umweltschutz und Unternehmensstrategien

5.1.1. Umweltbezogene Managementkonzepte

Eine auch für die betroffenen Unternehmen erfolgreiche Umsetzung umweltbezogener Maßnahmen erfordert neben der eigentlichen Umstellung der Produktionsprozesse bzw. des Produktprogramms eine durchgängige Berücksichtigung ökologischer Aspekte auf allen betrieblichen Ebenen bis hin zur (langfristig angelegten) Unternehmensstrategie. Die konzeptionelle Einbettung der umweltbezogenen Maßnahmen hängt maßgeblich von der Sicht des Verhältnisses zwischen unternehmerischen und ökologischen Zielen ab, mit anderen Worten von der bisherigen "Unternehmensphilosophie". Diese kann wie folgt ausgestaltet sein[190]:

- Der Umweltschutz wird den als begrenzt angesehenen (ökonomischen) Rahmenbedingungen der unternehmerischen Entscheidungen untergeordnet. Er wird erst dann zum Gegenstand betriebswirtschaftlicher Kalküle, wenn ökonomische Konsequenzen einer "Beschädigung" dieses Rahmens kostenbezogen zu

---

[190] Vgl. G.R. Wagner, Unternehmung und ökologische Umwelt - Konflikt oder Konsens? In: ders. (Hrsg.) Unternehmung und ökologische Umwelt. München 1990, S. 12ff.

kalkulieren sind. Diese Sichtweise geht grundsätzlich davon aus, daß ökonomische und ökologische Ziele konfligieren.

- Ökologische Anforderungen werden dann akzeptiert, wenn diese als Mittel für den (bisher bestehenden) Unternehmenszweck, etwa der Gewinnerzielung, herangezogen werden können. Somit werden Komplementaritäten beider Ziele anerkannt, etwa in bezug auf mögliche Innovationspotentiale durch umwelttechnische Anforderungen, Markterschließungspotentiale durch entsprechende Umsetzung von Recyclingkonzepten oder aber im Rahmen von entsprechenden Marketingkonzepten.

- Während die beiden erstgenannten Unternehmensphilosophien den unternehmerischen Rahmen aufgrund ökologischer Anforderungen nicht verändern bzw. als nicht veränderbar ansehen, wird im Rahmen einer weiteren Sichtweise versucht, mögliche Zielkonflikte durch die Anpassung des unternehmerischen Zielsystems an bestimmte ökologische Anforderungen zu vermeiden.

Ausgehend von den genannten unterschiedlichen Unternehmensphilosophien lassen sich im Rahmen der betrieblichen Organisation grundsätzlich drei Umweltmanagementkonzepte unterscheiden[191]:

- **Umweltbezogene Opposition:** Dem Umweltaspekt wird keinerlei Relevanz für die betrieblichen Belange eingeräumt. Es wird im Gegenteil davon ausgegangen, daß die Durchführung umweltbezogener Maßnahmen die Kostenbelastung des Unternehmens erhöht und die Ertragskraft verringert. Dementsprechend werden selbst rechtliche Anforderungen nicht befolgt bzw. ihre Umsetzung so lange wie möglich hinausgezögert. Falls nicht staatliche Sanktionen oder Schadenersatzforderungen über die "eingesparten" Umweltschutzkosten hinausgehen, erscheint ein solches oppositionelles Verhalten als durchaus ökonomisch rational.

- **Defensives Umweltmanagement:** Auf der Grundlage der erstgenannten Unternehmensphilosophie, in deren Zusammenhang der Zielrahmen der Unternehmung auch unter Berücksichtigung ökologischer Anforderungen - soweit möglich - unverändert gehalten wird, beschränkt sich man sich auf die Erfüllung von Mindeststandards. Hintergrund solcher passiver Managementreaktionen ist zumeist wiederum die Einschätzung, daß die Erfüllung der Anforderungen keinen Gewinn für das Unternehmen bringt, umweltschutzbedingte Kostenerhöhungen zumeist zu Gewinneinbußen führen.

- **Offensives Umweltmanagement:** Als Mindestanforderung für ein offensives Umweltmanagement ist eine (oben erwähnte) Unternehmensphilosophie erforderlich, die bestehende Komplementaritätsbeziehungen zwischen den Umwelt- und den Unternehmenszielen erkennt und diese möglichst vollständig im Rahmen des bisher bestehenden Zielsystems umsetzt. Umweltschutzanforderun-

---

[191] Zu den beiden letztgenannten Konzepten vgl. L. Wicke, H.-D. Haasis, F. Schafhausen und W. Schulz, Betriebliche Umweltökonomie. München 1992, S. 41ff.

gen, die vom Staat oder aber vom Markt (und hier insbesondere der Nachfrage) ausgehen, werden offensiv in alle betrieblichen Bereiche und Funktionen integriert. Offensiv bedeutet in diesem Zusammenhang, daß nicht nur bereits bestehende Umweltschutzanforderungen erfüllt werden, sondern daß vielmehr künftige Anforderungen bereits frühzeitig in den Prozeß der betrieblichen Entscheidungsfindung Eingang finden, um Marktvorteile zu erreichen bzw. bestehende Vorteile zu erhalten (Anforderungen als "betriebswirtschaftliches Instrument"). Oftmals werden allerdings die Möglichkeiten eines offensiven Umweltmanagements durch das bisher bestehende unternehmerische Zielsystem beschränkt - d.h. daß andere Ziele wie Sicherheit, Umsatzsteigerung u.ä. stehen den Umweltschutzmaßnahmen (tatsächlich oder scheinbar) entgegen -, so daß es notwendig ist, dieses Zielsystem auszuweiten bzw. zu revidieren.

Neuesten Befragungsergebnissen zufolge halten sich aktive und reaktive Grundeinstellungen der Unternehmen zu Umweltschutzaspekten derzeit noch die Waage[192]: Etwa 42 vH der befragten Unternehmen verfolgen ein eher defensives Umweltmanagement ("Anpassung"), 47 vH ein eher offensives Umweltmanagement ("Innovation/Antizipation"). Lediglich etwa 11 vH der Unternehmen betreiben derzeit umweltbezogene Opposition, die sich entweder in einem Rückzug vom Markt (0,4 vH), in aktivem Widerstand gegen die entsprechenden Auflagen oder aber in der Ignoranz der jeweiligen Bestimmungen äußert.

Welche Argumente sprechen nun für die Integration offensiver Umweltmanagementkonzepte in die betriebliche Praxis? Zunächst ist darauf zu verweisen, daß unternehmerisches Handeln im zunehmenden Maße im öffentlichen Interesse, und - zumindest in bezug auf Umweltaspekte - oftmals auch in der öffentlichen Kritik steht. Diese zunehmende Einbindung in die Gesellschaft hat zur Folge, daß der Unternehmenszweck nicht mehr allein in der Produktion und dem Absatz von Gütern und Leistungen und somit zur Gewinnerzielung gesehen werden kann, sondern daß darüber hinaus eine Vielzahl von Ansprüchen verschiedener Interessengruppen befriedigt werden muß[193]. Diese Ansprüche können vorliegen in Form von[194]

- behördlichen Auflagen,
- kritischen Berichterstattungen in den Medien,

---

[192] Vgl. Dr. Wieselhuber & Partner (Hrsg.), Ökologie-Management als strategischer Erfolgsfaktor. (Vorabauswertung einer Befragung von über 500 bundesdeutschen und österreichischen Unternehmen im Frühjahr 1992.) München 1992.

[193] Vgl. W. Hill, Basisperspektiven der Managementforschung. "Die Unternehmung", Nr. 1, 1991, S.10.

[194] Vgl. H. Meffert und H. Ostmeier, Umweltschutz und Marketing. Möglichkeiten der Verbesserung der betriebswirtschaftlichen Situation von Unternehmen durch umweltorientierte Absatzmaßnahmen. (Berichte des Umweltbundesamtes, 8/90.) Berlin 1990, S. 54f.

- Forderungen der Kunden nach Beratung über und Belieferung mit umweltfreundlichen Produkten,
- Forderungen der Unternehmens-Anlieger und Bürgerinitiativen,
- Forderungen von Verbraucherorganisationen,
- Forderungen des Handels und nicht zuletzt
- Forderungen der eigenen Mitarbeiter.

Diese Forderungen verändern sich im Rahmen des gesellschaftlichen Wertewandels und führen in der Regel - dies gilt insbesondere auch für die Umweltproblematik - in der Folge zu Veränderungen von Gesetzen und anderen verpflichtenden Normen. Reagiert die Unternehmung bereits auf Veränderungen der Ansprüche des Unternehmensumfeldes[195] und wartet nicht erst auf die mit einiger Sicherheit zu erwarteten Veränderungen der gesetzlichen Anforderungen und Bestimmungen[196], sondern antizipiert diese quasi, so sind zunächst immaterielle Erfolge wie Imagegewinn u.ä. aufgrund der Vorreiterfunktion zu erwarten. Sehr schnell lohnt sich die Antizipation gesetzlicher Vorschriften allerdings auch materiell, da

- Pioniergewinne abgeschöpft werden können,
- Erfahrungen gesammelt (learning by doing) und in Form weiterer Innovationen umgesetzt werden können,
- diese Erfahrungen und ihre rasche Umsetzung in die Produktions- und Produktplanung schnell in die Zone der Kostendegression führen können,
- die langfristige Bestandssicherung, die in Zukunft ohne die Berücksichtigung von Umweltschutzbelangen nicht mehr gewährleistet sein wird, eher als bei anderen Unternehmen erreicht sein wird, so daß sich diese Pionierunternehmen eher als ihre Konkurrenten auf die zukünftigen umweltbezogenen, aber auch anderen Herausforderungen (z.B. internationaler Wettbewerb) konzentrieren können.

Oftmals sind materielle und immaterielle Erfolge von Unternehmen aufgrund ihres Umweltengagements nicht mehr zu trennen. Daß insbesondere auch immaterielle Imagegewinne zunehmend an Bedeutung gewinnen, läßt sich allerdings durch eine Reihe von Beobachtungen belegen:

---

[195] Wichtig in diesem Zusammenhang ist allerdings, daß das Unternehmen nur auf tatsächliche Veränderungen der (langfristigen) Grundtendenz reagiert und nicht sofort kurzfristigen "Modeerscheinungen hinterherläuft". Dies zu unterscheiden ist eine wichtige Aufgabe umweltbezogener betrieblicher Informationssysteme.

[196] In der Literatur werden die Anforderungen des Umfeldes auch als *legitime Rahmenbedingungen*, die rechtlichen Anforderungen als *legale Rahmenbedingungen* unternehmerischen Handelns bezeichnet. Vgl. hierzu z.B. S. Schaltegger und A. Sturm. Erfolgskriterien ökologieorientierten Managements. Die Notwendigkeit einer ökologischen Rechnungslegung. "Zeitschrift für Umweltpolitik und Umweltrecht", Frankfurt a.M., Jg. 15(1992), S. 137.

- Immer mehr Unternehmen organisieren sich in nationalen und internationalen Zusammenschlüssen, zu nennen sind in diesem Zusammenhang etwa der Bundesdeutsche Arbeitskreis für umweltbewußtes Management (B.A.U.M.) und future[197] auf nationaler sowie das Business Council for Sustainable Development (BCSD) auf internationaler Ebene. Die Mitgliedschaft in derartigen Zusammenschlüssen verpflichtet zu umweltgerechtem, nachhaltigem Wirtschaften.

- Immer mehr Unternehmen dokumentieren ihre Umweltverantwortung durch die Unterstützung außerbetrieblicher, im Interesse der Allgemeinheit stehender Umweltschutzprojekte wie die Aufforstung von Wäldern, die Reinigung von Gewässern u.ä.. Dieses Umweltsponsoring geschieht natürlich nicht uneigennützig. So kann erfolgreiches Umweltsponsoring dazu führen, daß die Rekrutierung qualifizierter und hochmotivierter Arbeitskräfte sehr viel leichter fällt als zuvor.

- Im Zusammenhang mit dem Umweltsponsoring, aber auch außerhalb wird zunehmend der Dialog mit Umweltorganisationen und anderen Umweltschutzverbänden gesucht. Dies gilt auch für die Zusammenarbeit mit der von umweltrelevanten Maßnahmen der Unternehmen (z.B. Bau einer Müllverbrennungsanlage) betroffenen Bevölkerung im Rahmen von Konfliktbewältigungsverfahren[198]. Die Anwendung derartiger Verfahren steht allerdings, im Gegensatz etwa zu den Entwicklungen in den Vereinigten Staaten, in der Bundesrepublik Deutschland erst am Anfang.

Trotz dieser positiven Anzeichen herrscht bei vielen Unternehmen noch eine gewisse Skepsis gegenüber der Einführung offensiver Umweltmanagementstrategien, da sie befürchten, daß zwar auf nationaler Ebene möglicherweise Pioniergewinne realisiert werden könnten, daß im Gegensatz dazu aber hohe Umweltstandards die heimische Industrie gegenüber dem Ausland benachteiligen. Bezüglich der in diesem Zusammenhang häufig geäußerten Gefahr eines um sich greifenden "Umweltdumpings" durch die Verlagerung von Produktionsstätten in Länder mit vergleichsweise geringen Umweltschutzanforderungen kann allerdings davon ausgegangen werden, daß auch in solchen Staaten in Zukunft das Umweltbewußtsein zunehmen wird und sich nachfolgend die Umweltgesetzgebung den Standards in der Bundesrepublik Deutschland und anderen westlichen Staaten anpassen wird. Außerdem würde Umweltdumping

---

[197] Allerdings scheint die Öffentlichkeitsarbeit beider nationaler Zusammenschlüsse noch deutlich verbesserungswürdig zu sein. Vgl. hierzu A. Oberholz, Diagnose: Verbesserungswürdig. B.A.U.M. und future - zwei Umweltverbände auf dem Prüfstand. "Umweltmagazin", Würzburg, Jg. 21 (1992), Heft 5, S. 46ff.

[198] Diese Verfahren sind auch als sog. Mediationsverfahren bekannt. Vgl. hierzu H.-J. Fietkau, Psychologische Ansätze zu Mediationsverfahren im Umweltschutz. (Schriften zu Mediationsverfahren im Umweltschutz, Nr. 1. Wissenschaftszentrum Berlin.) Berlin 1991, sowie R. Zieschank, Mediationsverfahren als Gegenstand sozialwissenschaftlicher Umweltforschung. "Zeitschrift für Umweltpolitik und Umweltrecht", Frankfurt a.M., Jg. 14(1991), S. 27ff.

- sowohl die Strategie der Unternehmen aushöhlen, die Umweltschutz - wie in dem zuvor vorgestellten Sinne - als Voraussetzung für eine moderne Industriegesellschaft anerkennen,

- als auch lediglich kurzfristig Erfolg haben, da die erwähnte Angleichung der Umweltschutzanforderungen in den jeweiligen Ländern aufwendige und teure Nachrüstungen erfordern[199].

Diese Erkenntnis scheint sich bei der Mehrheit der Unternehmen durchgesetzt zu haben; immerhin 63 vH der Unternehmen wollen entsprechenden Befragungsergebnissen zufolge keine Standortverlagerungen aufgrund als zu hoch empfundener Umweltschutzanforderungen vornehmen. Allerdings diskutieren derzeit 24 vH der Unternehmen die Möglichkeit einer Standortverlagerung, und immerhin gut 13 vH planen konkrete Schritte in eine solche Richtung[200]. Bei der Interpretation derartiger Befragungsergebnisse ist jedoch zu beachten, daß zumindest ein Teil der Unternehmen, die konkrete Schritte zur Standortverlagerung aus Umweltschutzgründen vorhaben, das entsprechende Statement lediglich als Druckmittel gegen erhöhte Umweltschutzanforderungen benutzen[201]. Eine Ende der siebziger Jahre bundesweit durchgeführte Untersuchung zu tatsächlich durchgeführten umweltschutzinduzierten Industrieverlagerungen in Entwicklungsländer ergab, daß für fast 90 vH der befragten Unternehmen Standortverlagerungen aus Umweltschutzgründen nur geringe oder gar keine Bedeutung hatten[202].

Die angesprochenen Befragungsergebnisse könnten jedoch signalisieren, daß die Neigung der Unternehmen, Produktionsstandorte aufgrund von als zu restriktiv empfundenen Umweltschutzbestimmungen zu verlagern, in den letzten zehn Jahren zugenommen hat. Trifft dies zu, so erscheint es doch angebracht, an dieser Stelle nochmals explizit darauf hinzuweisen, daß offensive Umweltmanagementkonzepte mit großer Wahrscheinlichkeit auch für auf ausländischen Märkten tätige Unternehmen - sei es durch Standortverlagerungen oder aber im Zuge von Exportaktivitäten - in Zukunft notwendig sein werden, so daß eine Verlagerung von Produktionsstätten ins Ausland aus ökologischen Gründen nicht notwendig erscheint. Voraussetzung für ein erfolgreiches Umweltmanagement ist allerdings,

---

[199] Vgl. H. Weiss, Industrie und Umweltschutz im europäischen Wettbewerb. "Der Markenartikel", Wiesbaden, Jg. 54 (1992), S. 166.

[200] Vgl. Dr. Wiselhuber & Partner (Hrsg.). Obwohl, wie erwähnt, neben bundesdeutschen auch österreichische Unternehmen befragt wurden, kann davon ausgegangen werden, daß die Ergebnisse in etwa auf bundesdeutsche Verhältnisse übertragen werden können.

[201] Fraglich ist somit, ob die erwähnten Befragungsergebnisse insgesamt repräsentativ sind. So kann vermutet werden, daß der doch recht hohe Anteil der Unternehmen, die Standortverlagerungen vornehmen wollen oder dies zumindest überlegen, dadurch zustande kommt, daß vor allem solche Unternehmen die Fragebögen zurückgesendet haben, die mit ihrer Antwort auf ihrer Meinung nach zu hohen Umweltschutzauflagen aufmerksam machen wollten. Die Ergebnisse wären dann als zu pessimistisch verzerrt anzusehen.

[202] Vgl. G. Knödgen, Umweltschutz und industrielle Standortentscheidung. Frankfurt und New York, 1982, S. 193.

daß sämtliche betriebliche Funktionsbereiche in ein derartiges Konzept einbezogen werden.

5.1.2. Umweltbezogene Organisation

Als erster Funktionsbereich ist die Unternehmensführung und hiervon ausgehend die betriebliche Organisation zu nennen. Den Ausgangspunkt sollte, wie erwähnt, eine eher offensive Unternehmensphilosophie bezüglich der Umweltschutzprobleme darstellen. Ist diese vorhanden, so sind zunächst die Unternehmensziele zu definieren, und zwar die Zielinhalte, die Zielrestriktionen sowie der anzustrebende Zielerreichungsgrad. Bezüglich der *Zielinhalte* ist von Bedeutung, daß sowohl die ökonomischen Zielkategorien

- Leistungserstellung (Beschaffung, Lagerhaltung, Produktion und Absatz),
- Finanzierung (Liquidität) und Investition,
- unternehmerischer Erfolg (Umsatz, Wertschöpfung, Kosten und Erlöse, Dividenden)

als auch die sozialen Zieldimensionen (Verantwortung für die Mitarbeiter, Arbeitsplatzsicherheit u.ä.) um ökologische Aspekte erweitert werden müssen. Das Ziel des Umweltschutzes ist somit nicht einfach als weitere Zielkategorie hinzuzufügen, sondern als Bestandteil jeder Zielkategorie zu verstehen.

Die konkrete Operationalisierung dieser Ziele setzt in einem weiteren Schritt bei der Organisationsstruktur an, d.h. bei der Frage der organisatorischen Konsequenzen. Mit zunehmender Größe des Unternehmens und der hieraus resultierenden Zunahme der Komplexität der ökologisch-ökonomischen Zusammenhänge sollten die entsprechenden Aufgaben möglichst dezentral, "problemnah" und nach Funktionen aufgeteilt werden[203]. Das bedeutet, daß auf allen betrieblichen Funktionsebenen die Verantwortlichkeit für die Erreichung sowohl der entsprechenden ökonomischen wie auch der ökologischen Ziele gegeben sein muß. Dies ermöglicht am ehesten die Verwirklichung beider Ziel-"komponenten". Umweltschutzaspekte sind somit zu berücksichtigen bei der Produktentwicklung und Produktionsplanung, bei der Beschaffung und Lagerhaltung sowie dem Absatz bzw. Vertrieb:

(1) Bei der **Produktentwicklung** ist darauf zu achten, welche stofflichen Bestandteile das zukünftige Produkt aufweisen soll, da diese bereits im Rahmen der Produktion oder beim Ge- bzw. Verbrauch oder spätestens im Zusammenhang mit der Abfallbeseitigung zu Umweltbelastungen führen können.

---

[203] Vgl. L. Wicke, H.-D. Haasis, F. Schafhausen und W. Schulz, S. 51.

(2) Im Zusammenhang mit der **Produktionsplanung** müssen die Umweltwirkungen der einzusetzenden Hilfs- und Betriebsstoffe berücksichtigt werden, die wiederum auch vom (umwelt-)technischen Stand der erforderlichen Produktionsanlagen abhängen. Hiervon beeinflußt ist auch die Frage, ob die (aus Umweltgesichtspunkten) i.d.R. günstiger einzuschätzenden integrierten Technologien oder aber additive Verfahren zur Anwendung kommen sollen.

(3) Bezüglich der **Beschaffung** ist die Frage nach dem Eigen- bzw. Fremdbezug von Vorprodukten und dem hiermit verbundenen Einfluß auf die stoffliche Zusammensetzung der Erzeugnisse von Bedeutung. Im Zusammenhang mit der Zusammensetzung und damit der Umweltverträglichkeit der fremd zu beziehenden Vorprodukte sind umfangreiche Marktanalysen erforderlich. Zusätzlich zu direkten Kontakten mit den Lieferanten besteht die Möglichkeit der Auswahl solcher Vorprodukte, deren Umweltverträglichkeit amtlich überprüft wurde. In diesem Zusammenhang ist das Umweltzeichen ("Blauer Engel") zu erwähnen. Ausgezeichnet werden solche Produkte, die

- im Vergleich zu anderen, demselben Gebrauchszweck dienenden Erzeugnissen unter Beachtung aller Gesichtspunkte des Umweltschutzes sich insgesamt durch besondere Umweltfreundlichkeit auszeichnen,

- ohne daß ihre Gebrauchstauglichkeit wesentlich verschlechtert und

- ihre Sicherheit beeinträchtigt wird[204].

Adressaten dieses Umweltzeichens, das seit 1977 vergeben wird, waren zunächst die Konsumenten. Ihnen sollte hierdurch die Möglichkeit gegeben werden, aus den vielen, von den Herstellern mit bekannten Öko-Labeln ("Öko", "Natur", "Bio" usw.) ausgezeichneten Erzeugnissen solche auszuwählen, die im Rahmen eines einheitlichen und von Erzeugerinteressen (weitgehend) unabhängigen Überprüfungsverfahrens bezüglich ihrer Umweltfreundlichkeit getestet wurden. In jüngster Zeit werden aber immer mehr auch solche Produkte mit diesem Gütesiegel versehen, die als Vorprodukte in die industrielle Produktion eingehen (Beispiele: Lärmarme Baumaschinen, umweltfreundliche Isolierstoffe, Schmiermittel u.ä.). Eine weitere Möglichkeit der Informationsbeschaffung stellt die Nutzung entsprechender Handbücher mit den darin enthaltenen Checklisten dar[205].

(4) Beim **Transport bzw. der Lagerung** der Produkte muß die Art des Transports (Straße oder Schiene) festgelegt werden, die Frage nach der Häufigkeit und Schnelligkeit (just in time) und hiermit zusammenhängend die Frage nach dem Ausmaß der Lagerhaltung (optimales Vorratsvolumem) beantwortet werden. In

---

[204] Hierzu und zu den Vergabekriterien sowie weiteren Informationen vgl. Umweltbundesamt (Hrsg.), Das Umweltzeichen. Ziele - Hintergründe - Produktgruppen. Berlin 1990.

[205] Zu nennen ist in diesem Zusammenhang beispielsweise Umweltbundesamt (Hrsg.), Umweltfreundliche Beschaffung. Handbuch zur Berücksichtigung des Umweltschutzes in der öffentlichen Verwaltung und im Einkauf. 2. Aufl. Berlin 1989.

diesem Zusammenhang wäre möglicherweise die Auslagerung der Lagerhaltung hin zu den Vorprodukt- bzw. Teilelieferanten und die hiermit zu verzeichnende Ausweitung des Straßengüterverkehrs unter Hinzuziehung ökologischer Aspekte zu überdenken. Ähnliches gilt für den Absatz und Vertrieb.

Im Zusammenhang mit der Festlegung der Zielinhalte sind eine Fülle von *Zielrestriktionen* zu beachten, die sich in Form von Gesetzen, Vorschriften oder Verordnungen beziehen können

- auf die Beschaffenheit der Hilfs- und Betriebsstoffe, der Vorprodukte bzw. der Endprodukte (z.B. Verbot FCKW-haltiger Inhaltsstoffe),
- auf die Produktionsverfahren bzw. -anlagen (Anwendung des "neuesten Stands der Technik"),
- auf die Rücknahme und Wiederverwertung von "in den Verkehr gebrachten" Erzeugnissen (neben Verpackungen beispielsweise Kraftfahrzeuge, elektrische Haushaltsgeräte, Computer etc.).

Zu den Vorschriften, die sich direkt auf die Unternehmensorganisation beziehen, gehört die Einsetzung eines Umweltschutzbeauftragten (abhängig von der Betriebsgröße)[206]. Zu seinen Aufgaben zählen: die Überwachung der Einhaltung von Gesetzen und Verordnungen, die Initiative für die Entwicklung umweltfreundlicher Verfahren und Produkte zu entwickeln, Mitarbeiter über sämtliche betrieblichen Umweltbelange zu informieren sowie regelmäßige Umweltberichte zu erstellen.

Die betriebspraktischen Erfahrungen bezüglich der Integration des Umweltschutzes in die Organisationstruktur zeigen allerdings, daß umweltschutzbedingte Änderungen der Organisationsstruktur bisher eher partieller Natur sind, d.h. daß sie überwiegend in einzelnen Funktionsbereichen ansetzen und funktionsbereichsübergreifende bzw. -vernetzende Konzepte eher die Ausnahme darstellen[207]. Entsprechende Befragungen machen darüber hinaus deutlich, daß der betriebliche Umweltschutz fast ausnahmslos dem technischen Bereich des Unternehmens zugeordnet wird[208].

---

[206] Verankert ist der Betriebsbeauftragte im Bundes-Immissionsschutzgesetz (§§ 53-58), im Wasserhaushaltsgesetz (§§ 21a-21g) sowie im Abfallgesetz (§§ 11a-11f).

[207] Vgl. Umweltbundesamt (Hrsg.), Umweltorientierte Unternehmensführung. Möglichkeiten zur Kostensenkung und Erlössteigerung - Modellvorhaben und Kongress. (Berichte des Umweltbundesamtes, 11/91.). Berlin 1991, S. 296f.

[208] Vgl. Umweltbundesamt (Hrsg.), Umweltorientierte a.a.O., S. 298.

5.1.3. Umweltbezogenes Absatzmarketing

Der Funktionsbereich des Absatzmarketings war der erste Bereich, in dessen Zusammenhang die Unternehmen umweltrelevante Fragestellungen auf freiwilliger Basis in ihr betriebswirtschaftliches Entscheidungskalkül einbezogen. Zunächst bestand das sich dann entwickelnde "Öko-Marketing" zumeist in der Vermarktung von als "Bio-Produkte" bezeichneten Varianten solcher Erzeugnisse, die bis dahin schon als normale "Versionen" vertrieben wurden. Somit "hängten" sich viele Unternehmen an die Strategie der Erzeuger sog. "alternativer" Produkte, die zu Beginn der Bio-Welle vor allem dem Nahrungsmittelbereich zuzurechnen waren. Es kam allerdings schnell der Verdacht auf, daß sich viele (auch die sog. alternativen) Anbieter lediglich von der sich stetig verstärkenden "Öko-Welle" mittragen lassen und somit einen Teil des ebenfalls stetig steigenden Marktvolumens abschöpfen wollten, ohne daß die als "umweltfreundlich" apostrophierten Güter in vielen Fällen tatsächlich als signifikant weniger umweltschädlich eingestuft werden konnten als ihre traditionellen Pendants. In der Zwischenzeit hat sich - unterstützt durch die intensive wissenschaftliche Diskussion zu diesem Thema - eine weitaus differenziertere Konzeption des "Öko-Marketings" entwickelt und auch schon bei vielen Unternehmen durchgesetzt. Ziel ist demnach nicht nur eine kurzfristige Umsatzmaximierung, sondern die langfristige Bestands- und Ertragskraftsicherung. Die sich hieraus ergebenden Marketingkonzepte betreffen nicht nur die Absatzplanung bzw. -förderung, sondern erfordern zunehmend Umorientierungen bezüglich fast aller betrieblichen Funktionsbereiche (siehe oben), bis hin zur Unternehmensphilosophie und den hierauf basierenden Managementmethoden[209].

Es existieren eine Fülle von Faktoren, die sowohl Chancen als auch Risiken für umweltorientierte Marketingmaßnahmen beinhalten können. Hierzu zählen u.a.[210]:

- Umweltpolitische Aktivitäten des Gesetzgebers (Gesetze, Verordnungen, Auflagen),
- Umweltbewußtsein der Öffentlichkeit, Einstellungs-, Werte- und Verhaltensänderung des (potentiellen) Abnehmerkreises,
- Umweltbewußtsein und Verhalten der Absatzmittler (Handel),
- Umweltbezogene Aktivitäten der Konkurrenten sowie
- Entwicklungen im Bereich der Wissenschaft und Forschung.

Diese Faktoren stellen, je nachdem, welche Einschätzung sie durch die im Unternehmen Verantwortlichen erfahren, quasi den Rahmen für umweltorientiertes

---

[209] Vgl. F. Wimmer und R. Schuster, Ökologisches Marketing. In: Umweltbundesamt (Hrsg.) (Berichte des Umweltbundesamtes, 11/91.), S. 843.

[210] Vgl. H. Meffert, M. Kirchgeorg und H. Ostmeier, Werbestrategien. In: Bundesverband Junger Unternehmer (Hrsg.), Umweltschutz-Berater. Köln 1992, Kap. 7.1., S. 3f.

Management dar und üben wesentlichen Einfluß auf die konkrete Ausgestaltung der Marketingkonzeption aus.

Bis zur Entscheidung über den Einsatz bestimmter Marketingkonzepte sind allerdings noch einige Zwischenschritte erforderlich[211]. Zunächst muß die ökologische Position des Unternehmens festgestellt werden, indem die Chancen und Risiken in der Umwelt (externe Faktoren) sowie die diesbezüglichen Stärken und Schwächen der Unternehmung (interne Faktoren) identifiziert werden. Hieran anschließend sollte die Festlegung der Marketingziele erfolgen, wobei die bisherigen bzw. die in diesem Zusammenhang möglicherweise neu zu definierenden Unternehmensgrundsätze (Unternehmensphilosophie, s.o.) als Basis dienen. Darauf folgt die konkrete Ausformulierung der ökologiegerechten Marketingstrategien, auf deren Grundlage schließlich über den Einsatz der jeweiligen Marketinginstrumente (im Rahmen eines Marketing-Mix) entschieden werden kann. Üblicherweise zählen hierzu die Produktpolitik, die Preis- und Rabattpolitik, die Kommunikationspolitik und die Distributionspolitik[212].

Grundsätzlich kann davon ausgegangen werden, daß alle der genannten Marketinginstrumente ihren Teil zur erfolgreichen Vermarktung umweltfreundlicher Produkte beitragen können. Allerdings haben Befragungen unter mittelständischen Einzelhandelsunternehmen ergeben, daß der Produkt- bzw. Sortimentspolitik die entscheidende Rolle zukommt[213]. Gerade mit Hilfe dieses Instrumentariums ist es besonders gut möglich, eine Segmentierung von Märkten - sowohl Trennung umweltfreundlicher von traditionellen Produktvariationen als auch unterschiedlicher Öko-Varianten untereinander - vorzunehmen. Der Kennzeichnung der Produkte mit sogenannten "Umweltlabels" kommt in diesem Zusammenhang eine besondere Bedeutung zu, wobei sie allerdings den tatsächlichen "Öko-Gehalt" der Produkte widerspiegeln sollte, um auch langfristig das Vertrauen der Konsumenten gewinnen zu können. Unter den vielen Öko-Labels ist das Umweltzeichen ("Blauer Engel") in diesem Zusammenhang als ein sehr gut geeignetes Instrument zu nennen, da es dem Verbraucher verläßliche und nachvollziehbare Hinweise in - aus ökologischer Sichtweise - oftmals wenig übersichtlichen Märkten gibt.

---

[211] Vgl. H. Meffert und F. Schubert, Bedeutung der Ökologie für das Marketing. Theoretische Konzeption und empirische Ergebnisse. In: H. Meffert und H. Wagner (Hrsg.), Ökologie und Marketing - Bestandsaufnahme und Erfahrungsberichte. (Dokumentationspapiere der Wissenschaftlichen Gesellschaft für Marketing und Unternehmensführung, Nr. 38.) Münster 1987.

[212] Einen Überblick über den gegenwärtigen Stand der Öko-Marketing-Literatur gibt H. Meffert und G. Kirchgeorg, Marktorientiertes Umweltmanagement. Grundlagen und Fallstudien. Stuttgart 1992, sowie P. Kotler and G. Armstrong, Principles of Marketing. 5nd. ed., Englewood Cliffs 1991.

[213] Vgl. BBE-Unternehmensberatung (Hrsg.), Die Entwicklung eines marktfähigen Umweltschutz-Marketing-Konzepts für das mittelständische Einzelhandelsunternehmen. Köln 1992.

Die bisherigen Erfahrungen haben gezeigt, daß mit dem Umweltzeichen sowohl

- die Unternehmen über die Öffnung von Märkten und verstärkte Produktinnovation sowie eine bessere und schnellere Marktdurchsetzung
- als auch die Umwelt über eine spürbare Reduktion der in den Produkten bisher enthaltenen Schadstoffen

profitieren. Positive Wirkungen hat die Markierung von Produkten mit dem Umweltzeichen Befragungsergebnissen zufolge vor allem auf die Wettbewerbsposition, die Zufriedenheit der Kunden, das Image bei den Verbrauchern sowie nicht zuletzt auch auf die Kooperationsbereitschaft des Handels[214].

Noch heute ist allerdings gerade im Marketingbereich teilweise lediglich eine "halbherzige" Hinwendung zum Umweltschutz als Unternehmensstrategie zu verzeichnen. Dies bedeutet, daß viele Unternehmen Umweltschutzargumente lediglich plakativ verwenden, um kurzfristige Gewinnsteigerungen zu erzielen, ohne ein wirklich neues, auf einer umweltorientierten Unternehmensphilosophie basierendes Marketingkonzept zu verfolgen.

Eine andere Beobachtung ist die, daß Unternehmen, die im Grunde eine umweltorientierte Unternehmensstrategie verfolgen und bereits auf allen betrieblichen Ebenen und Funktionsbereichen Umweltschutzargumenten eine besondere Bedeutung beimessen, im Marketingbereich aufgrund von (möglicherweise nur vorübergehenden) Absatzschwierigkeiten die eingeschlagene Linie wieder verlassen. Dies kann zu Image- und Vertrauensverlusten bei den Konsumenten führen, so daß derartige (kurzsichtige) Marketingmaßnahmen das gesamte umweltorientierte Unternehmenskonzept in Frage stellen können.

Somit bleibt festzuhalten, daß dem "Öko-Marketing" als Schnittstelle zwischen der Unternehmensstrategie und dem Konsumenten eine entscheidende Rolle zukommt. Als verfehlt müssen solche Maßnahmen betrachtet werden, die einer langfristig angelegten umweltorientierten Strategie entgegenstehen. Dies gilt für

- rein plakative Öko-Marketing-Maßnahmen **ohne** entsprechende ganzheitliche Unternehmensphilosophie wie für
- vorhandene umweltorientierte Unternehmensstrategien **ohne** entsprechende ökologisch motivierte Marketingmaßnahmen.

---

[214] Vgl. H. Meffert und H. Ostmeier, a.a.O., S. 144f.

5.1.4. Betriebliche Umwelt-Informationssysteme als Ergänzung der Kostenrechnung

Betriebliche Informationssysteme dienen zum einen der betrieblichen Planung, Steuerung und Kontrolle (interne Funktion) und zum anderen der Kommunikation zwischen Unternehmen und dem Umfeld (externe Funktion)[215]. Zu den sonst üblichen, regelmäßig im Unternehmen erstellten Rechnungssystemen (Kostenrechnung, Gewinn- und Verlustrechnung usw.) und Bilanzen können, teilweise hierauf aufbauend, umweltbezogene Informationssysteme entwickelt werden. Zu diesen Informationssystemen gehören

- Sozial- bzw. Öko-Bilanzen,
- die Ökologische Buchhaltung,
- Stoff- und Energiebilanzen,
- Produktfolge- und Produktlinienanalysen.

Die Zusammenfassung und Aufbereitung der Ergebnisse aller genannten Informationssysteme sollte im Rahmen eines sog. Umweltschutz- bzw. Öko-Audit erfolgen. Gemäß der Definition der Internationalen Handelskammer (ICC) ist Öko-Audit definiert als "Management-Instrument, das einer systematischen, dokumentierten, periodischen und objektiven Beurteilung dient, wie gut Umweltschutzorganisation, -management, -einrichtung funktionieren, um den Schutz der Umwelt zu fördern durch:

1. Erleichterung der Kontrolle von Umweltschutzmaßnahmen durch die Unternehmensführung;
2. Feststellung der Erfüllung unternehmenspolitischer Vorgaben, was auch die Einhaltung behördlicher Auflagen umfaßt."[216]

Neben der innerbetrieblichen Kontroll- und Lenkungsfunktion kann das Umweltschutz-Auditing helfen, die Umweltbelastungen, die aufgrund von sog. Informationsasymmetrien bisher nicht verursachungsgerecht zugerechnet werden konnten, aufgrund der veröffentlichten Information dann adäquat zuzurechnen. Die in diesem Zusammenhang genannten Informationsungleichheiten können bestehen zwischen[217]

---

[215] Vgl. L. Wicke, H.-D. Haasis, F. Schafhausen und W. Schulz, a.a.O., S. 489.

[216] zitiert nach H.W. Adams, Umweltschutz-Audit. In: Bundesverband Junger Unternehmer (Hrsg.), Umweltschutz-Berater. Handbuch für wirtschaftliches Umweltmanagement im Unternehmen. Köln 1991. Kap. 4.9.5., S. 3.

[217] Vgl. hierzu und zum folgenden H. Karl, Öko-Audits - Ein sinnvolles Informationskonzept für Umweltbelastungen? "Wirtschaftsdienst", Hamburg, Jg. 72 (1992), S. 370ff.

- Herstellern und Käufern; wenn die Käufer nicht über die tatsächlich vom Hersteller zu verantwortenden Umweltbelastungen informiert sind, können sie die Hersteller nicht durch die Rückführung ihrer Nachfrage "sanktionieren";
- in der Grundlagenforschung tätigen Wissenschaftlern (Experten) und den Unternehmen; Umwelt-Audits können die Unternehmen veranlassen, sich besser als bisher über den jeweiligen Stand der Umwelttechnik zu informieren.
- Herstellern und Dritten; die Urheber von Umweltrisiken sind oftmals besser über die Wirkungen ihrer Produktionsweise informiert als Aufsichtsbehörden und die betroffene Bevölkerung; Umwelt-Audits können zu einer Verbesserung der Information führen.

Im Zusammenhang mit der Vergabe eines europäischen Umweltzeichens sieht die Europäische Gemeinschaft ein amtliches Prüfungsverfahren vor, dessen Grundlage eine freiwillige Umwelterklärung im Sinne des erwähnten Öko-Audits sein soll[218]. Hier könnte sich eine weitere Chance für die Unternehmen bieten, ihre möglicherweise bestehende Marktposition durch offensive Umweltinformationspolitik zu stärken.

5.1.5. Erfolgskriterien umweltorientierter Managementstrategien

Die Einführung umweltbezogener Managementstrategien in Unternehmen führt nicht nur zu einer erweiterten bzw. neuen Definition der Unternehmensziele und hiermit einhergehend einer Umgestaltung der betrieblichen Organisation, des Absatzmarketings sowie der Anwendung neuer Informationsinstrumente, sondern ebenfalls zu einer Erweiterung der bisherigen betriebswirtschaftlichen Erfolgskriterien.

Diese Erweiterung ergibt sich insbesondere durch die oben genannte stärkere Integration der Unternehmen in das gesellschaftliche Umfeld. Im Rahmen der traditionellen Sichtweise waren aus diesem Umfeld bisher lediglich die Gesetzgebungsorgane für betriebliche Entscheidungen von Relevanz. Mehr und mehr erlangt allerdings nicht nur das Erfolgskriterium der **Legalität** unternehmerischen Handelns - in Form der Befolgung vorgeschriebener Umweltgesetze - an Bedeutung, sondern ebenfalls das Kriterium der **Legitimität**[219]. Dieses Erfolgskriterium wird dann erfüllt, wenn über die Legalität hinaus Veränderungen gesellschaftlicher Werthaltungen bezüglich der natürlichen Umwelt und die hieraus resultierenden Anforderungen eines umweltschonenden Wirtschaftens weitestgehend berücksichtigt werden. Wie bereits erwähnt, ist die Erfüllung der Legitimität kein Selbst-

---

[218] Zu dem problematischen Ansinnen des bisherigen Richtlinien-Entwurfs, nicht nur die quantitative Bilanzierung der Umweltbelastungen, sondern auch die Ausgestaltung des Umweltmanagements zu normieren, siehe H. Karl, a.a.O., S. 371f.

[219] Vgl. zu dieser Unterscheidung der Erfolgskriterien S. Schaltegger und A. Sturm, S. 134ff.

zweck, sondern kann im Zuge einer Imageverbesserung letztendlich zu einer Stärkung der Marktposition des Unternehmens und somit der schnelleren Erreichung weiterer traditioneller Erfolgskriterien führen.

Zu diesen traditionellen betriebswirtschaftlichen Kriterien zählt die **Effizienz** unternehmerischen Handelns, die in unterschiedlichen Kennzahlen wie Deckungsbeitrag oder Gewinn (finanzwirtschaftliche Effizienz) bzw. Produktivität (leistungsbezogene Effizienz) gemessen wird. Mit Hilfe eines erweiterten Informationsinstrumentariums - etwa in Form von Öko-Bilanzen - sollten diese traditionellen Effizienzkennzahlen um eine weitere, nämlich die ökologische Effizienz, ergänzt werden. Diese gibt das Verhältnis zwischen dem Output (Produktion, Wertschöpfung) und den durch die betrieblichen Prozesse (direkt und indirekt) verursachten Emissionen[220] an und kann als ein Maß für qualitatives Wachstum angesehen werden.

Jüngsten Befragungsergebnissen[221] zufolge scheinen bisher nur wenige Unternehmen die Chancen zu nutzen, die der Umweltschutz als strategischer Wettbewerbsvorteil im Zusammenhang mit der Einführung umfassender Umweltmanagementkonzepte bietet. Zwar gab - wie zuvor erwähnt - die Hälfte der befragten Unternehmen an, aktive Umweltmanagementkonzepte zu verfolgen. Lediglich wiederum die Hälfte dieser Unternehmen erkennt darin auch die Möglichkeiten eines Wettbewerbsvorteils, die allerdings kaum, so zumindest die Einschätzung der Autoren der Studie, von den entsprechenden Unternehmen genutzt werden. Ein wesentlicher Grund für die doch große Zurückhaltung der Unternehmen bei der Einführung umweltorientierter Unternehmensstrategien scheint die Einschätzung zu sein, daß Umweltschutzbelange kurzfristig einen eher negativen Einfluß auf traditionelle Erfolgskennzahlen wie Gewinn, Rendite und Liquidität haben. Während bezüglich dieser Erfolgskriterien von einer vergleichsweise langen "Durststrecke" von bis zu vier Jahren ausgegangen wird, scheinen sich Umweltschutzaktivitäten derzeit bereits in Form von Imagegewinnen sowohl bei den Kunden und der Öffentlichkeit als auch bei den eigenen Mitarbeitern auszuzahlen. Ob die Berücksichtigung von Umweltschutzbelangen tatsächlich erst nach mehreren Jahren, oder aber nicht schon sehr viel früher auf die betrieblichen Erfolgskennziffern "durchschlägt", hängt zum einen von der adäquaten Umsetzung entsprechender Managementkonzepte - wie zuvor beschrieben - und zum anderen von der Akzeptanz der Kunden bzw. des weiteren Unternehmensumfeldes ab. Auf die letztere soll im nachfolgenden Abschnitt eingegangen werden.

---

[220] Diesen Emissionsstrom bezeichnen Schaltegger und Sturm im Vergleich zur ökonomischen Wertschöpfung als ökologische "Schadschöpfung". Vgl. S. Schaltegger und A. Sturm, a.a.O., S. 141.
[221] Vgl. hierzu und zum folgenden Dr. Wieselhuber & Partner Unternehmensberatung (Hrsg.).

5.2. Umweltschutz als gesellschaftliches Ziel

Umfrageergebnissen zufolge scheint das Umweltbewußtsein der Bevölkerung in der Bundesrepublik Deutschland in jüngster Zeit stark zugenommen zu haben: bereits 1988 wurde ihm unter den in der Bundesrepublik Deutschland am dringendsten zu lösenden Problemen eine gleich große Bedeutung zuerkannt wie der Arbeitslosigkeit, seitdem liegt der Umweltschutz bei Befragungen zumeist an erster Stelle[222]. Als mit Abstand wichtigster Problembereich wird von der bundesdeutschen Bevölkerung nach wie vor die Luftverschmutzung angegeben, dies gilt für West- wie für Ostdeutschland (vgl. Tabelle 5.1-1)[223]. An zweiter Stelle steht in Westdeutschland die Ozonloch-Problematik, die ostdeutsche Bevölkerung mißt demgegenüber den Problemen der Abfallbeseitigung einen größeren Stellenwert zu.

Tabelle 5.1-1

Stellenwert umweltrelevanter Probleme in West- und Ostdeutschland 1991; in vH der Befragten		
Problembereich	West	Ost
Luftverschmutzung	41	53
Ozonloch	24	20
Trinkwasser	19	24
Abfallbeseitigung	18	49
Waldsterben	19	29
Klimaveränderung	16	19
Kernkraft	15	2
Meeresverschmutzung	14	10
Bodenverseuchung	10	17
Verkehr	7	25
Belastete Lebensmittel	7	8
Aussterbende Pflanzen und Tiere	6	7
Überbevölkerung	2	3
Regenwälder	2	11
Lärm	1	4
Sonstiges	15	8
Keine Angaben	9	2
Nach Angaben des Instituts für praxisorientierte Sozialforschung, Mannheim		

Betrachtet man die Entwicklung der Bedeutung des Umweltschutzes im internationalen Vergleich, so ist erkennbar, daß 1991 gegenüber 1989 bis auf wenige Aus-

---

[222] Vgl. H. Heyder, Ökologiebewußtsein und Marketing. In: R. Szallies und G. Wiswede (Hrsg.), Wertewandel und Konsum. Fakten, Perspektiven und Szenarien für Markt und Marketing. Landsberg am Lech 1990, S.342, Abb. 1.

[223] Die Fragestellung lautet: "Wenn Sie an die Zukunft unserer Umwelt denken, was befürchten Sie da am meisten?" Mehrfachnennungen waren möglich. Vgl. Institut für praxisorientierte Sozialforschung (Hrsg.), Einstellungen zu Fragen des Umweltschutzes 1991. Mannheim 1991, S. 12.

nahmen (Italien, Griechenland, Spanien) ein deutlicher Anstieg des Bevölkerungsanteils zu verzeichnen ist, der dem Umweltschutz eine besondere Bedeutung beimißt (vgl. Tabelle 5.2-1). Die in der Tabelle ausgewiesenen Befragungsergebnisse zeigen auch, daß Fragen des Umweltschutzes in der Bundesrepublik Deutschland im Vergleich zu anderen europäischen Staaten nach wie vor die größte Bedeutung zukommt.

Tabelle 5.2-1

Bedeutung des Umweltschutzes für die Bevölkerung in den Ländern der EG[1]
1989 und 1991; in vH der Befragten

Land	1989	1991
Italien	75	75
Griechenland	80	80
Luxemburg	80	86
Deutschland	91	94
Dänemark	80	88
Spanien	70	72
Portugal	60	65
Großbritannien	48	54
Niederlande	78	89
Belgien	58	59
Irland	38	59
Frankreich	29	56

Nach Angaben der EG-Kommission. - [1]Fragestellung: "Hat der Umweltschutz für Sie eine große Bedeutung?"

Die Einschätzung der Umweltproblematik im Vergleich zu anderen Problembereichen im internationalen Zusammenhang deutet darauf hin, daß immer dann, wenn insbesondere ökonomische Probleme wie Inflation oder Arbeitslosigkeit an Bedeutung zunehmen, dies zu Lasten der Aufmerksamkeit bezüglich des Umweltschutzes geht (vgl. die Befragungsergebnisse für Frankreich und Italien in Tabelle 5.2-2). Die große Bedeutung des Umweltschutzes für die Bevölkerung der Bundesrepublik Deutschland zu Beginn der neunziger Jahre ist somit möglicherweise (auch) das Ergebnis einer im internationalen Vergleich recht günstigen konjunkturellen Entwicklung[224].

---

[224] Die genannten Befragungsergebnisse sollten allerdings zurückhaltend interpretiert werden, da vor allem im Hinblick auf die zeitliche Vergleichbarkeit der Ergebnisse Zweifel angebracht sind. So wird in der Tabelle 5.2-1 eine deutliche Bedeutungszunahme des Umweltschutzes für

Tabelle 5.2-2

Wichtige Probleme in Westeuropa				
Politik- bereich	Land	in vH der Befragten		
		1988	1989	1991
Sicherheit	BR Deutschland	12	8	6
	Frankreich	8	7	7
	Italien	8	7	11
	Großbritannien	7	7	6
Steuern	BR Deutschland	48	54	63
	Frankreich	40	41	43
	Italien	20	20	20
	Großbritannien	30	30	36
Arbeitsplätze	BR Deutschland	60	54	63
	Frankreich	50	56	67
	Italien	50	50	54
	Großbritannien	65	68	70
Sozialpolitik	BR Deutschland	30	40	53
	Frankreich	20	22	26
	Italien	38	38	41
	Großbritannien	65	68	69
Preise	BR Deutschland	12	12	14
	Frankreich	18	24	27
	Italien	24	28	31
	Großbritannien	39	45	48
Umweltschutz	BR Deutschland	68	72	76
	Frankreich	24	36	35
	Italien	18	50	47
	Großbritannien	23	40	43
Nach Angaben der EG-Kommission.				

Der allgemeinen Anerkennung umweltbezogener "Leistungen" der (insbesondere Konsumgüter produzierenden) Unternehmen durch die Bevölkerung etwa im Zu-

---

Frankreich ausgewiesen, obwohl gerade in Frankreich auch die Arbeitslosigkeit stark zugenommen hat (Vgl. auch Tabelle 5.3).

sammenhang mit Maßnahmen im Rahmen eines offensiven Umweltmanagements scheint unter Berücksichtigung entsprechender Befragungsergebnisse sowohl in der Bundesrepublik Deutschland als auch im europäischen Ausland nichts im Wege zu stehen. Allerdings werden die bisherigen umweltrelevanten Leistungen insbesondere der Industrie von der bundesdeutschen Bevölkerung relativ niedrig eingeschätzt. Im Vergleich zu anderen umweltpolitischen Akteuren wie Bürgerinitiativen oder öffentlichen (kommunalen bzw. staatlichen) Entscheidungsinstanzen schneiden Industrie und Handel bei der Bewertung durch die Bevölkerung am schlechtesten ab (vgl. Tabelle 5.2-3).

Tabelle 5.2-3

Stellenwert umweltpolitischer Akteure im Meinungsbild der Bevölkerung 1991; Skalenmittelwerte in Punkten[1]		
Akteure	West	Ost
Bürgerinitiativen	8,6	5,3
Gemeinden	5,5	3,9
Staat	5,4	4,8
Bürger	4,9	4,2
Industrie	3,9	2,8
Handel	3,5	2,3
Nach Angaben des Instituts für praxisorientierte Sozialforschung, Mannheim. - [1]Es bedeuten: 0 Punkte = Akteure tragen am wenigsten zum Umweltschutz bei; 10 Punkte = Akteure tragen am meisten zum Umweltschutz bei.		

Auf der anderen Seite werden umweltpolitische Maßnahmen der Unternehmen, die sich beispielsweise in einer Zunahme des Angebots umweltverträglicher Produkte niederschlagen können, von den Haushalten nicht in dem Ausmaß belohnt, wie dies vielleicht möglich wäre. Im wesentlichen geht es hierbei um den Zusammenhang zwischen Umweltbewußtsein und tatsächlichem Konsumverhalten. Die Ergebnisse entsprechender Untersuchungen, die zumeist auf repräsentativen Befragungen beruhen, ergeben zumindest für die Bundesrepublik Deutschland kein einheitliches Bild. So wird zum einen insgesamt ein wachsender Trend zum Umweltverhalten konstatiert[225], zum anderen wird darauf hingewiesen, daß Ein-

---

[225] Vgl. H. Heyder, a.a.O., S. 343ff.

stellungen und Kaufverhalten im Gegensatz zueinander stehen[226]. Sicherlich ist davon auszugehen, daß sich in einigen Konsumsegmenten das gestiegene Umweltbewußtsein der Verbraucher auch in einem entsprechenden Verhalten niedergeschlagen hat. Zu denken ist beispielsweise an den Bereich der Haushaltschemikalien, wo umweltfreundlichere Produktvarianten einen immer größeren Marktanteil gewinnen[227]. Dies mag auch für andere Teilsegmente der Fall sein. Insgesamt allerdings bleibt festzuhalten, daß auf gesamtwirtschaftlicher Ebene noch nicht von einem "Durchbruch" des Umweltbewußtseins hin zu spürbarem Umweltverhalten gesprochen werden kann. Die gegenwärtige Dominanz ökonomischer Einflußfaktoren geht auch aus Befragungsergebnissen hervor: lediglich 9 vH der Befragten kaufen auch dann umweltfreundliche Produkte, wenn diese teurer als die umweltschädlicheren Produktvarianten sind[228]. Immerhin 47 vH gaben an, Öko-Produkte zu erwerben, wenn diese nicht teurer sind. So verhinderten beispielsweise ökonomische Einflußfaktoren wie Einkommen und Preise trotz gestiegenen Umweltbewußtseins einen nachhaltigen Rückgang des mengenmäßigen Pro-Kopf-Verbrauchs bei Haushaltschemikalien[229]. Der bisher vergleichsweise geringe Einfluß des Umweltbewußtseins auf das tatsächliche Konsumverhalten der Haushalte macht darüber hinaus deutlich, daß von einer weiteren Zunahme des Bewußtseins allein kein nennenswerter Beitrag zur Verringerung der konsuminduzierten Umweltschäden zu erwarten ist[230].

Zu konstatieren ist somit, daß sich das Bewußtsein des unternehmensbezogenen gesellschaftlichen Umfelds bezüglich ökologischer Probleme zwar verändert hat und die Ansprüche an die Unternehmen, was ihre Verantwortung für die natürliche Umwelt betrifft, deutlich zugenommen haben. Es scheint jedoch so zu sein, daß diese Ansprüche von der Bevölkerung bzw. den Konsumenten oftmals selbst nicht erfüllt werden. So sollen Unternehmen umweltschonende Produktionsverfahren anwenden bzw. umweltfreundliche Produkte herstellen, die sich möglicherweise ergebenden erhöhten Kosten wollen die Konsumenten - wie oben erwähnt - über erhöhte Preise jedoch nicht akzeptieren. Derartige Verhaltensweisen der Konsumenten führen wiederum dazu, daß der Umweltschutzgedanke nicht nachhaltig in die Unternehmensstrategie Eingang findet. Bei entsprechenden Befragungen gab zumindest

- ein Drittel der Unternehmen an, daß die Konsumenten noch nicht bereit seien, für ökologisch bessere Produkte auch mehr zu bezahlen;

---

[226] Vgl. H. Gierl, Ökologische Einstellungen und Kaufverhalten im Widerspruch. "Markenartikel", Wiesbaden, Jg. 49 (1987), S.2ff.

[227] Vgl. o.V., Öko-Trend bei Wasch-, Putz- und Reinigungsmitteln ungebrochen. "Der Verbraucher", Hamburg, Heft Nr. 7, 1992, S. 9ff.

[228] Vgl. H. Kaiser (Hrsg.), a.a.O., S. 192.

[229] Vgl. R. Graskamp. u.a., a.a.O., S. 154.

[230] Dies bedeutet, daß die Reagibilität des Konsums in bezug auf das Umweltbewußtsein zunehmen muß.

- ein Viertel der Unternehmen an, daß die Markttransparenz über ökologische Produkte noch zu gering ist[231].

Erst wenn sich der umweltbezogene Wertewandel stärker in einem glaubwürdigen Wandel der Konsumgewohnheiten niederschlägt, ist zu erwarten, daß sich die Unternehmen noch stärker als bisher an dem erwähnten Erfolgskriterium der Legitimität orientieren und umweltorientierte Managementpraktiken einführen. Zu erwarten ist, daß ein derartiges Wechselspiel zwischen gesellschaftlichem und unternehmerischem Bewußtseinswandel ein tatsächlich umweltschonenderes Wirtschaften ermöglicht.

5.3. Kosten und Nutzen des Umweltschutzes im gesamtwirtschaftlichen Kontext

Standen in der Vergangenheit vor allem die aus verschärften Umweltschutzanforderungen resultierenden einzel- wie gesamtwirtschaftlichen Kosten im Vordergrund der Betrachtung, werden seit einiger Zeit die Kosten der Umweltbelastungen und der hierdurch induzierte (gesamtwirtschaftliche) Nutzenverlust verstärkt thematisiert. Hierbei steht die Frage im Vordergrund, ob die entsprechenden Maßnahmen nicht auch dazu führen, daß zwar auf betriebswirtschaftlicher Ebene eine Netto-Kostenbelastung zu verzeichnen bzw. zu erwarten ist, die hiervon ausgehenden Effekte: Entlastung der Umwelt, Verringerung der Kosten der Umweltbelastungen und somit Steigerung der gesamtwirtschaftlichen Wohlfahrt (Verringerung des Nutzenverlustes), die Kosten im Rahmen einer gesamtwirtschaftlichen Perspektive dann jedoch (über-)kompensieren.

Voraussetzung für eine derartige Gegenüberstellung von Kosten und Nutzen ist allerdings, daß der Nutzen des Umweltschutzes (bzw. die Kosten der Umweltbelastung) möglichst vollständig erfaßt und - um eine Vergleichbarkeit mit den entsprechenden Kosten zu gewährleisten - bewertet werden. Im Gegensatz zu der Erfassung der internen Kosten der Unternehmen, die generell in bewerteten monetären Einheiten vorliegen, müssen die externen Kosten der Umweltverschmutzung bzw. der Nutzen des Umweltschutzes in der Regel erst noch ermittelt werden. Da der Nutzen eine ordinal skalierte Größe darstellt, wurden im Rahmen der umweltökonomischen Forschung eine ganze Reihe von Konzepten entwickelt, um eine kardinale, monetär bewertbare Näherungsgröße zu "konstruieren". Hierbei hat sich das Konzept der "Zahlungsbereitschaft" durchgesetzt[232]. Bei diesem Konzept geht es um die Frage, wieviel ein Individuum bereit wäre zu zahlen, um eine Verbesserung der Umwelt (z.B. Verminderung der Luftbelastung, Verringerung der Lärmbelastung u.ä.) oder aber einen Wert "an sich" (Ressourcenschonung oder Arterhaltung) als Gegenwert zu erhalten. Das Konzept

---

[231] Vgl. Umweltbundesamt (Hrsg.), Unternehmensorientierte Unternehmensführung, a.a.O., S. 558.

[232] Vgl. hierzu und dem folgenden A. Endres, J. Jarre, P. Klemmer und K. Zimmermann, Der Nutzen des Umweltschutzes. (Berichte des Umweltbundesamtes, 12/91.) Berlin 1991, S. 26ff.

setzt allerdings voraus, daß die sich aus der Umweltbelastung ergebenden Schäden ökonomisch bewertet werden müssen. Ist dies bei materiellen Schäden (Einkommens- und Vermögensminderungen, erhöhte Reinigungs- oder Materialerneuerungskosten) am ehesten möglich, wird der Bewertung immaterieller Schäden (Geruchsbelästigungen, Ruhestörungen, Verlust des Freizeitwertes usw.) und der Beeinträchtigung der Gesundheit aus ethischen und methodischen Gründen mit großem Vorbehalt begegnet. Diesem "Bewertungsdilemma" insbesondere in bezug auf immaterielle Schäden kann man allerdings dann nicht entfliehen, wenn die Notwendigkeit einer Abschätzung der Kosten und des Nutzens, und somit der Rentabilität umweltpolitischer Maßnahmen weiterhin gesehen wird. Verzichtet man auf die Bewertung immaterieller Schäden, wird der tatsächliche Nutzen des Umweltschutzes in den meisten Fällen deutlich unterschätzt und werden umweltpolitische Fehlentscheidungen wahrscheinlicher[233].

Auch zur Ermittlung und Bewertung der Kosten der Umweltverschmutzung wurden im Rahmen der umweltökonomischen Forschung eine Reihe von Verfahren entwickelt[234]. Hierzu gehören die Analyse von Produktionskostendivergenzen, von individuellen Anpassungsverhalten, von Marktpreisdivergenzen sowie direkte Befragungstechniken. Jedes der Ermittlungsverfahren hat sowohl Vorteile als auch Nachteile, auf die an dieser Stelle nicht näher eingegangen werden soll[235]. Es ist allerdings einsichtig, daß die Vergleichbarkeit verschiedener Nutzenschätzungen mit unterschiedlichen Ermittlungsverfahren problematisch ist. Auf der anderen Seite kann schon aus methodischen Gründen nicht jede Nutzenschätzung mit ein und demselben Verfahren erfolgen.

Trotz dieser vielfältigen Schwierigkeiten liegt bis heute eine Vielzahl von Zahlungsbereitschaftsanalysen und darauf aufbauenden "Rentabilitätsberechnungen" vor. Die "Rentabilität" einer umweltpolitischen Maßnahme wird hierbei durch das Verhältnis aller bewerteten Nutzen der Umweltschutzmaßnahme und aller entstehenden Kosten (Nutzen-Kosten-Verhältnis) bestimmt. Gesamtwirtschaftlich "lohnend" sind solche Maßnahmen, deren Nutzen-Kosten-Verhältnis größer als eins ist. In diesem Zusammenhang ist allerdings darauf hinzuweisen, daß die Berechnung eines Nutzen-Kosten-Verhältnisses von größer als eins keinen automatischen "Vollzug" entsprechender Umweltschutzmaßnahmen nach sich zieht, zumal wie erwähnt in der Praxis keine exakte Erfassung insbesondere der Nutzen möglich ist. Es mag in vielen Fällen aber (außerökonomische) Gründe dafür geben,

---

[233] Zu einer eingehenden Auseinandersetzung mit der Bewertungsproblematik vgl. A. Endres u.a., a.a.O., S. 29ff. und die dort angegebene Literatur.

[234] In diesem Zusammenmhang ist auch auf das Forschungsschwerpunktprogramm "Kosten der Umweltverschmutzung - Nutzen des Umweltschutzes" des Bundesumweltministeriums zu verweisen. Vgl. dazu Bundesminister für Umwelt, Naturschutz und Reaktorsicherheit (Hrsg.), "Umwelt", Beilage zu Heft 9, Bonn, Jg. 1991.

[235] Vgl. A. Endres u.a., S. 31ff. und die dort angegebene Literatur.

daß auch solche umweltpolitischen Maßnahmen durchgeführt werden, deren Nutzen-Kosten-Verhältnis unter eins liegt[236].

Wie sehen nun die Nutzen-Kosten-Verhältnisse bereits durchgeführter bzw. geplanter Umweltschutzmaßnahmen in der Bundesrepublik Deutschland aus? Zur Beantwortung dieser Frage kann eine vom Umweltbundesamt in Berlin in Auftrag gegebene Auswertung ausgewählter Nutzen-Kosten-Analysen für die Bundesrepublik Deutschland und die anderer Staaten herangezogen werden[237]. Die detaillierte Auswertung der Arbeiten für die Bundesrepublik Deutschland ergab (vgl. Tabelle 5.3-1)[238], daß (bis auf drei Maßnahmenvarianten) die Spannweite der berechneten Nutzen-Kosten-Verhältnisse - vielfach deutlich - über Eins liegt, die entsprechenden Umweltschutzprojekte können demnach als gesamtwirtschaftlich rentabel angesehen werden.

Als ein Beispiel sei die Großfeuerungsanlagenverordnung (GFAVO) aus dem Jahre 1983 herausgegriffen. Im Zuge dieser Verordnung wurden von den Betreibern von Großfeuerungsanlagen ca. 30 Mrd. DM investiert[239], die als Kosten in die Rentabilitätsberechnung eingehen. Bis zum Jahre 1988 gingen die Emissionen (Schwefeldioxid, Stickoxide und Staub) aufgrund dieser Verordnung um insgesamt 1,6 Mill. t zurück, was einem bewerteten Nutzengewinn von etwa 60 Mrd. DM entspricht[240]. Das Nutzen-Kosten-Verhältnis liegt dementsprechend (je nachdem, welche Diskontierungsrate bei den Kosten angesetzt wird) etwa bei 2.

Die anhand der in der Tabelle 5.3-1 ausgewiesenen Nutzen-Kosten-Verhältnisse günstige Einschätzung umweltpolitischer Maßnahmen unter wirtschaftlichen Aspekten ist nicht auf die Bundesrepublik Deutschland beschränkt. So führte die Auswertung von über 100 nationalen und internationalen Studien durch Witte u.a. zu ähnlichen Ergebnissen. Wie aus der Tabelle 5.6 hervorgeht, betreffen über zwei Drittel der analysierten Umweltschutzmaßnahmen die Medien Wasser und Luft, wobei die Maßnahmen zur Luftreinhaltung die größte Streubreite der ermittelten Rentabilitäten (Nutzen-Kosten-Verhältnisse) aufweisen. Die Berechnung des im Durchschnitt zu erwartenden Nutzen-Kosten-Verhältnisses für alle Umweltbereiche ergab einen Wert von tendenziell und im Durchschnitt deutlich

---

[236] Hierbei ist insbesondere an Maßnahmen zur akuten Gefahrenabwehr zu denken.

[237] Vgl. H. Witte, M. Weinberger und R. Willeke, Umweltschutzmaßnahmen und volkswirtschaftliche Rentabilität. (Berichte des Umweltbundesamtes, 4/92.) Berlin 1992.

[238] Für eine ausführliche Darstellung der Auswertungsergebnisse vgl. H. Witte, M. Weinberger und R. Willeke, a.a.O., S. 131ff.

[239] Vgl. Rheinisch-Westfälisches Institut für Wirtschaftsforschung (Hrsg.), Kosten und Erträge der Energieerzeugung in der Bundesrepublik Deutschland. Gutachten im Auftrag der Gasunie b.V. Essen 1989.

[240] Vgl. H. Witte, M. Weinberger und R. Willeke, a.a.O., S. 166.

Tabelle 5.3-1

Nutzen-Kosten-Verhältnis ausgewählter umweltpolitischer Maßnahmen	
Maßnahme	Nutzen-Kosten-Verhältnis
Verminderung der Schwefeldioxidemission durch Entschwefelung von Dieselkraftstoffen	
Entschwefelung von 0,3 auf 0,2 vH	14,3 - 20,0
Entschwefelung von 0,3 auf 0,1 vH	4,3 - 6,0
Entschwefelung von 0,3 auf 0,05 vH	2,4 - 3,3
Einführung des geregelten Katalysators bei Nutzfahrzeugen	1,2 - 3,3
Großfeuerungsanlagenverordnung von 1983	
im Jahr 1988	1,5 - 2,4
im Jahr 1993	1,7 - 2,7
Landwirtschaftsbezogene Maßnahmen zur Einhaltung des Nitratgrenzwertes von 50 mg NO_3/l Trinkwasser	
bei geringer Viehhaltung	0,9 - 4,1
bei hoher Viehhaltung	0,7 - 1,9
Lärmarme Straßenbeläge	2,2 - 3,0
Technische Lärmminderungsmaßnahmen an Kraftfahrzeugen	0,8 - 1,6
Maßnahmen zum Schutz von Arten und Biotopen	
Flächenanspuch an ländl. Gebiete 2,4 Mio ha	4,0 - 9,9
Flächenanspuch an ländl. Gebiete 3,4 Mio ha	2,4 - 5,9
Flächenanspuch an ländl. Gebiete 2,5 Mio ha sowie an Städt. Siedlungsgebiete 25.900 ha	1,5 - 4,8
Entstaubungsanlage für das Industriekraftwerk Amsdorf	7,4 - 12,0
Nach Angaben von H. Witte, M. Weinberger, R. Willeke, S. 204.	

über Eins[241]. Es bleibt somit festzuhalten, daß sich die Mehrheit der umweltpolitischen Maßnahmen aus gesamtgesellschaftlicher sowie gesamtwirtschaftlicher Sicht durchaus "lohnt". Dies gilt insbesondere dann, wenn berücksichtigt wird, daß viele der von Witte u.a. ausgewerteten Nutzen-Kosten-Analysen vor allem auf der Nutzenseite Quantifizierungslücken aufweisen. Somit stellen nach Auffassung der Autoren die in der Tabelle 5.3-2 ausgewiesenen Werte der Nutzen-Kosten-Verhältnisse eher Unter- als Obergrenzen dar[242].

Tabelle 5.3-2

Übersicht der Ergebnisse ausgewählter Nutzen-Kosten-Analysen			
Umweltbereiche	Anzahl der Studien	Streubereich	gewogener Mittelwert[1]
gesamter Umweltbereich	114	0 - 192,8	
Umwelt	3	0,49 - 2,08	1,3
Wasser	46	0 - 81,7	3,8
Lärm	8	0,003 - 88,02	7,0
Energie[a]	3	0,15 - 1,73	0,9
Verkehr	5	0,46 - 4,96	1,9
Abfall	2	0,09 - 1,18	0,6
Luft[b]	37	0,0033 - 192,8	6,4
Land- und Forstwirtschaft	7	0 - 2,22	1,0
Nahrungsmittel	1	0,1 - 8,5	4,3
Wirtschaftswissenschaft[2]	1	0,5 - 1,11	0,8
Boden	1	0,4	0,4

Nach Angaben von H. Witte, M. Weinberger und R. Willeke, S. 117. - [1]Eigene Berechnungen, s. die Erläuterungen im Text. - [2]Maßnahmen zur Schadstoffkontrolle. - [a]Nicht berücksichtigt wurde eine Studie mit einem NKV von 544. - [b]Nicht berücksichtigt wurde eine Studie mit einem NKV von 0 - 311.

---

[241] Der Berechnung wurden jeweils die Streubereichs-Mitten der Nutzen-Kosten-Verhältnisse der einzelnen 114 untersuchten Maßnahmen zugrunde gelegt. Jeweils eine Studie im Energie- und Luftbereich wurden aufgrund ihrer deutlich überdurchschnittlichen Nutzen-Kosten-Verhältnisse nicht berücksichtigt.

[242] Vgl. H. Witte, M. Weinberger und R. Willeke, a.a.O., S. 212.

Im Hinblick auf die Tatsache, daß viele Umweltschutzmaßnahmen eine nicht zu vernachlässigende volkswirtschaftliche Rentabilität aufweisen, können im Kontext mit dem hier vorliegenden Thema folgende Konsequenzen erwartet werden[243]:

(1) Die Ergebnisse von Kosten-Nutzen-Analysen führen dann, wenn sie einer breiten Öffentlichkeit bekannt werden, zu einer Erhöhung des Umweltbewußtseins sowie einem stärkeren Zusammenhang zwischen Bewußtsein und Umweltverhalten. Die Honorierung der von Unternehmen durchgeführten umweltverbessernden Maßnahmen durch ein entsprechendes Nachfrageverhalten von seiten der privaten Haushalte würde sich in diesem Fall verstärken.

(2) Die vor allen auch von Unternehmerseite geforderte **Versachlichung** der umweltpolitischen Diskussion wird durch derartige Analysen gefördert.

(3) Insbesondere auch die Unternehmen haben ein vitales Interesse an der effizienten Verwendung knapper finanzieller Mittel durch den Staat. Nutzen-Kosten-Analysen tragen dazu bei, daß diese Mittel in solche Bereiche gelenkt werden, wo sie den größten Überschuß (Nutzen minus Kosten) erzielen.

(4) Im Zusammenhang mit der sog. Internalisierung externer Effekte (verursachungsgerechte Zurechnung der Umweltschäden) beispielsweise durch die Erhebung von Umweltabgaben werden Informationen über die (monetarisierte) Höhe des verursachten Umweltschadens benötigt. Auch die Unternehmen sollten daran interessiert sein, daß die Lasten (Kosten) umweltpolitischer Maßnahmen verursachungsgerecht verteilt werden.

(5) Schließlich ist an die gesamtgesellschaftliche und -wirtschaftliche Verantwortung auch der Unternehmen zu erinnern. Selbst wenn Umweltschutzmaßnahmen kurzfristig unter einzelwirtschaftlichen Aspekten unrentabel erscheinen, wird sich der Erhalt bzw. die Verbesserung des Produktionsfaktors "Umwelt" als gesellschaftliches Ziel auf mittlere und lange Sicht bezahlt machen und die Standortqualität der Bundesrepublik Deutschland für Unternehmen verbessern.

Abschließend ist darauf hinzuweisen, daß eine automatische Anwendung von Nutzen-Kosten-Analysen in der umweltpolitischen Praxis bisher eher die Ausnahme als die Regel darstellt. Die jüngst vorgestellten Überlegungen zu einer Art "Technische Anleitung Nutzen-Kosten-Analyse Umweltschutz"[244] lassen jedoch vermuten (oder zumindest hoffen), daß Nutzen-Kosten-Analysen in Zukunft eine

---

[243] Vgl. in diesem Zusammenhang auch die oftmals genannten Gründe, die für die Durchführung von Nutzen-Kosten-Analysen angeführt werden in W. Schulz und L. Wicke, Die Kosten der Umweltverschmutzung - Beispiel: Waldsterben. "Umwelt und Energie", Jg. 7 (1986), S. 61, sowie W. Schulz und E. Schulz, Zur umweltpolitischen Relevanz von Nutzen-Kosten-Analysen in der Bundesrepublik Deutschland. "Zeitschrift für Umweltpolitik und Umweltrecht", Frankfurt a.M., Jg. 14 (1991), S. 309.

[244] Vgl. W. Schulz und E. Schulz, a.a.O., S. 329.

deutlich stärkere Anwendung finden als bisher, mit entsprechenden Konsequenzen auch für die Unternehmen.

Als Ergebnis der Frage nach der Bedeutung des Umweltschutzes als einzelwirtschaftliches und gesellschaftliches Ziel kann festgehalten werden, daß die Einführung und Integration von Elementen offensiver Umweltmanagementmethoden

- zu einer spürbaren Entlastung der Umwelt führen können, und dabei
- auch auf einzelwirtschaftlicher Ebene durchaus Kostenreduzierungen und/oder Ertragssteigerungen zur Folge haben können,
- um so erfolgreicher durchgeführt werden können, je größer die Bedeutung des Umweltschutzes als Ziel für alle wirtschaftlichen Akteure ist.

Auch dann, wenn auf einzel- wie gesamtwirtschaftlicher Ebene Gewinneinbußen bzw. finanzielle Mehrbelastungen der Wirtschaftssubjekte zu erwarten sind, kann der über die Reduzierung der Umweltbelastungen zu erwartende Nutzengewinn diese Kostenbelastung überkompensieren und somit zur Steigerung der "gesellschaftlichen Wohlfahrt" führen.

6. Zusammenfassung

6.1. Grundlegende Zusammenhänge

(1) Die seit einigen Jahren erkennbaren Veränderungen in der weltwirtschaftlichen Arbeitsteilung, wirtschaftspolitische Entwicklungen in Europa und nicht zuletzt die finanziellen Lasten der deutschen Einheit werden zum Anlaß genommen, die Qualität des Produktionsstandortes Bundesrepublik Deutschland (erneut) in Zweifel zu ziehen. Als Belastungsfaktoren werden dabei die im internationalen Vergleich hohen Lohn- bzw. Lohnnebenkosten und Unternehmenssteuern, aber auch überdurchschnittliche Aufwendungen für den Umweltschutz genannt.

(2) Es ist nicht zu bestreiten, daß in der Bundesrepublik Deutschland vergleichsweise strenge und weitreichende Vorschriften zum Schutz der natürlichen Lebensgrundlagen gelten. Diese Auflagen stellen für die deutschen Unternehmen aber - insgesamt betrachtet - nicht nur einen Kostenfaktor, sondern auch ein Ertragspotential dar, das sie in zunehmendem Maße zu nutzen verstehen. Davon abgesehen, ist eine hochentwickelte und leistungsfähige Volkswirtschaft ohne eine intakte Umwelt heute kaum mehr vorstellbar, mit den veränderten Bedürfnissen der Menschen nicht mehr vereinbar.

(3) Zweifellos hat der schrittweise Aufbau eines umfassenden Gesetzes- und Verordnungswerkes zum Umweltschutz, wie er in der Bundesrepublik Deutschland in den siebziger und achtziger Jahren zu beobachten war, die betroffenen Unternehmen vor vielfältige und unerwartete Anpassungslasten gestellt, nicht zuletzt, weil die deutsche Umweltpolitik häufig nationale Alleingänge gewagt hat bzw. wagen mußte. Inzwischen zeichnet sich jedoch ab, daß auch andere Länder - zumindest die hochentwickelten westlichen Industrieländer - dem Umweltschutz einen deutlich höheren Stellenwert beimessen. Überdies ist - spätestens mit dem Eintritt in ihre Ausreifungs- und Konsolidierungsphase seit Beginn der neunziger Jahre - die Umweltpolitik in der Bundesrepublik Deutschland zu einem festen, vorhersehbaren und kalkulierbaren Bestandteil des gesamtwirtschaftlichen Rechtsrahmens für privatwirtschaftliches Handeln in der Marktwirtschaft geworden.

(4) Dies schließt nicht aus, daß aus ökonomischer Sicht noch manche Wünsche offengeblieben sind, eine Umorientierung, mindestens aber eine Akzentverschiebung wünschbar wäre: Die Chancen einer ökonomieverträglichen, standortsichernden Umweltpolitik sind um so größer,

- je weniger die unternehmerischen Handlungsspielräume eingeschränkt werden. Dies betrifft u.a. die erforderlichen Produktions-, Technik- oder Inputentscheidungen oder die Reihenfolge, in der Anpassungen an einzelnen Quellen erfolgen;

- je mehr unternehmensinterne Austauschprozesse ermöglicht werden. Auf diese Weise kann sichergestellt werden, daß umweltpolitisch gebotene Anpassungen dort erfolgen, wo dies zu geringsten (volkswirtschaftlichen) Kosten möglich ist;
- je harmonischer die Umweltpolitik in die gesamte Wirtschafts- und Gesellschaftspolitik eingebettet wird. Neben einer umweltbewußten Bildungs- und F&E-Politik gehört dazu das Bemühen, einen Ausgleich zwischen belastenden Wettbewerbseffekten der Umweltpolitik und der Förderung der internationalen Wettbewerbsfähigkeit zu finden;
- je vorhersehbarer die Umweltpolitik ist. Langfristige, in den Produktionsprozeß integrierte Maßnahmen zum Schutz der Umwelt werden so erleichtert, kurzfristige (d.h. in der Regel additive) Reaktionsweisen werden vermieden.

Vor diesem Hintergrund wäre etwa der stärkere Einsatz ökonomischer Instrumente - z.B. von Kompensations- oder Verhandlungslösungen - durchaus erwünscht.

(5) Darüber hinaus sollte angestrebt werden, die Umweltpolitik noch stärker als bisher mit der allgemeinen Wirtschafts- und Gesellschaftspolitik zu verzahnen: Die Chancen zur Umsetzung vorgegebener Umweltstandards werden zweifellos durch stabile Wachstums- bzw. Konjunkturverläufe gefördert, etwa indem

- der (vorzeitige) Ersatz umweltbelastender Aggregate und Verfahren durch eine lebhafte Investitionstätigkeit angeregt, ihre Finanzierung durch steigende Einnahmen ermöglicht wird,
- die Entwicklung und Diffusion moderner Querschnitts- und Schlüsseltechnologien beschleunigt wird, da die Unternehmen positive Wachstumserwartungen hegen,
- die Finanzierung der staatlichen Umweltinvestitionen durch wachsende Staatseinnahmen erleichtert wird,
- die Marktdurchdringung mit umweltschonenden Produkten beschleunigt wird, da die Konsumenten bei steigendem Einkommen am ehesten bereit und in der Lage sind, höhere Preise für diese Produkte hinzunehmen.

(6) Vor allem in der Europäischen Gemeinschaft, aber auch darüber hinaus sind Angleichungstendenzen im Umweltschutz erkennbar. Die europäische Umweltschutzpolitik hat in den Mitgliedstaaten der Gemeinschaft bereits in den vergangenen Jahren zu einer deutlichen Annäherung des Regelungswerkes in den Mitgliedstaaten geführt. Die Kommission der Europäischen Gemeinschaften wird den Druck verstärken, daß die EG-Vorschriften formell und materiell umgesetzt werden. Darüber hinaus werden sich die Bemühungen um internationale Vereinheitlichung - bereits unter Wettbewerbsaspekten - intensivieren. Als Faktor für Standortentscheidungen zwischen Industrieländern wird der Umweltschutz daher weiter an Bedeutung verlieren.

(7) In der wirtschaftspolitischen Diskussion werden die Begriffe "internationale Wettbewerbsfähigkeit" und "Standortqualität" oftmals synonym verwendet. Bei näherer Betrachtung freilich zeigt sich, daß hiermit durchaus unterschiedliche Sachverhalte angesprochen sein können; internationale Wettbewerbsfähigkeit und hohe Standortqualität können, müssen aber nicht zusammenfallen: Im ersten Fall stehen vor allem die sicht- und meßbaren Erfolge eines Landes im internationalen Handel zur Diskussion, im zweiten Fall dagegen die fundamentalen, eher angebotsseitigen Faktoren, also etwa die verfügbaren Produktionsfaktoren, die Infrastrukturausstattung, die Nähe zu den Absatz- und Beschaffungsmärkten oder die gesetzlichen und institutionellen Rahmenbedingungen sowie die gesamtwirtschaftlichen Präferenzen und Wertsysteme sowie das Maß an politischem und sozialem Konsens in einer Gesellschaft.

(8) Wie empirische Untersuchungen zu Standortentscheidungen zeigen, spielen neben den harten ökonomischen Fakten - wie Lohnkosten, Produktivität und produktionsnaher Infrastrukturausstattung - die sog. weichen Standortfaktoren - der Wohn- und Freizeitwert einer Region, das kulturelle Angebot, die Fühlungsvorteile oder Imagewerte eine zunehmend wichtige Rolle. Nicht zuletzt als Folge des zunehmenden Gewichts der Dienstleistungen im Angebot der hochentwickelten Volkswirtschaften gewinnt dabei die Umweltqualität, die auch durch eine wirksame Umweltschutzpolitik erreicht oder bewahrt wird, als positiver Standortfaktor eine größere Bedeutung. Eine gesunde Umwelt wird ein immer wichtigeres Kriterium für die Standortwahl der Unternehmen. Mit steigender Qualifikation der Arbeitskräfte nehmen auch die Ansprüche an das Umfeld am Wohn- und Arbeitsort zu. Mit der europäischen Interpretation dürften diese Faktoren auch für die internationale Standortentscheidungen an Bedeutung gewinnen.

6.2. Die Kosten des Umweltschutzes

(9) Warnungen, daß sich die Standortbedingungen in der Bundesrepublik Deutschland verschlechtert hätten, verweisen häufig auf Unternehmensrenditen und Direktinvestitionen als Indikatoren der Standortqualität. Die empirischen Befunde hierzu ergeben aber durchaus keine eindeutig negative Beurteilung, so daß viele Stellungnahmen, die Gefahren für den "Standort Deutschland" in dramatischer Form beschwören, als überzogen anzusehen sind.

(10) Als besonders wichtige Einflußgrößen der Standortqualität gelten neben den Umweltschutzkosten die Arbeitskosten und Unternehmenssteuern. Internationale Vergleiche der Höhe der Belastung durch diese Kostenkomponenten haben in einzelnen Untersuchungen zu einer ungünstigen Einschätzung der Position der Bundesrepublik Deutschland geführt. Solche Vergleiche sind allerdings aus einer Reihe von methodischen Gründen problematisch, so daß sich die Schlußfolgerun-

gen als wenig tragfähig erweisen. Auch berücksichtigen die negativen Schlußfolgerungen nicht die gleichzeitig erreichten Vorteile für die Effizienz des Gesamtsystems. Im Zeitvergleich lassen sich teilweise Entlastungen für die Unternehmen in der Bundesrepublik Deutschland feststellen. Damit wird Raum geschaffen für Maßnahmen, bei denen der Belastung positive Auswirkungen auf die Standortqualität gegenüberstehen. Das ist beim Umweltschutz besonders augenfällig.

(11) Die Bedeutung der Umweltschutzausgaben im Verhältnis zur Wirtschaftsleistung ist in der Bundesrepublik Deutschland im internationalen Vergleich hoch. Die Bundesrepublik Deutschland gehört außerdem zu den wenigen Ländern, in denen dieser Anteil seit Anfang der achtziger Jahre gestiegen ist. Auch ist der Anteil der Umweltschutzausgaben, die von den Unternehmen getätigt werden, hier höher als in den meisten Vergleichsländern. Allerdings ist der Abstand zu wichtigen Konkurrenzländern gering.

(12) Ein Anteil von 1,6 vH am Bruttosozialprodukt im Jahr 1990 weist die Umweltschutzausgaben nicht als entscheidenden Belastungsfaktor für die Standortqualität aus. So wird für militärische Zwecke beispielsweise anderthalbmal so viel ausgegeben.

(13) Das relativ geringe durchschnittliche Gewicht der umweltschutzbedingten Kosten der Unternehmen wird durch die Daten der Umweltökonomischen Gesamtrechnung des Statistischen Bundesamtes bestätigt. Gemessen am Produktionswert machten die Gesamtaufwendungen - d.h. die laufenden Personal- und Sachausgaben und die Abschreibungen - des Produzierenden Gewerbes für Umweltschutz im Jahr 1990 nur 0,7 vH aus.

Die Gesamtausgaben für Umweltschutz - d.h. die laufenden und die Investitionsausgaben - sind in der Vergangenheit deutlich höher gewesen als die Gesamtaufwendungen, und zwar um bis zu über 60 vH in der Elektrizitäts- und Wasserwirtschaft. Dies ist typisch für die Anlaufphase der Umweltpolitik, in der Umweltschutzanlagen aufgebaut werden. Ohne eine weitere Forcierung der Umweltschutzanforderungen können die betroffenen Unternehmen in der Phase danach mit einer verringerten Liquiditätsbelastung rechnen.

Diese Angaben schließen keine vom Staat und von privaten und öffentlichen Entsorgern bezogenen Umweltschutzleistungen ein. Aber auch unter Berücksichtigung dieser "Umweltschutzleistungen für Dritte" belaufen sich im Jahr 1986 in keinem Produktionsbereich die Aufwendungen für Umweltschutz auf mehr als 2,5 vH des Produktionswertes.

(14) Tiefer gegliederte Informationen liegen nur für die Umweltschutzinvestitionen vor. Es ist zu vermuten, daß die einzelnen Unternehmen nur im Abstand von mehreren Jahren Umweltinvestitionen tätigen. In jedem einzelnen Jahr spielen sie

jeweils nur für relativ wenige Unternehmen eine Rolle; im Produzierenden Gewerbe (ohne Baugewerbe) investierten jeweils weniger als 10 vH der Unternehmen in Umweltschutz. Im Durchschnitt der Unternehmen des Verarbeitenden Gewerbes betrug der Anteil der Umweltschutzinvestitionen an den Gesamtinvestitionen in der zweiten Hälfte der achtziger Jahre weniger als 12 vH. Einzelne Unternehmen sind durch Umweltschutzinvestitionen erheblich stärker als der Durchschnitt belastet, vor allem in den Energie- und Bergbausektoren, der chemischen Industrie, der Mineralölverarbeitung und der Metallerzeugung. In einzelnen Wirtschaftszweigen reicht der Anteil der Unternehmen, die jeweils in Umweltschutz investieren, über mehrere Jahre hinweg bis zu über 80 vH (NE-Leicht- und Schwermetallhütten).

Der Anteil der Umweltschutz- an den Gesamtinvestitionen machte für einige wenige Wirtschaftszweige bis zu über 30 vH aus. Davon hatten allerdings nur zwei - die Elektrizitätsversorgung und die Herstellung von chemischen Grundstoffen - größeres Gewicht.

Auch bei den Umweltschutzinvestitionen zeigt sich eine Entlastung der Unternehmen nach einer Phase des Aufbaus von Umweltschutzeinrichtungen. In jüngster Zeit läßt sich eine Gewichtsverschiebung erkennen, die auf neue Schwerpunkte hindeutet. Im Bergbau und in der Energie- und Wasserversorgung sind die Anteile der Umweltinvestitionen an den Gesamtinvestitionen zurückgegangen; in den Wirtschaftsbereichen des Verarbeitenden Gewerbes waren sie etwas höher als im Durchschnitt der früheren Jahre.

(15) Die Unternehmen werden auch durch Abgaben zur Finanzierung von öffentlichen Aufgaben im Umweltbereich belastet. Diese Belastung hat vermutlich überproportional zugenommen: Die Einnahmen der öffentlichen Haushalte in umweltschutzrelevanten Aufgabenbereichen, die zum - unbekannten - Teil allerdings auch von privaten Haushalten stammen, sind in der Vergangenheit stärker gestiegen als die entsprechenden Ausgaben; die Kostendeckungsgrade haben sich erhöht. Ein weiterer überproportionaler Anstieg ist möglich, wenn bisher nicht berücksichtigte Kosten stärker einbezogen werden.

(16) Bei der Umsetzung der Umweltschutznormen - Genehmigungsverfahren, Auflagen, Sanktionen, Rechtsmittel, Kontrollen und Informationspflichten - zeigt der Vergleich der administrativ-rechtlichen Bestimmungen zwischen Industrieländern ein Gefälle in der Regelungsdichte. Die vergleichsweise hohe Regelungsdichte in der Bundesrepublik Deutschland kann sich hemmend auswirken, birgt als Vorteil allerdings auch hohe Rechtssicherheit, während weniger präzise Regelungswerke andernorts die Gestaltungsspielräume vergrößern, verbunden allerdings mit der Gefahr von Behördenwillkür.

6.3. Finanzhilfen im Umweltschutz

(17) Durch öffentlich finanzierte Umweltschutzmaßnahmen, für die der Staat im Jahr 1990 mit 19,6 Mrd. DM mehr als das Produzierende Gewerbe (18,5 Mrd. DM) ausgab, werden auch für die Unternehmen Infrastrukturvorleistungen zur Verfügung gestellt. Darin sind auch öffentlich finanzierte FuE-Ausgaben für Umweltschutz enthalten, durch die der Staat zu den Kosten der Entwicklung standortverbessernder umweltschonender und oft auch wirtschaftlich verbesserter Produktionstechniken beiträgt. Die Bundesrepublik Deutschland nimmt dabei weltweit eine Spitzenstellung ein. Schließlich werden die Unternehmer durch staatliche Förderung ihrer Umweltschutzmaßnahmen entlastet.

(18) Umweltspezifische Fördermaßnahmen werden in Deutschland von der EG, dem Bund sowie einzelnen Bundesländern in Form von steuerlichen Begünstigungen, Zuschüssen, günstigen Krediten oder Kreditgarantien in einer nahezu unübersehbaren Vielfalt angeboten. Darüber hinaus können Vergünstigungen in Anspruch genommen werden, die nicht primär oder ausschließlich dem Umweltbereich vorbehalten sind, sondern allgemein der Förderung von FuE, Infrastrukturmodernisierung und Regionalentwicklung dienen. Eine Quantifizierung der gesamten staatlichen Unterstützung von Umweltschutzausgaben ist derzeit aus statistischen und methodischen Gründen nicht möglich.

(19) Das Volumen der umweltspezifischen Fördermaßnahmen des Bundes für Unternehmen ist gering, aber schnell steigend. Es betrug 1990 fast 2,5 Mrd. DM im Vergleich zu 133 Mio. DM für 1970 und hat sich allein in den letzten 5 Jahren verdoppelt. Der Anteil betrug 1991 2,3 vH der gesamten Subventionen des Bundes. Die Hilfen scheinen adäquat strukturiert zu sein; die wichtigsten begünstigten Branchen waren die Elektrizitätsversorgung und die Chemische Industrie, also Branchen, die auch besonders hohe Umweltschutzausgaben aufweisen.

6.4. Unternehmerische Anpassungsreaktionen und ökonomische Wirkungen der Kosten des Umweltschutzes

(20) Auch wenn in der Umweltpolitik der Bundesrepublik Deutschland ordnungsrechtliche Ansätze nach wie vor überwiegen und ökonomische Anreizsysteme nur schwach ausgeprägt sind, so stehen den Unternehmen doch eine Reihe unterschiedlicher Instrumente und Strategien offen, mit denen sie auf die vom Staat verfügte Einschränkung bzw. Verteuerung der Umweltnutzung reagieren können. Allerdings ist nicht zu übersehen - und in der Aufbau- bzw. Ausbreitungsphase der Umweltpolitik auch zu erwarten -, daß die deutschen Unternehmen bislang

- vorwiegend defensiv reagiert haben, d.h. auf umweltpolitische Vorgaben eher hinhaltend und zögerlich eingegangen sind. Ein offensives, umweltbewußtes Unternehmensmanagement scheint eher die Ausnahme als die Regel zu sein;
- den sog. additiven Umweltschutz gegenüber integrierten Umweltschutztechnologien eindeutig bevorzugt haben: Mit den eingesetzten finanziellen Mitteln wurden in aller Regel vorhandene Anlagen ergänzt - etwa um Abluftfilter oder Abwasserreinigungsanlagen - die Aufwendungen für neuartige, umweltschonende Produktionstechniken waren, soweit erkennbar, bislang von eher untergeordneter Bedeutung.

Anhand von zahlreichen Beispielen läßt sich aber auch belegen, daß die Unternehmen spätestens in der Ausreifungs- und Konsolidierungsphase der Umweltpolitik die direkten und indirekten Umwelteffekte der Produktion zunehmend antizipativ berücksichtigen, dem Vorsorgegedanken stärker Rechnung tragen und auf problemverlagernde Anpassungen verzichten. Es entstehen sektorübergreifende, umweltrelevante Schlüsseltechnologien, die nicht nur einen effizienteren Umweltschutz ermöglichen, sondern auch die Basis der sich entwickelnden "Umweltschutzindustrie" sind (vgl. dazu Abschnitt 6.5.).

(21) Am Beispiel von zehn als besonders umweltintensiv eingestuften Branchen (unter ihnen die Elektrizitätserzeugung, die Chemische Industrie, die Eisen- und Stahlindustrie und die Zellstoff- und Papiererzeugung) wird gezeigt, daß sich die (empirisch feststellbaren) Auswirkungen der Umweltschutzaufwendungen auf die Entwicklung von Preisen und Absatzmengen bzw. Produktion und Beschäftigung in den einzelnen Wirtschaftsbereichen in vergleichsweise engen Grenzen halten. Allerdings ist nicht auszuschließen, daß die Unternehmen in vielen Fällen dem Rentabilitätsdruck durch eine Steigerung der Arbeitsproduktivität, notfalls auch auf dem Wege des Arbeitsplatzabbaus, zu begegnen versucht haben. Gleichwohl sind auch insoweit einheitliche Verlaufsmuster nicht festzustellen.

(22) Beim Export von umweltintensiv produzierten Gütern sind keine Nachteile der Bundesrepublik Deutschland gegenüber wichtigen Konkurrenzländern festzustellen. Dies deutet darauf hin, daß die Kostenunterschiede aufgrund verschiedener Umweltstandards nicht so gravierend sind, daß die internationale Wettbewerbsfähigkeit der Bundesrepublik Deutschland gefährdet würde.

(23) Diese Erkenntnisse bzw. Hypothesen werden im Prinzip durch eine detaillierte Analyse der ökonomischen und ökologischen Entwicklung in ausgewählten Branchen (Elektrizitätswirtschaft, Chemische Industrie, Eisenschaffende Industrie sowie Zellstoff-, Papier- und Pappeerzeugung und Maschinenbau) erhärtet.

6.5. Erträge aus der Produktion von Umweltschutzgütern

(24) Mit zunehmender Erfahrung bei der Anpassung an Umweltknappheiten und nach Einnahme umweltbezogener Vorreiterpositionen wachsen im Zeitablauf die Chancen, Erträge im Zusammenhang mit Umweltschutzgütern zu erzielen. Neben den entsprechenden Verkaufserlösen sind dabei Lizenz- und Patenteinnahmen von zunehmender Bedeutung. Eine Gegenüberstellung von umweltbezogenen Patentanmeldungen und Umweltschutzausgaben zeigt, daß die Bundesrepublik Deutschland im internationalen Vergleich bei den umweltbezogenen Patentanmeldungen deutlicher dominiert als bei den umweltbezogenen Gesamtausgaben. Ein hoher Anteil privater Umweltschutzausgaben an den gesamten Umweltschutzausgaben korreliert mit einer starken Position des betreffenden Landes bei den umweltbezogenen Patentanmeldungen. Auf diese Weise sind anfängliche Belastungen der Industrie durch den Umweltschutz die Grundlage späterer Wettbewerbsvorteile.

(25) Indirekte, aber ebenfalls standortverbessernde Erträge aus Umweltschutzanstrengungen fallen an in der Form

- umweltschonender und zugleich wirtschaftlich verbesserter Produktionstechniken,
- verbesserter Voraussetzungen für umweltsensible Wirtschaftsbereiche wie z.B. Fischerei, Wasserversorgung, Fremdenverkehr, Land- und Forstwirtschaft,
- besserer Attrahierbarkeit und höherer Motivation qualifizierten Personals.

(26) Die quantitative Abschätzung des Marktvolumens für Umweltschutzgüter in der Bundesrepublik Deutschland ist nur näherungsweise möglich, da es eine allgemein anerkannte Marktabgrenzung bislang nicht gibt und begriffliche Unschärfen (bei sog. dual-use-Produkten) prinzipiell nicht zu vermeiden sind. Nach einer vom Statistischen Bundesamt vorgenommenen Sonderauswertung der Produktionsstatistik belief sich der Wert der vom Verarbeitenden Gewerbe in den alten Bundesländern produzierten Umweltschutzgüter im Jahre 1988 auf knapp 24 Mrd. DM; andere Berechnungen kommen zu z.T. erheblich höheren Marktvolumina. Schwerpunkte des Angebots an Umwelttechniken finden sich außer im Baugewerbe vor allem im Maschinenbau und in der Elektrotechnik. Damit werden vermutlich nur in geringem Umfang Unternehmen, die durch Umweltschutzkosten stark belastet sind, über die Nachfrageseite auch direkt begünstigt. Über den wirtschaftlichen Kreislauf profitieren allerdings letztlich alle Wirtschaftsbereiche von Umweltschutzausgaben.

(27) In Ostdeutschland existiert das technologische Potential für den Aufbau einer Umweltschutzgüterindustrie, so daß auch in dieser Region Erträge aus der anstehenden ökologischen Sanierung erzielt werden können. Allerdings haben ostdeutsche Anbieter von Umwelttechnik gegenwärtig noch Absatzprobleme, die teilweise

auf das niedrige technische Niveau, teilweise aber auch auf Markteintrittsbarrieren zurückgehen.

(28) Eine Analyse der internationalen Wettbewerbsfähigkeit der deutschen Industrie bei umweltschutzrelevanten Gütern bestätigt eindrucksvoll die Bedeutung der "early home demand": Die frühzeitige Erprobung innovativer Technologien im Inland, die dann auch in anderen Ländern nachgefragt werden, verschafft inländischen Produzenten internationale Wettbewerbsvorteile. Damit kann die deutsche Ausgangsposition in diesem zukunftsträchtigen Markt als ausgeprochen günstig angesehen werden.

(29) Von der Nachfrage nach Umweltschutzgütern gehen - neben den erwähnten negativen Erlös- und Beschäftigungswirkungen - in zunehmendem Maße auch positive Produktions- und Beschäftigungseffekte aus. Dabei sind neben den direkten Effekten der Endnachfrage (nach Umweltschutzgütern) auch die sog. indirekten Produktions- und Beschäftigungseffekte zu berücksichtigen, die sich aus der Nachfrage der Umweltschutzindustrie nach Vorleistungsgütern (Roh- Hilfs- und Betriebsstoffen usw.) ergeben. Diese Zusammenhänge können mittels der Input-Output-Analyse aufgedeckt werden. Als Ergebnis entsprechender Berechnungen ist festzuhalten, daß von den Umweltschutzaufwendungen des Jahres 1988 direkt (bei den entsprechenden Branchen) und indirekt (bei den Vorleistungslieferanten) ein Produktionswert von etwa 45 Mrd. DM (in Preisen von 1980) induziert und ein Beschäftigungsvolumen von etwa 323 000 Erwerbstätigen (d.h. etwa 1,2 vH der Erwerbstätigen der deutschen Volkswirtschaft insgesamt) gesichert wurde. In diesen Zahlen sind allerdings weder die beim Staat mit Umweltschutzaufgaben betrauten Personen noch die in der privaten Entsorgungswirtschaft, im Altstoffhandel oder in der Exportwirtschaft tätigen Erwerbspersonen enthalten. Unter Einschluß dieser Personengruppen kann davon ausgegangen werden, daß bereits im Jahre 1988 in den alten Bundesländern etwa eine halbe Million Erwerbspersonen direkt oder indirekt von der Nachfrage nach Umweltschutzgütern abhing. Im übrigen kann durch Simulationsrechnungen - hier mit dem RWI-Strukturmodell - gezeigt werden, daß eine Umschichtung der staatlichen Ausgaben zugunsten des Umweltschutzes (etwa zu Lasten der Rüstungsausgaben) keine ins Gewicht fallenden gesamtwirtschaftlichen, aber sehr wohl deutliche sektorale Produktions- und Beschäftigungseffekte auslösen würde.

(30) Ein regionaler Zusammenhang zwischen Belastungen und Begünstigungen durch den Umweltschutz ist beim Verarbeitenden Gewerbe nicht feststellbar. Für die übrigen Wirtschaftsbereiche ist anzunehmen, daß durch Umweltschutzausgaben Unternehmen in derselben Region begünstigt werden.

(31) Weitere wirtschaftliche Konsequenzen von Umweltschutzmaßnahmen, die die unbestreitbaren Kostennachteile zumindest teilweise weitgehend wettmachen können, werden am Beispiel der Wärmerückgewinnung aus Prozeß- und Raum-

abluft verdeutlicht: In einem Zehnjahreszeitraum steht den dazu erforderlichen Investitionen ein Siebenfaches an Erträgen aus Energieeinsparungen gegenüber.

6.6. Umweltschutz als einzelwirtschaftliches und gesellschaftliches Ziel

(32) Veränderungen umweltbezogener Standortbedingungen stellen eine Chance für das unternehmerische Handeln dar, wenn die entsprechenden Maßnahmen über kurzfristige, situationsbezogene Reaktionen hinaus in eine langfristig angelegte Unternehmensstrategie eingebettet werden. Eine solche Strategie wirkt sich auch auf den in den traditionellen betriebswirtschaftlichen Kennzahlen (Effektivität, Rentabilität, usw.) gemessenen Unternehmenserfolg aus.

(33) Die unternehmerischen Reaktionen auf veränderte Umweltschutzanforderungen sollten möglichst offensiv sein. Dies bedeutet, daß über die bereits bestehenden Anforderungen hinaus künftig zu erwartende Regelungen schon frühzeitig in den Prozeß der betrieblichen Entscheidungsfindung Eingang finden, weil

- Pioniergewinne abgeschöpft werden können,
- Erfahrungen gesammelt und in Form weiterer Innovationen umgesetzt werden können,
- diese Erfahrungen und ihre rasche Umsetzung in die Produktions- und Produktplanung schnell in die Zone der Kostendegression führen können,
- die langfristige Bestandssicherung, die in Zukunft ohne die Berücksichtigung von Umweltschutzbelangen nicht mehr gewährleistet sein wird, eher als bei anderen Unternehmen erreicht sein wird.

(34) Zur Zeit werden die Möglichkeiten eines offensiven Umweltmanagements von den bundesdeutschen Unternehmen bei weitem nicht ausgeschöpft. Jüngsten Befragungsergebnissen zufolge verfolgen zwar etwa die Hälfte der Unternehmen bereits offensive Umweltmanagementkonzepte. Allerdings erkennt wiederum nur die Hälfte dieser Unternehmen darin die Möglichkeiten eines Wettbewerbsvorteils, die aber kaum genutzt werden.

(35) Insbesondere im Zusammenhang mit Maßnahmen des Öko-Marketings erfolgen allzu oft nur "Lippenbekenntnisse" bezüglich der Umweltverträglichkeit von Produkten. Dies bedeutet, daß die Unternehmen Umweltschutzargumente im Rahmen einer "plakativen" Verwendung benutzen, ohne ein wirklich neues, inhaltlich umweltorientiertes Marketingkonzept zu verfolgen.

(36) Die Unternehmen können bei den Konsumenten von einem hohen und auf absehbarer Zeit noch zunehmenden Umweltbewußtsein ausgehen. In bezug auf die Umsetzung dieses Umweltbewußtseins in tatsächliches Handeln sind allerdings nach wie vor noch Defizite erkennbar. Die Gründe hierfür liegen zum einen in der

nach wie vor großen Bedeutung anderer Nachfragefaktoren wie der Einkommens- und Preisentwicklung. Ein anderer Grund liegt allerdings auch in der erwähnten Beobachtung von "unehrlichen" Öko-Kampagnen der Unternehmen, die teilweise zu einer deutlichen Verunsicherung der Verbraucher auf sensiblen Teilmärkten geführt haben.

ANHANG

Tabelle A 2.2-1

Komponenten der Gesamtaufwendungen und Gesamtausgaben für Umweltschutz

Anteile an den Gesamtaufwendungen in vH

Wirtschaftsbereiche	Abschreibungen in jeweiligen Preisen				Laufende Ausgaben in jeweiligen Preisen				Abschreibungen in Preisen von 1985				Laufende Ausgaben in Preisen von 1985			
	1975	1980	1989		1975	1980	1989		1975	1980	1989		1975	1980	1989	
Produzierendes Gewerbe	31,9	30,0	30,7		68,1	70,0	69,3		30,5	29,2	29,6		69,5	70,8	70,4	
Energie- und Wasserversorgung, Bergbau	40,2	36,0	35,3		59,8	64,0	64,7		37,6	34,9	35,3		62,4	65,1	64,7	
Elektrizitäts-,Gas-,Fernwärme- und Wasserversorgung	41,3	36,5	35,0		58,7	63,5	65,0		38,6	35,2	35,5		61,4	64,8	64,7	
Bergbau	36,7	34,6	36,7		63,3	65,4	63,3		34,5	33,9	35,5		65,5	66,1	64,5	
Verarbeitendes Gewerbe	30,5	28,9	28,2		69,5	71,1	71,8		29,2	28,1	26,7		70,8	71,9	73,3	
Chem. Industrie,H. u. Verarb. von Spalt- u. Brustoffe	24,3	23,6	23,2		75,7	76,4	76,8		23,5	22,8	21,7		76,5	77,2	78,3	
Mineralölverarbeitung	30,1	30,4	29,4		69,9	69,6	70,6		29,4	29,9	28,1		70,6	70,1	71,9	
H. v. Kunststoffwaren,Gewinnung u. Verarbeit. v. Steine u. Erden	38,7	36,4	33,7		61,3	63,6	66,3		37,4	35,4	32,8		62,6	64,6	67,2	
Metallerzeugung und -bearbeitung	35,7	34,1	33,6		64,3	65,9	66,4		34,2	33,4	32,5		65,8	66,6	67,5	
Stahl-,Maschinen-,u. Fahrzeugbau, H. v. ADV-Ein.	36,7	32,0	32,9		63,3	68,0	67,1		36,0	31,5	30,7		64,0	68,5	69,3	
Elektrotechnik, Feinmechanik, H. v. EBM usw.	34,8	33,3	32,5		65,2	66,7	67,5		33,6	32,4	30,8		66,4	67,6	69,2	
Holz-,Papier-,Leder-,Textil- und Bekleidungsgewerbe	32,5	29,9	27,7		67,5	70,1	72,3		30,7	28,9	25,9		69,3	71,1	74,1	
Ernährungsgewerbe, Tabakverarbeitung	32,1	29,3	28,1		67,9	70,7	71,9		28,9	27,8	26,9		71,1	72,2	73,1	
Baugewerbe	48,4	45,5	40,7		51,6	54,5	59,3		44,6	43,9	39,4		55,4	56,1	60,6	
Staat	39,2	42,0	38,9		60,8	58,0	61,1		38,0	39,4	37,6		62,0	60,6	62,4	
Produzierendes Gewerbe und Staat	35,6	36,3	34,6		64,4	63,7	65,4		34,2	34,3	33,4		65,7	65,7	66,6	

Anteile an den Gesamtausgaben in vH

Wirtschaftsbereiche	Investitionen in jeweiligen Preisen				Laufende Ausgaben in jeweiligen Preisen				Investitionen in Preisen von 1985				Laufende Ausgaben in Preisen von 1985			
	1975	1980	1989		1975	1980	1989		1975	1980	1989		1975	1980	1989	
Produzierendes Gewerbe	43,5	34,0	42,2		56,5	66,0	57,8		41,9	32,8	40,7		58,1	67,2	59,3	
Energie- und Wasserversorgung, Bergbau	49,3	47,8	49,5		50,7	52,2	50,5		46,8	46,2	48,8		53,2	53,8	51,2	
Elektrizitäts-,Gas-,Fernwärme- und Wasserversorgung.	45,8	50,4	48,2		54,2	49,6	51,8		43,0	48,5	47,6		57,0	51,5	52,4	
Bergbau	57,1	39,4	55,5		42,9	60,6	44,5		55,2	38,5	54,3		44,8	61,5	45,7	
Verarbeitendes Gewerbe	42,3	31,3	38,1		57,7	68,7	61,9		40,9	30,3	36,2		59,1	69,7	63,8	
Chem. Industrie.H. u. Verarb. von Spalt- und Brustof.	33,8	22,8	37,1		66,2	77,2	62,9		32,7	21,8	35,1		67,3	78,2	64,9	
Mineralölverarbeitung	60,9	24,1	23,7		39,1	75,9	76,3		60,2	23,4	22,7		39,8	76,6	77,3	
H. v. Kunststoffwaren,Gewinnung u. Verarbeit.	35,4	43,2	45,5		64,6	56,8	54,5		34,1	42,6	44,1		65,9	57,4	55,9	
Metallerzeugung und -bearbeitung	49,8	37,1	33,2		50,2	62,9	66,8		48,5	36,4	32,0		51,5	63,6	68,0	
Stahl-,Maschinen-,u. Fahrzeugbau, H. v. ADV-Einri.	45,9	42,1	45,4		54,1	57,9	54,6		44,6	41,0	42,8		55,4	59,0	57,2	
Elektrotechnik, Feinmechanik, H. v. EBM-Waren usw.	40,9	32,6	40,5		59,1	67,4	59,5		39,8	31,7	38,6		60,2	68,3	61,4	
Holz-,Papier-,Leder-,Textil- und Bekleidung	43,8	43,2	45,8		56,2	56,8	54,2		42,0	41,8	43,3		58,0	58,2	56,7	
Ernährungsgewerbe	39,8	31,5	32,0		60,2	68,5	68,0		36,4	29,6	30,6		63,6	70,4	69,4	
Baugewerbe	62,8	42,9	48,8		37,2	57,1	51,2		59,8	41,2	47,5		40,2	58,8	52,5	
Staat	61,4	63,3	52,0		38,6	36,7	48,0		60,2	60,5	50,7		39,8	39,5	49,3	
Produzierendes Gewerbe und Staat	53,8	52,1	47,1		46,2	47,9	52,9		52,2	49,3	45,6		47,8	50,7	54,4	

Quelle: Statistisches Bundesamt UGR, Berechnungen des DIW.

Tabelle A 2.2-2

Jahr	Bebaute Grundstücke	Grundstücke ohne Bauten	Maschinen u. maschin. Anlagen	Der dem Umweltschutz dienende Teil von Sachanlagen	Produktbezogene Investitionen	Insgesamt
Entwicklung der Investitionen für Umweltschutz im Produzierenden Gewerbe nach Investitionsarten						
			Werte in Tsd. DM			
1975	453118	35201	1282546	486246	255439	2512550
1976	335723	9070	1501149	475932	74496	2396370
1977	341332	34426	1275149	466198	162409	2279514
1978	329799	33576	1165849	458223	200977	2188424
1979	351510	16235	1259919	405792	68437	2097894
1980	481175	19902	1479657	635647	57543	2673924
1981	409341	12682	1870342	583329	72725	2948419
1982	431672	20275	2438434	581771	112953	3585105
1983	414134	19767	2347631	849423	77697	3708652
1984	451565	14893	2341673	603990	102707	3514827
1985	447243	11940	3995578	875039	305270	5635069
1986	514363	42671	5480846	1082532	219687	7339899
1987	675726	33354	5965441	985078	86598	7746197
1988	762360	34893	5928721	1161016	176609	8063599
1989	763958	47238	5511265	1199651	154263	7676376
			Anteile in vH			
1975	18,0	1,4	51,0	19,4	10,2	100,0
1976	14,0	0,4	62,6	19,9	3,1	100,0
1977	15,0	1,5	55,9	20,5	7,1	100,0
1978	15,1	1,5	53,3	20,9	9,2	100,0
1979	16,8	0,8	59,9	19,3	3,3	100,0
1980	18,0	0,7	55,3	23,8	2,2	100,0
1981	13,9	0,4	63,4	19,8	2,5	100,0
1982	12,0	0,6	68,0	16,2	3,2	100,0
1983	11,2	0,5	63,3	22,9	2,1	100,0
1984	12,8	0,4	66,6	17,2	2,9	100,0
1985	7,9	0,2	70,9	15,5	5,4	100,0
1986	7,0	0,6	74,7	14,7	3,0	100,0
1987	8,7	0,4	77,0	12,7	1,1	100,0
1988	9,5	0,4	73,5	14,4	2,2	100,0
1989	10,0	0,6	71,8	15,6	2,0	100,0
			Entwicklung (1975 = 100)			
1975	100	100	100	100	100	100
1976	74	26	117	98	29	95
1977	75	98	99	96	64	91
1978	73	95	91	94	79	87
1979	78	46	98	83	27	83
1980	106	57	115	131	23	106
1981	90	36	146	120	28	117
1982	95	58	190	120	44	143
1983	91	56	183	175	30	148
1984	100	42	183	124	40	140
1985	99	34	312	180	120	224
1986	114	121	427	223	86	292
1987	149	95	465	203	34	308
1988	168	99	462	239	69	321
1989	169	134	430	247	60	306

Quelle: Statistisches Bundesamt, Fachserie 19, Reihe 3; Berechnungen des DIW. - Berichtskreis: Unternehmen.

Tabelle A 2.2-3

Struktur der Investitionen für Umweltschutz im Produzierenden Gewerbe nach Investitionsarten und ausgewählten Wirtschaftszweigen
Anteile 1989 in vH

	Bebaute Grundstücke	Grundstücke ohne Bauten	Maschinen und maschinelle Anlagen	Der dem Umweltschutz dienende Teil von Sachanlagen	Produkt-bezogene Investitionen	Gesamt
Produzierendes Gewerbe	10,0	0,6	71,8	15,6	2,0	100,0
Elektrizitäts-, Gas-, Fernwärme- u. Wasservers.	6,1	1,7	88,0	4,2	0,0	100,0
Elektrizitätsversorgung	5,4	1,4	89,6	3,7	0,0	100,0
Gasversorgung	0,8	0,0	16,9	82,3	0,0	100,0
Fernwärmeversorgung	2,1	0,0	87,2	10,7	0,0	100,0
Wasserversorgung	37,5	15,4	45,8	1,3	0,0	100,0
Bergbau	4,2	0,1	29,5	65,6	0,5	100,0
Steinkohlenbergbau u. Brikettherstellung, Kokerei	2,5	0,0	19,4	77,5	0,6	100,0
Gewinnung v. Erdöl, Erdgas	0,0	0,0	29,6	70,3	0,0	100,0
Verarbeitendes Gewerbe	13,2	0,1	68,4	15,0	3,4	100,0
Grundstoff- u. Produktionsgütergewerbe	13,0	0,0	68,0	16,2	2,7	100,0
Mineralölverarbeitung	5,8	0,0	51,3	24,5	18,4	100,0
Gewinnung u. Verarbeitung v. Steinen u. Erden	11,7	0,0	71,9	13,1	3,2	100,0
Herstellung v. Zement	14,4	0,0	69,0	16,6	0,0	100,0
Herstellung v. Kalk, Mörtel	5,9	0,4	85,9	7,8	0,0	100,0
Herstellung v. Asbestzementwaren						
Verarbeitung v. Asbest	3,3	0,0	93,9	1,0	1,9	100,0
Herstellung v. Schleifmitteln	4,6	0,0	74,3	9,7	11,4	100,0
Eisenschaffende Industrie	2,1	0,0	40,8	56,6	0,5	100,0
Hochofen-, Stahl- u. Warmwalzwerke	1,8	0,0	36,5	61,7	0,0	100,0
Herstellung von Stahlrohren	3,4	0,0	83,8	12,8	0,0	100,0
NE-Metallerzeugung, -Metallhalbzeugwerke	11,7	0,0	62,9	24,8	0,6	100,0
NE-Leichtmetallhütten	0,1	0,0	97,6	2,3	0,0	100,0
NE-Schwermetallhütten	1,3	0,0	56,0	42,5	0,2	100,0
Metallumschmelzwerke	31,6	0,0	47,0	18,5	3,0	100,0
NE-Metallhalbzeugwerke	28,7	0,0	65,8	5,4	0,1	100,0
Giesserei	9,8	0,0	62,5	17,2	10,6	100,0
Eisen-,Stahl- u. Tempergiesserei	9,8	0,0	57,3	20,1	12,8	100,0
NE-Metallgiesserei	9,7	0,0	83,7	5,3	1,3	100,0
Ziehereien, Kaltwalzwerke,Mechanik, A.N.G.						
Chem. Industrie	14,7	0,0	72,9	10,9	1,5	100,0
Herstellung v. chem. Grundstoffen	13,9	0,0	76,0	9,8	0,4	100,0
Herstellung v. chem. Erzeugnissen f. Gewerbe Landwirtschaft	25,1	0,1	47,9	24,9	2,0	100,0
Herstellung v. pharmazeutischen Erzeugnissen	10,4	0,1	79,9	8,4	1,2	100,0
Herstellung v. Seifen, Wasch-, Reinigungs- u. Körperpflegemitteln	20,1	0,0	68,1	11,1	0,7	100,0
Herstellung von fotochem. Erzeugnissen	8,5	0,0	86,5	4,9	0,0	100,0
Herstellung v. Chemiefasern	11,6	0,0	43,3	9,9	35,3	100,0
Holzbearbeitung	3,1	0,1	85,8	10,3	0,8	100,0
Säge- u. Hobelwerke	5,7	0,0	73,4	20,9	0,0	100,0
Herstellung v. Halbwaren aus Holz	2,5	0,1	88,6	7,9	0,9	100,0
Zellstoff, Holzschliff-, Papier- u. Pappeerzeugung	20,5	0,0	67,0	12,2	0,3	100,0
Gummiverarbeitung	5,9	0,0	68,6	25,3	0,2	100,0
Investitionsgüter produzierendes Gewerbe	13,0	0,1	67,9	12,4	6,5	100,0
Herstellung v. Gesenk- u. leichten Freiformschmiedes schweren Pressteilen, Stahlverformung, A.N.G.						
Oberflächenveredlung, Härtung	14,7	0,0	59,5	21,8	3,9	100,0
Stahl- u. Leichtmetallbau, Schienenfahrzeugbau	6,7	0,0	76,5	15,7	1,1	100,0
Herstellung v. Stahl- u. Leichtmetallkonstruktionen	3,9	0,0	65,2	30,9	0,0	100,0
Maschinenbau	17,4	0,3	59,5	20,3	2,6	100,0
Herstellung v. Metallbearbeitungsmaschinen u.ä.	15,1	1,4	69,7	13,7	0,1	100,0

Noch Tabelle A 2.2-3

	Bebaute Grundstücke	Grundstücke ohne Bauten	Maschinen und maschinelle Anlagen	Der dem Umweltschutz dienende Teil von Sachanlagen	Produktbezogene Investitionen	Gesamt
Straßenfahrzeugbau	12,0	0,1	71,2	6,9	9,8	100,0
Herstellung v. Kraftwagen u. -motoren	11,7	0,1	73,5	3,9	10,9	100,0
Schiffbau	36,4	0,0	40,4	23,2	0,0	100,0
Luft- u. Raumfahrzeugbau	35,9	0,0	46,6	17,6	0,0	100,0
Elektrotechnik	11,7	0,1	69,9	15,4	2,8	100,0
Herstellung v. Batterien, Akkumulatoren	4,2	0,0	93,9	1,9	0,0	100,0
Herstellung v. Geräten der Elektrizitätserzeugung -verteilung u.ä.	15,3	0,0	59,7	22,1	3,0	100,0
Feinmechanik, Optik, Herstellung v. Uhren	10,7	0,0	70,5	16,7	2,0	100,0
Herstellung v. Eisen-, Blech- u. Metallwaren	15,0	0,0	67,3	14,0	3,7	100,0
Herstellung v. Büromaschinen, ADV -Einrichtungen	0,4	0,0	50,8	48,8	0,0	100,0
Verbrauchsgüter produzierendes Gewerbe	13,3	0,2	69,3	14,1	3,1	100,0
Herstellung v. Musikinstrumenten, Spielwaren, Füllhaltern; Verarbeitung v. natürlichen Schnitz- u. Formstoffen, Foto- u. Filmlabors, Schmuck	14,0	0,0	42,6	43,3	0,0	100,0
Feinkeramik	5,6	0,0	84,4	10,0	0,0	100,0
Herstellung u. Verarbeitung v. Glas	18,2	0,3	55,3	18,1	8,1	100,0
Holzverarbeitung	9,2	0,5	74,5	12,0	3,9	100,0
Papier- u. Pappeverarbeitung	13,4	0,0	72,8	12,5	1,3	100,0
Druckerei, Vervielfältigung	11,5	0,0	74,0	14,3	0,2	100,0
Herstellung v. Kunststoffwaren	14,1	0,4	71,4	13,1	0,9	100,0
Ledererzeugung	0,3	0,0	99,7	0,0	0,0	100,0
Lederverarbeitung	1,8	0,0	41,8	42,6	13,8	100,0
Textilgewerbe	17,2	0,0	60,6	14,6	7,6	100,0
Baumwollweberei, A.N.G.	19,5	0,2	69,6	10,7	0,0	100,0
Veredlung Textilien	30,1	0,0	30,7	12,8	26,4	100,0
Bekleidungsgewerbe	24,7	0,0	50,3	25,0	0,0	100,0
Nahrungs- u. Genußmittelgewerbe	15,3	0,2	73,0	10,8	0,7	100,0
Ernährungsgewerbe						
Mahl- u. Schälmühlen	8,6	0,0	27,2	57,5	6,7	100,0
Herstellung v. Stärke, Stärkeerzeugnissen Zuckerindustrie	5,8	0,5	93,1	0,7	0,0	100,0
Obst- u. Gemüseverarbeitung	51,5	0,0	44,8	3,1	0,6	100,0
Molkerei, Käserei	2,9	0,0	83,4	12,8	0,9	100,0
Ölmühlen, Herstellung v. Speiseöl	0,0	0,0	67,7	32,3	0,0	100,0
Herstellung v. Margarine u.ä. Nahrungsfetten Schlachthäuser	20,7	1,7	77,4	0,3	0,0	100,0
Fleischwarenindustrie	8,2	0,0	42,9	42,2	6,7	100,0
Verarbeitung v. Kaffee, Tee, Herstellung v. Kaffeemitteln	13,3	0,0	17,7	69,0	0,0	100,0
Brauerei	35,0	0,1	52,8	12,0	0,0	100,0
Mälzerei	33,1	0,0	61,6	5,2	0,0	100,0
Herstellung v. Futtermitteln	15,6	0,0	78,0	6,4	0,0	100,0
Tabakverarbeitung						

Quelle: Statistisches Bundesamt, Fachserie 19, Reihe 3; Berechnungen des DIW. Berichtskreis: Unternehmen

Tabelle A 2.2-4

Bedeutung der Investitionen für Umweltschutz im Produzierenden Gewerbe nach ausgewählten Wirtschaftszweigen

	Anteil der Investitionen für Umweltschutz in vH				Anteil der Unternehmen, die in Umweltschutz investieren in vH	
	a.d. Umweltschutz d. Produzier. Gewerbes		an den Investitionen des jeweil. Wirtschaftszweiges[1]			
	Durchschnitt 1986-1989	1989	Durchschnitt 1986-1989	1989	Durchschnitt 1986-1989	1989
Produzierendes Gewerbe	100,0	100,0	11,9	11,3	9,0	9,8
Elektriz.-, Gas-, Fernwärme- u. Wasservers.	47,0	33,7	28,7	22,3	5,4	5,6
Elektrizitätsversorgung	45,8	32,3	29,8	23,6	10,0	10,3
Gasversorgung	0,2	0,2	3,5	2,5	3,4	5,4
Fernwärmeversorgung	0,3	0,4	29,5	39,6	25,2	25,5
Wasserversorgung	0,7	0,8	21,3	18,5	3,0	2,8
Bergbau	8,3	8,5	21,6	23,7	29,6	34,9
Steinkohlenbergbau und-Briketth., Kokerei	5,4	6,4	25,4	34,5	73,3	75,0
Gewinnung von Erdöl,Erdgas	0,6	0,7	12,7	11,9	52,8	77,8
Verarbeitendes Gewerbe	44,0	57,0	7,0	8,3	12,8	13,7
Grundstoff- und Produktionsgütergewerbe	28,4	36,9	12,6	14,6	26,4	28,2
Mineralölverarbeitung	2,0	2,3	13,5	17,0	58,5	56,9
Gewinn. u. Verarb. v. Steinen u. Erden	1,8	2,1	12,0	11,0	19,7	21,2
Herstellung von Zement	0,7	0,8	19,2	15,3	53,1	51,7
Herstellung von Kalk,Mörtel	0,1	0,1	5,9	5,6	34,8	31,3
Herstellung von Asbestzementwaren	0,0	0,0	11,9	-	47,6	0,0
Verarbeitung von Asbest	0,1	0,1	7,8	7,2	44,2	43,8
Herstellung von Schleifmittel	0,0	0,0	9,2	8,5	28,7	38,8
Eisenschaffende Industrie	3,0	2,6	11,9	13,2	35,4	39,6
Hochofen-,Stahl- und Warmwalzwerke	2,8	2,4	12,5	14,6	46,5	56,1
Herstellung von Stahlrohren	0,1	0,2	7,1	12,0	26,1	26,1
NE-Metallerzeugung, -Halbzeugwerke	1,4	1,8	13,0	14,2	45,2	47,0
NE-Leichtmetallhütten	0,5	0,3	17,7	13,8	83,3	83,3
NE-Schwermetallhütten	0,4	0,9	29,1	31,7	80,0	90,0
NE-Metallumschmelzwerke	0,2	0,3	27,0	30,0	58,9	64,7
NE-Metallhalbzeugwerke	0,4	0,4	6,0	5,2	34,7	34,3
Gießerei	0,7	1,0	10,5	11,4	34,7	38,1
Eisen-,Stahl-und Tempergießerei	0,6	0,8	11,5	11,8	45,2	52,5
NE-Metallgießerei	0,1	0,2	7,3	9,7	24,4	24,5
Ziehereien, Kaltwalzwerke, Mechanik	0,1	0,0	5,7	-	10,0	-
Chemische Industrie	16,2	22,7	13,6	16,3	35,1	38,3
Herstellung von chemischen Grundstoffen	13,1	18,6	16,3	19,9	63,3	61,5
chem. Erzeugn. f. Gewerbe, Landwirtschaft	1,2	1,8	10,1	11,6	37,1	42,4
Herst. von pharmazeutischen Erzeugnisse	0,6	0,8	5,8	7,8	20,6	21,3
Herst.v.Seifen,Wasch- u. Reinigungsmittel	0,5	0,6	5,6	5,8	25,5	29,7
Herst. von fotochemischen Erzeugnissen	0,2	0,2	4,5	3,9	43,5	46,7
Herstellung von Chemiefasern	0,5	0,6	15,3	15,4	70,5	81,8
Holzverarbeitung	0,4	0,4	14,1	13,0	15,6	17,3
Säge-und Hobelwerke	0,1	0,1	14,2	14,2	11,6	13,8
Herstellung von Halbwaren aus Holz	0,3	0,3	14,1	12,7	24,8	24,6
Zellst.-, Holzschliff-, Papier- u. Pappeerz.	2,4	3,4	12,5	14,8	47,7	49,2
Gummiverarbeitung	0,3	0,4	3,3	4,4	23,6	23,6
Investitionsgüter produzierendes Gewerbe	9,6	12,0	3,0	3,6	11,9	12,7
Stahlverformung, Oberflächenveredelung	0,5	0,6	9,2	7,4	20,8	23,0
Stahl-u.Leichtmetallbau, Schienenfahrzeugbau	0,1	0,2	6,9	8,4	5,6	5,9
Herst. v. Stahl- und Leichtmetallkonstr.	0,1	0,1	8,2	9,8	4,6	4,8
Maschinenbau	1,2	1,4	3,1	3,3	10,8	11,4
Herst. v. Metallbearbeitungsmaschinen	0,1	0,2	1,2	0,4	9,6	10,2

Noch Tabelle A 2.2-4

	Anteil der Investitionen für Umweltschutz in vH				Anteil der Unternehmen, die in Umweltschutz investieren	
	a.d. Umweltschutz d. Produzier. Gewerbes		an den Investitionen des jeweil. Wirtschaftszweiges[1]			
	Durchschnitt 1986-1989	1989	Durchschnitt 1986-1989	1989	Durchschnitt 1986 - 1989	1989
Straßenfahrzeugbau	4,6	6,4	3,3	4,5	13,0	15,3
Herstellung von Kraftwagen und Motoren	4,0	5,7	3,4	4,7	41,8	51,5
Schiffbau	0,0	0,1	2,3	2,5	14,4	13,3
Luft- und Raumfahrzeugbau	0,1	0,1	1,6	1,2	24,9	29,2
Elektrotechnik	1,6	1,6	1,9	1,8	11,8	12,1
Herstellung von Batterien, Akkumulatoren	0,1	0,1	6,8	7,0	69,0	71,4
Herst.v.Geräten d. Elektrizitätserzeugung	0,7	0,5	2,4	1,7	13,5	14,3
Feinmechanik, Optik, Herst.v. Uhren	0,1	0,2	2,7	3,5	7,7	7,8
Herstellung von EBM-Waren	0,9	1,2	6,5	7,0	14,8	15,3
Herst. von Büromaschinen, ADV-Geräten	0,1	0,3	1,5	1,4	11,3	8,8
Verbrauchsgüter produzierendes Gewerbe	3,7	5,2	7,5	8,3	8,7	9,7
Herst.v.Musikinstr.,Spielwaren usw.	0,1	0,1	5,8	7,0	10,2	12,6
Feinkeramik	0,1	0,2	5,9	5,3	23,2	22,3
Herstellung und Verarbeitung v. Glas	0,6	0,7	7,2	6,6	18,2	18,8
Holzverarbeitung	0,4	0,7	12,1	13,6	11,3	13,3
Papier-u. Pappeverarbeitung	0,4	0,8	7,3	8,4	9,3	10,3
Druckerei, Vervielfältigung	0,4	0,4	6,1	6,1	6,2	6,9
Herstellung von Kunststoffwaren	0,9	1,4	6,6	8,7	11,3	13,0
Ledererzeugung	0,1	0,2	31,2	47,6	29,3	29,8
Lederverarbeitung	0,0	0,0	9,3	7,1	2,9	3,5
Textilgewerbe	0,6	0,6	8,1	7,4	10,6	10,6
Baumwollweberei,A.N.G.	0,1	0,1	10,1	17,7	13,0	12,4
Veredelung von Textilien	0,1	0,1	12,9	15,9	25,9	24,7
Bekleidungsgewerbe	0,0	0,0	11,4	10,2	1,7	1,4
Nahrungs-u. Genußmittelgewerbe	2,3	2,9	7,5	7,4	11,7	12,1
Ernährungsgewerbe	2,1	-	7,7	-	11,3	-
Mahl-und Schälmühlen	0,0	0,0	9,2	13,0	12,9	12,5
Herstellung von Stärke, Stärkeerzeugnissen	0,0	-	1,9	-	48,8	-
Zuckerindustrie	0,6	0,7	18,7	20,2	67,8	70,0
Obst-und Gemüseverarbeitung	0,1	0,2	12,5	10,1	12,9	16,6
Molkerei,Käserei	0,2	0,2	6,9	6,1	18,7	24,5
Ölmühlen,Herstellung von Speiseöl	0,1	0,1	19,9	12,2	30,9	46,2
Herst. v. Margarine, Nahrungsfetten	0,0	-	4,4	-	29,9	-
Schlachthäuser (ohne kommunale)	0,1	0,1	15,5	15,8	15,8	22,4
Fleischwarenindustrie (ohne Schmalzsiedung)	0,1	0,1	9,3	7,6	15,0	15,2
Verarbeitung von Kaffee,Tee	0,1	0,1	12,0	16,9	20,6	23,5
Brauerei	0,3	0,3	4,8	3,9	17,1	17,2
Mälzerei	0,0	0,1	24,5	37,0	31,2	33,3
Herstellung von Futtermitteln	0,3	0,3	19,9	20,7	25,0	26,5
Tabakverarbeitung	0,0	-	3,6	-	14,6	-
Baugewerbe	0,7	0,8	8,3	9,3	3,5	4,2
Bauhauptgewerbe	0,6	0,6	7,5	8,5	4,0	4,4
Ausbaugewerbe	0,1	0,1	18,0	15,1	3,0	4,1

Quelle: Statistisches Bundesamt, Fachserie 19, Reihe 3., Berechnungen des DIW. - Berichtskreis: Unternehmen. - [1] Anteil an den Gesamtinvestitionen von Unternehmen mit Umweltschutzinvestitionen

Tabelle A 2.2-5

Entwicklung der unmittelbaren Einnahmen und Ausgaben der öffentlichen Haushalte in umweltschutzrelevanten Aufgabenbereichen

Jahr	Unmittelbare Ausgaben Werte in Mio. DM	Veränderungsrate in vH	Unmittelbare Einnahmen Werte in Mio. DM	Veränderungsrate in vH	Einnahmen-quote[1] in vH	Anteile an den unmittelbaren Einnahmen in vH Gebühren	Beiträge	sonstige Einnahmen
1974	8388,9		5506,3		65,6	74,1	19,0	6,9
1975	8753,9	4,4	6405,5	16,3	73,2	74,3	19,1	6,6
1976	9595,9	9,6	7381,0	15,2	76,9	75,5	19,1	5,4
1977	9535,3	-0,6	7804,4	5,7	81,8	77,4	17,4	5,2
1978	11003,7	15,4	8224,2	5,4	74,7	78,0	16,3	5,7
1979	12620,3	14,7	8873,3	7,9	70,3	78,0	16,3	5,7
1980	14059,4	11,4	9600,3	8,2	68,3	77,7	16,4	5,9
1981	13985,0	-0,5	10603,5	10,5	75,8	78,3	15,2	6,5
1982	13393,5	-4,2	11416,3	7,7	85,2	80,8	13,3	5,9
1983	13554,0	1,2	12530,7	9,8	92,5	81,2	12,1	6,8
1984	13797,2	1,8	12925,4	3,1	93,7	82,3	10,4	7,3
1985	15055,4	9,1	13195,0	2,1	87,6	83,2	10,0	6,8
1986	17037,9	13,2	13861,4	5,1	81,4	83,9	9,4	6,7
1987	17612,0	3,4	14491,4	4,5	82,3	85,4	9,1	5,6
1988	18190,6	3,3	15216,4	5,0	83,7	85,9	8,6	5,5
1989	20179,6	10,9	16628,0	9,3	82,4	84,9	8,3	6,8

Quelle: Statistisches Bundesamt UGR, Berechnungen des DIW. - [1]Verhältnis der unmittelbaren Einnahmen zu den unmittelbaren Ausgaben.

Tabelle A 3.1

Direkte und indirekte Umweltbelastung durch die Endnachfrage nach Produktgruppen 1986

	Lieferungen an die Endnachfrage		SO_2		NO_X		CO_2	
	Anteil 1	Anteil 2	Multi- plikator 3	Anteile in vH	Multi- plikator 3	Anteile in vH	Multi- plikator 3	Anteile in vH
Landwirtschaft	1,24	38,16	3,83	1,10	1,07	2,45	1,49	1,50
Forstw., Fisch. u.a.	0,13	27,78	2,40	0,11	1,62	0,13	1,18	0,17
Elektrizität, Fernw.	0,84	31,41	1,06	21,99	1,07	12,10	1,07	15,55
Gasversorgung	0,46	41,13	200,60	1,51	38,19	0,89	64,12	1,10
Wasserversorgung	0,00	0,07	65,54	0,00	7,11	0,00	14,37	0,00
Bergbau	0,35	21,68	0,84	0,53	0,89	0,34	0,87	0,40
Chemische Ind.	4,09	56,34	2,43	7,42	3,26	4,51	2,26	6,13
Mineralölverarb.	2,14	65,11	1,21	3,83	2,25	1,88	1,48	2,46
Kunststoffwarenherst.	0,61	30,78	17,46	0,67	12,82	0,48	8,85	0,58
Gummi u. Asbestverarb.	0,30	49,93	2,86	0,30	3,57	0,21	2,58	0,26
Steine und Erden	0,24	16,35	2,02	0,57	1,62	0,69	1,50	0,77
Feinkeramik	0,14	77,66	9,66	0,10	1,63	0,14	1,21	0,19
Glasgewerbe	0,23	46,38	1,36	0,85	1,30	0,67	1,42	0,61
Eisensch. Industrie	1,09	23,64	4,49	2,28	3,21	2,38	2,36	4,88
NE-Metallerzeugung	0,62	45,74	1,85	1,17	3,75	0,54	2,44	0,74
Gießereien	0,07	9,34	4,32	0,13	6,67	0,08	3,04	0,14
Zieher., Kaltw., Stahlv.	0,30	19,05	51,31	0,38	10,75	0,35	8,17	0,55
Stahl, Leichtmetallbau	0,32	29,90	11,29	0,30	5,03	0,35	8,77	0,43
Maschinenbau	5,58	85,14	12,10	3,21	3,88	3,44	5,53	3,77
Büromasch., ADV-Geräte	1,48	118,67	20,29	0,32	4,27	0,32	4,28	0,34
Straßenfahrzeugbau	6,98	89,34	11,08	5,35	8,12	4,69	7,80	5,77
Schiffbau	0,17	59,08	11,07	0,13	8,43	0,14	9,24	0,17
Luft- u. Raumfahrzeugbau	0,39	80,44	17,59	0,14	6,27	0,12	4,63	0,14
Elektrotechnik	4,97	81,87	12,48	2,60	4,46	2,37	5,30	2,56
Feinmechanik, Optik	0,79	74,93	19,40	0,25	4,06	0,27	5,34	0,25
EBM-Warenherst.	1,14	58,02	18,15	1,28	7,60	1,04	6,46	1,41
Musikinst., Spielw. u.a.	0,52	126,38	23,01	0,22	5,65	0,21	6,36	0,20
Holzbearbeitung	0,13	25,95	1,77	0,18	2,91	0,13	2,26	0,16
Holzverarbeitung	1,14	81,83	8,06	1,13	2,49	1,40	5,33	1,08
Zellstoff, Papier, Pappe	0,31	34,64	1,58	1,03	2,45	0,50	1,87	0,67
Papier-, Pappeverarb.	0,37	38,94	23,52	0,57	10,26	0,39	9,19	0,45
Druckerei, Vervielfält.	0,25	21,24	24,43	0,26	8,00	0,19	8,78	0,21
Ledergewerbe	0,53	151,80	2,81	0,24	2,89	0,23	2,76	0,22
Textilgewerbe	1,77	112,64	1,97	1,45	2,85	1,05	1,88	1,26
Bekleidungsgewerbe	1,78	149,68	8,28	0,56	3,24	0,67	4,12	0,60
Ernährungsgew., Getränke	6,35	75,11	4,05	6,14	5,03	8,20	3,48	6,73
Tabakverarbeitung	0,69	89,00	9,01	0,16	7,61	0,21	4,94	0,18
Baugewerbe	9,21	91,01	16,50	7,00	2,84	11,21	6,23	9,19
Großhandel, Handelsverm.	2,88	52,03	9,29	1,34	1,95	2,60	2,82	1,66
Einzelhandel	5,08	94,41	12,25	4,36	1,82	5,99	2,80	4,73
Eisenbahnen	0,27	35,88	10,99	0,50	1,59	0,82	3,44	0,50
Schiffahrt	0,46	71,15	1,19	1,11	1,06	1,86	1,30	0,68
Deutsche Bundespost	1,06	47,23	13,72	0,34	2,48	0,36	3,81	0,33
Übriger Verkehr	1,36	34,87	3,12	1,00	1,12	5,41	1,40	1,93
Kreditinstitute	0,27	6,77	280,84	0,52	45,18	0,56	48,48	0,53
Versicherungsunternehmen	1,15	68,99	21,03	0,34	7,84	0,45	5,71	0,40
Wohnungsvermietung	6,73	87,14	44,25	0,89	75,94	1,10	15,65	1,07
Gastgewerbe, Heime	1,67	65,06	20,22	1,73	6,06	2,13	4,66	1,95
Bildung, Wissenschaft	1,21	54,57	22,14	0,57	4,13	0,65	4,88	0,60
Gesundheitswesen, Veter.	0,56	21,12	14,46	0,17	2,48	0,26	3,23	0,21
Übrige Dienstleistungen	1,66	15,73	11,56	0,49	2,01	0,83	2,97	0,61
Gebietskörperschaften	11,70	85,72	4,85	7,25	2,47	7,95	2,26	8,86
Sozialversicherung	5,35	99,92	109,08	3,27	12,06	3,52	28,49	3,43
Priv. Organ. o. Erwerbszw.	0,86	35,74	14,39	0,68	5,76	0,58	3,97	0,68
Alle Wirtschaftsbereiche	100,00	63,07	2,59	100,00	2,25	100,00	2,42	100,00

noch: Tabelle A 3.1

	Kühlwasser		Produkt.abwasser		Abfall insges.		dar.: Industrieabfälle	
	Multiplikator[3]	Anteile in vH	Multiplikator[3]	Anteile in vH	Multiplikator[3]	Anteile in vH	Multiplikator[3]	Anteile in vH
Landwirtschaft	0,00	0,95	0,00	0,71	0,00	0,23	0,00	0,66
Forstw., Fisch. u.a.	0,00	0,09	0,00	0,03	0,00	0,02	0,00	0,04
Elektrizität, Fernw.	1,05	28,95	1,62	1,38	1,16	1,72	1,09	7,00
Gasversorgung	0,00	1,71	0,00	0,45	0,00	0,18	0,00	0,51
Wasserversorgung	0,00	0,00	0,00	0,00	0,00	0,00	0,00	0,00
Bergbau	4,09	0,33	0,52	0,53	0,69	0,13	1,01	0,21
Chemische Ind.	2,06	9,24	1,14	22,96	1,26	4,25	1,21	16,18
Mineralölverarb.	3,71	1,59	2,27	1,88	4,44	0,43	2,92	0,93
Kunststoffwarenherst.	20,31	0,78	6,27	1,16	3,53	0,31	5,60	0,96
Gummi u. Asbestverarb.	8,45	0,28	1,84	0,35	1,61	0,11	1,75	0,34
Steine und Erden	30,13	0,32	1,15	1,84	1,14	0,69	1,17	1,74
Feinkeramik	92,00	0,11	1,25	0,20	1,05	0,09	1,15	0,22
Glasgewerbe	17,35	0,34	1,53	0,36	1,56	0,13	1,73	0,36
Eisensch. Industrie	6,28	2,11	2,19	3,50	2,40	1,12	2,27	4,09
NE-Metallerzeugung	4,43	0,97	1,32	0,70	1,30	0,27	1,18	1,07
Gießereien	26,50	0,12	2,94	0,09	1,21	0,15	1,15	0,72
Zieher., Kaltw., Stahlv.	34,84	0,42	3,30	0,41	4,24	0,15	4,82	0,49
Stahl, Leichtmetallbau	168,16	0,26	6,05	0,34	2,59	0,18	4,78	0,46
Maschinenbau	35,90	3,18	2,74	3,46	2,77	1,68	3,57	5,37
Büromasch., ADV-Geräte	6,03	0,38	1,70	0,49	3,49	0,14	7,72	0,35
Straßenfahrzeugbau	30,59	5,40	2,60	6,14	2,91	2,72	4,38	8,32
Schiffbau	15,81	0,13	1,63	0,29	2,39	0,08	2,67	0,24
Luft- u. Raumfahrzeugbau	34,81	0,16	2,39	0,25	2,91	0,07	6,07	0,20
Elektrotechnik	36,70	2,59	2,30	3,12	2,17	1,16	6,89	2,68
Feinmechanik, Optik	66,35	0,25	1,82	0,33	2,18	0,10	3,31	0,27
EBM-Warenherst.	61,60	1,35	2,95	1,17	2,38	0,49	2,76	1,57
Musikinst., Spielw. u.a.	81,88	0,20	2,56	0,33	2,61	0,10	3,75	0,28
Holzbearbeitung	22,03	0,10	1,83	0,10	1,00	0,11	0,94	0,49
Holzverarbeitung	246,91	0,98	7,36	0,87	1,66	0,72	1,65	2,63
Zellstoff, Papier, Pappe	15,64	0,64	0,87	4,13	0,98	0,46	0,95	1,93
Papier-, Pappeverarb.	49,44	0,47	6,67	1,73	2,62	0,32	3,15	1,14
Druckerei, Vervielfält.	70,79	0,22	12,41	0,74	2,53	0,15	2,84	0,56
Ledergewerbe	74,19	0,20	1,18	0,43	1,10	0,12	1,16	0,36
Textilgewerbe	12,17	1,18	1,90	3,83	1,87	0,36	2,94	1,03
Bekleidungsgewerbe	1036,47	0,47	3,26	1,00	2,49	0,19	3,55	0,47
Ernährungsgew., Getränke	14,63	5,01	1,39	8,72	1,80	2,04	1,63	6,71
Tabakverarbeitung	67,90	0,14	7,03	0,18	0,00	0,05	0,00	0,13
Baugewerbe	0,00	5,59	0,00	10,55	1,08	57,51	8,13	13,40
Großhandel, Handelsverm.	0,00	1,22	0,00	0,77	0,00	0,36	0,00	0,73
Einzelhandel	0,00	4,82	0,00	1,32	0,00	0,73	0,00	1,89
Eisenbahnen	0,00	0,55	0,00	0,11	0,00	0,18	0,00	0,22
Schiffahrt	0,00	0,14	0,00	0,15	0,00	0,05	0,00	0,11
Deutsche Bundespost	0,00	0,39	0,00	0,09	0,00	0,07	0,00	0,14
Übriger Verkehr	0,00	0,52	0,00	0,42	0,00	0,18	0,00	0,38
Kreditinstitute	0,00	0,58	0,00	0,23	0,00	0,13	0,00	0,27
Versicherungsunternehmen	0,00	0,34	0,00	0,26	0,00	0,11	0,00	0,24
Wohnungsvermietung	0,00	0,82	0,00	0,73	0,00	2,57	0,00	0,89
Gastgewerbe, Heime	0,00	1,70	0,00	1,15	0,00	0,36	0,00	1,10
Bildung, Wissenschaft	0,00	0,50	0,00	1,11	0,00	0,27	0,00	0,83
Gesundheitswesen, Veter.	0,00	0,16	0,00	0,20	5,55	0,10	9,26	0,18
Übrige Dienstleistungen	0,00	0,47	0,00	0,41	0,00	0,16	0,00	0,37
Gebietskörperschaften	0,00	6,38	0,00	3,85	3,26	6,26	10,38	4,42
Sozialversicherung	0,00	3,47	0,00	4,18	0,00	5,57	0,00	3,62
Priv. Organ. o. Erwerbszw.	0,00	0,76	0,00	0,31	1,03	4,16	3,29	0,52
Alle Wirtschaftsbereiche	2,93	100,00	1,99	100,00	1,40	100,00	2,34	100,00

Eigene Berechnungen nach Angaben des Statistischen Bundesamtes. - [1] Anteil der Endnachfragelieferungen der Produktgruppe I an insgesamt. - [2] Anteil der Endnachfragelieferungen der Produktgruppe I an der Produktion der Produktgruppe I. - [3] Quotient aus gesamtem und direktem Schadstoffausstoß.

RWI

Tabelle A 4.2-1

Lieferungen für Umweltschutz nach Gütergruppen

Gütergruppen	Vorleistungen			Anlageinvestitionen			Vorleist. u. Anlageinvest.		
	insgesamt Mill. DM	für Umweltschutz Mill. DM	Anteil in vH	insgesamt Mill. DM	für Umweltschutz Mill. DM	Anteil in vH	insgesamt Mill. DM	für Umweltschutz Mill. DM	Anteil in vH
				1986					
Produkte der Land- u. Forstwirtschaft	56 806	0	0,0	252	7	2,8	57 058	7	0,0
Energie, Wasser u. Bergbauerzeugnisse	108 333	3 379	3,1	-	0	0,0	108 333	3 379	3,1
Chemische Erzeugnisse	93 290	919	1,0	-	0	0,0	93 290	919	1,0
Mineralölerzeugnisse	27 050	582	2,2	-	0	0,0	27 050	582	2,2
Kunststofferzeugn., Steine u. Erden, usw.	73 789	64	0,1	1 084	0	0,0	74 873	64	0,1
Eisen, Stahl, NE-Metalle, Gießereierzeugnisse	133 068	0	0,0	7 660	6	0,1	140 728	6	0,0
Stahl- u. Maschinenbauerz., ADV, Fahrzeuge	104 639	1 047	1,0	78 716	4 760	6,0	183 355	5 807	3,2
Elektrotechn. u. feinmech. Erzeugn., EBM-Waren	77 688	172	0,2	38 360	1 215	3,2	116 048	1 387	1,2
Holz-, Papier-, Lederwaren, Textilien, Bekleidung	91 801	207	0,2	5 707	16	0,3	97 508	223	0,2
Nahrungsmittel, Getränke, Tabakwaren	62 605	0	0,0	-	0	0,0	62 605	0	0,0
Bauleistungen	37 687	1 252	3,3	159 032	6 613	4,2	196 719	7 865	4,0
Dienstleist. d. Handels, Verkehrs, Postd., usw.	190 260	565	0,3	18 660	905	4,8	208 920	1 470	0,7
Übrige marktb. Dienstlg., ohne Umweltschutzlstg.	443 713	99	0,0	14 132	261	1,8	457 845	360	0,1
Externe Umweltschutzleistungen	17 289	17 289	100,0	-	0	0,0	17 289	17 289	100,0
Nichtmarktbest. Dienstlg. ohne Umweltschutzlstg.	67 301	152	0,2	-	0	0,0	67 301	152	0,2
				1980					
Produkte der Land- u. Forstwirtschaft	56 221	0	0,0	222	5	2,3	56 443	5	0,0
Energie, Wasser u. Bergbauerzeugnisse	80 706	1 894	2,3	-	0	0,0	80 706	1 894	2,3
Chemische Erzeugnisse	78 149	740	0,9	-	0	0,0	78 149	740	0,9
Mineralölerzeugnisse	41 900	429	1,0	-	0	0,0	41 900	429	1,0
Kunststofferzeugn., Steine u. Erden, usw.	68 005	56	0,1	829	0	0,0	68 834	56	0,1
Eisen, Stahl, NE-Metalle, Gießereierzeugnisse	136 825	0	0,0	5 198	5	0,1	142 023	5	0,0
Stahl- u. Maschinenbauerz., ADV, Fahrzeuge	81 032	640	0,8	64 688	1 631	2,5	145 720	2 271	1,6
Elektrotechn. u. feinmech. Erzeugn., EBM-Waren	60 759	110	0,2	31 026	445	1,4	91 785	555	0,6
Holz-, Papier-, Lederwaren, Textilien, Bekleidung	85 147	114	0,1	5 787	14	0,2	90 934	128	0,1
Nahrungsmittel, Getränke, Tabakwaren	65 284	0	0,0	-	0	0,0	65 284	0	0,0
Bauleistungen	30 453	688	2,3	161 402	7 059	4,4	191 855	7 747	4,0
Dienstleist. d. Handels, Verkehrs, Postd., usw.	154 046	312	0,2	16 454	310	1,9	170 500	622	0,4
Übrige marktb. Dienstlg., ohne Umweltschutzlstg.	283 814	50	0,0	10 485	271	2,6	294 299	321	0,1
Externe Umweltschutzleistungen	10 039	10 039	100,0	-	0	0,0	10 039	10 039	100,0
Nichtmarktbest. Dienstlg. ohne Umweltschutzlstg.	47 363	79	0,2	-	0	0,0	47 363	79	0,2

Quelle: Statistisches Bundesamt UGR, Berechnungen des DIW.

Tabelle A 4.2-2

	Nennungen			Anteile in vH		
Angebot nach Umwelttechnikbereichen auf der Umweltmesse "Terratec"	insgesamt[1]	West	Ost	insgesamt[1]	West	Ost
Abfallbehandlung, Wertstoffrückgewinnung und Endlagerung in der Industrie	603	424	176	16,3	15,4	19,9
Vermeidung und Sanierung von Umweltschäden	241	154	80	6,5	5,6	9,1
Luftreinhaltung	371	334	35	10,0	12,1	4,0
Lärmminderung und Lärmschutz	45	38	7	1,2	1,4	0,8
Wasseraufbereitung und Abwasserbehandlung	1083	819	249	29,3	29,8	28,2
Meß-, Regel- und Analysetechnik	766	670	86	20,7	24,3	9,7
Consulting, Engineering, Forschung und Organisation	557	293	242	15,1	10,6	27,4
Fachliteratur	29	20	8	0,8	0,7	0,9
Insgesamt	3695	2752	883	100,0	100,0	100,0
nachr.: Anteile in vH	100,0	74,5	23,9	-	-	-

Quelle: Messekatalog der Umweltmesse Terratec 1992. - [1]inkl. Anbieter mit Sitzen sowohl in Ost- als auch in Westdeutschland

Tabelle A 4.2-3

Gütergruppe	Index der Absatzproduktion von ausgewählten umweltrelevanten Gütern in der jeweiligen Gütergruppe im 4. Quartal '91 (3. Quartal '90 = 100)	Nachrichtlich: Index der Nettoproduktion für das Verarbeitende Gewerbe (3. Quartal '90 = 100)
Absatzproduktion von ausgewählten umweltschutzrelevanten Gütern in ausgewählten Wirtschaftszweigen des Verarbeitenden Gewerbes in Ostdeutschland		
Steine und Erden	42	57
Maschinenbau	53	48
Elektrotechnik	14	42
alle umweltrelevanten Güter	41	-
nachr.: Verarbeitendes Gewerbe	-	66
nachr.: Investitionsgüterproduzierendes Gewerbe	-	54

Quellen: Statistisches Bundesamt, Berechnungen des DIW auf der Grundlage des monatliche Eilberichts der Produktionsstatistik.

Tabelle A 4.2-4

Bezüge und Produktion von umweltschutzrelevanten Gütern in Ostdeutschland			
	1. Hj. '91	2. Hj. '91	1991
Bezüge aus Westdeutschland		in Tsd. DM	
Steine, Erden	12 377	33 502	45 879
Stahl- u. Schienenfahrzeugbau	80 381	211 001	291 382
Maschinenbau	199 376	334 752	534 128
Elektrotechnik	89 695	132 458	222 153
alle Güter	687 394	1 253 638	1 941 032
Produktion in Ostdeutschland			
Steine, Erden	21 471	-	-
Stahl- u. Schienenfahrzeugbau	125 483	-	-
Maschinenbau	1 068 319	-	-
Elektrotechnik	37 914	-	-
alle Güter[1]	1 342 243	1 434 890	2 777 133
Verhältnis der Bezüge zur Produktion aller Güter in vH	51,2	87,4	69,9

Quellen: Statistisches Bundesamt Produktionsstatistik und Statistik des innerdeutschen Warenverkehrs, Berechnungen und Schätzungen des DIW. - [1]Schätzung des DIW auf der Basis des Produktionseilberichtes für das 2. Hj. 91 und 1991.

Abbildung A 2.2-1

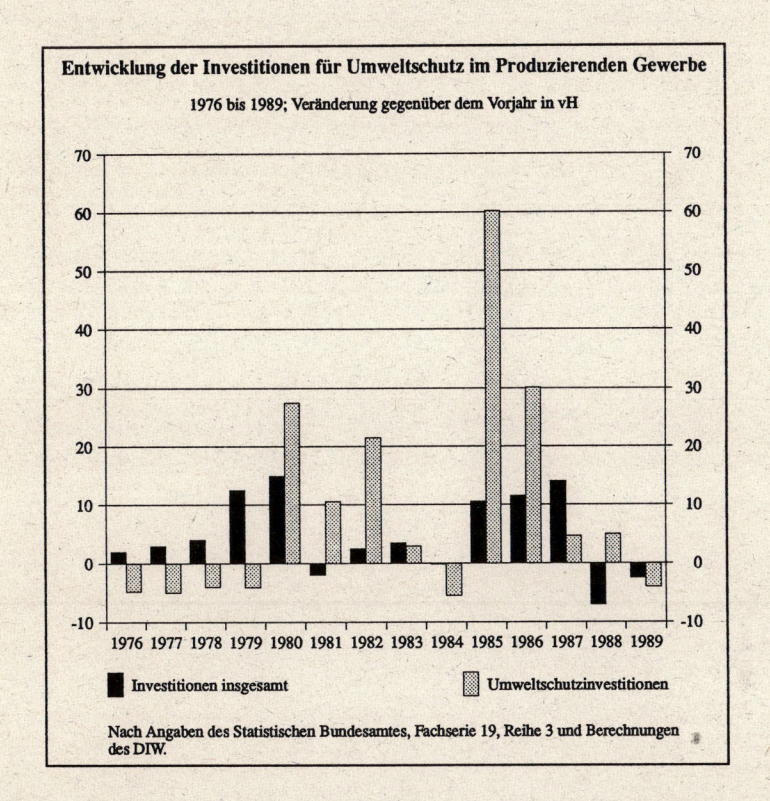

Entwicklung der Investitionen für Umweltschutz im Produzierenden Gewerbe
1976 bis 1989; Veränderung gegenüber dem Vorjahr in vH

■ Investitionen insgesamt   ▨ Umweltschutzinvestitionen

Nach Angaben des Statistischen Bundesamtes, Fachserie 19, Reihe 3 und Berechnungen des DIW.

Übersicht A 2.2-1:

Indikatoren der Wettbewerbsfähigkeit

Zur Abschätzung der Wettbewerbsposition einzelner Sektoren wird in der Regel auf die von Balassa entwickelten Indikatoren des relativen Weltmarktanteils (RWA) und des Revealed Comparative Advantage (RCA) zurückgegriffen[1]. Beiden Indikatoren liegt die Überlegung zugrunde, daß weder das absolute Niveau der Ausfuhren noch das des Ausfuhrüberschusses ein sinnvolles Maß für die internationale Wettbewerbsfähigkeit eines Landes bei bestimmten Produktgruppen ist, da die absoluten Niveaus stark von Größe und Offenheit einer Volkswirtschaft beeinflußt werden. Daher wird beim RWA der Anteil des betrachteten Landes i an der Weltausfuhr in den einzelnen Warengruppen zum gesamten Weltmarktanteil dieses Landes in Beziehung gesetzt. Ein $RWA_{i,j} > 1$ bedeutet, daß die Ausfuhren des Landes auf die Warengruppe j spezialisiert sind. Ein $RWA_{i,j} < 1$ zeigt an, daß das betreffende Land i bei der Gütergruppe j einen unterproportionalen Anteil an den Weltausfuhren hat und somit nur wenig auf diese Produktgruppe spezialisiert ist. Je größer (kleiner) der RWA-Index, desto stärker (schwächer) spezialisiert ist das betreffende Land. Beim RWA handelt es sich somit um ein Spezialisierungsmaß.

$$RWA_{i,j} = \frac{a_{i,j} / \sum_{i=1}^{m} a_{i,j}}{\sum_{j=1}^{n} a_{i,j} / \sum_{i=1,j=1}^{m,n} a_{i,j}}$$

wobei a = Ausfuhr
i = Länderindex
j = Warengruppenindex

Der RWA-Index hat den Nachteil, daß damit im wesentlichen die Ausfuhrleistung gemessen wird. Nicht berücksichtigt wird hingegen, in welchem Maß sich die heimische Industrie gegen die ausländische Konkurrenz auf den Inlandsmärkten hat durchsetzen können. Daher erweist es sich zur Abschätzung der Wettbewerbsposition als sinnvoll,

---

[1] D. Schumacher: Regional- und Warenstruktur im internationalen Vergleich, in: DIW-Vierteljahrshefte zur Wirtschaftsforschung, Heft 3/4, 1988.

noch Übersicht A 2.2-1:

auch die Einfuhren mit zu berücksichtigen. Der RCA-Index setzt die Ausfuhr-Einfuhr-Relation eines Landes i in einer bestimmten Warengruppe j in Beziehung zur gesamten Ausfuhr-Einfuhr-Relation dieses Landes[2].

$$RCA_{i,j} = \frac{a_{i,j} / e_{i,j}}{\sum_{j=1}^{n} a_{i,j} / \sum_{j=1}^{n} e_{i,j}}$$

wobei a = Ausfuhr
e = Einfuhr
i = Länderindex
j = Warengruppenindex

Bei Zugrundelegung des RCA-Index wird der relative Exportüber- oder -unterschuß als Indikator für den komparativen Vorteil eines Landes bei bestimmten Warengruppen verwendet. Ist der RCA-Wert größer (kleiner) als 1, so deutet dies auf einen komparativen Vorteil (Nachteil) der betreffenden Warengruppe des untersuchten Landes hin. Wie beim RWA-Index gilt auch hier, daß größere (kleinere) Werte auf eine stärkere (geringere) Wettbewerbsposition gegenüber der restlichen Welt schließen lassen.

In einer Welt des Freihandels oder des nicht-diskriminatorischen Handels könnte man vom RWA/RCA-Wert direkt Rückschlüsse auf die "natürliche" Spezialisierung/internationale Wettbewerbsfähigkeit ziehen, da hier gleiche Bedingungen für alle Lieferländer bestehen würden. In der Realität diskriminieren freiwillige Selbstbeschränkungsabkommen, Präferenzzölle oder nicht-tarifäre Handelshemmnisse jedoch zwischen Handelspartnern, so daß die unter diesen Umständen ermittelten RWA/RCA-Werte nur Rückschlüsse auf die "tatsächliche" Spezialisierung/internationale Wettbewerbsfähigkeit zulassen. Ob diese Spezialisierung mit den komparativen Vorteilen auf Basis der Faktorausstattung übereinstimmt oder nicht, hängt vom Ausmaß der Preis- und Mengenverzerrungen ab.

---

[2] Die Bezugsgröße sind bei den hier durchgeführten Berechnungen Industriegüter, d.h. alle Waren, die in die Kapitel 28-97 der Gütersystematik des Statistischen Bundesamtes für die Außenhandelsstatistik fallen.

Literaturverzeichnis

Adams, H.W., Umweltschutz-Audit. In: Bundesverband Junger Unternehmer (Hrsg.), Umweltschutz-Berater. Handbuch für wirtschaftliches Umweltmanagement im Unternehmen. Köln 1991.

Antes, R. Tiebler, P., Steger, U., Ergebnisse der Interviews mit Mitgliedern der Geschäftsleitung der Unternehmen zum Themenbereich "Unternehmensführung". In Forschungsgruppe Umweltorientierte Unternehmensführung (FUUP). Bericht zu den Befragungsergebnissen des Modellversuchs "Umweltorientierte Unternehmensführung".

BBE-Unternehmensberatung (Hrsg.), Die Entwicklung eines marktfähigen Umweltschutz-Marketing-Konzepts für das mittelständische Einzelhandelsunternehmen. Köln 1992.

Belitz, H., Blazejczak, J., Gornig, M., Kohlhaas, M., Schulz, E., Seidel, T. und Vesper, D. unter Mitarbeit von Lüdigk, R. Ökologische Sanierung und wirtschaftlicher Strukturwandel in den neuen Bundesländern. "Beiträge zur Strukturforschung des DIW", Heft 132. Berlin 1992.

Benkert, W. und Gornig, M: Umweltschutz, Wirtschaftsstruktur und Arbeitsmarkt in Nordrhein-Westfalen. In: Jahrbuch Arbeit und Technik in Nordrhein- Westfalen 1988. Bonn 1988, S. 353 ff.

Bennett, G. (Hrsg.), Air Pollution Control in the European Community, Implementation of the ED Directives in the Twelve Member States. "International Environmental Law and Policy Studies". London 1991.

Bonkowski, S. und Legler, H: Umweltschutz und Wirtschaftsstruktur in Niedersachsen. Niedersächsisches Institut für Wirtschaftsforschung. Hannover 1986.

Bothe, M. und Guendling, L. Umwelt- und Technikrecht in den Europäischen Gemeinschaften - Antrieb oder Hemmnis? 1989.

Bothe, M. und Guendling, L: Neuere Tendenzen des Umweltrechts im internationalen Vergleich. Berlin 1990.

Bullinger, M., Beschleunigte Genehmigungsverfahren für eilbedürftige Vorhaben. Freiburg 1991.

Bundesamt für Umwelt, Wald und Landschaft (BUWAL) (Hrsg.), Umweltschutzrecht EG - Schweiz, (Schriftenreihe Umwelt, Nr. 129.) Bern 1990.

Bundeskanzler, Umweltprogramm der Bundesregierung. Deutscher Bundestag, Drucksache VI/2710. Bonn 1971, S. 6.

Bundesminister für Umwelt, Naturschutz und Reaktorsicherheit (Hrsg.), "Umwelt", Beilagen zu Heft 9, Bonn, Jg. 1991.

Bundesverband der Deutschen Industrie (Hrsg.), Inter-National Environmental Policy - Perspectives 2000. Köln 1992.

Coase, R.H., The Problem of Social Cost. "Journal of Law and Economics", Chicago, vol. 3 (1960), S. 1-44.

Denison, E.F., The Interruption of Productivity Growth in the U.S. "The Economic Journal", Oxford, vol. 93 (1983), S. 56ff.

Deutsche Ausgleichsbank (Hrsg.), Jahresbericht 1991. Meckenheim 1992.

Deutsche Bundesbank (Hrsg.), Zahlungsbilanzstatistik. Frankfurt a.M., lfd. Jgge.

Deutscher Bundestag, 21. Rahmenplan der Gemeinschaftsaufgabe "Verbesserung der regionalen Wirtschaftsstruktur". Bundestagsdrucksache 12/2599, Bonn, Mai 1992.

Deutsches Institut für Wirtschaftsforschung (Hrsg.), Umweltschutzinvestitionen im produzierenden Gewerbe - auf wenige Branchen konzentriert. (Bearb: G. Neckermann.) "DIW-Wochenbericht", Nr. 29. Berlin 1988.

Deutsches Institut für Wirtschaftsforschung (Hrsg.), Umorientierung der Subventionspolitik des Bundes? (Bearb.: F. Stille.) "DIW-Wochenbericht", Nr. 35, Berlin 1989.

Deutsches Institut für Wirtschaftsforschung (Hrsg.), Regionale Aspekte des Marktes für Umweltschutzgüter. (Bearb: M. Gornig.) "DIW-Wochenbericht", Nr. 3., Berlin, Jg. 57 (1990).

Deutsches Institut für Wirtschaftsforschung (Hrsg.), Ökologische Sanierung in den neuen Bundesländern - Impulse für den wirtschaftlichen Strukturwandel. (Bearb: H. Belitz und J. Blazejczak.) "DIW-Wochenbericht", Nr. 8. Berlin 1992.

Deutsches Institut für Wirtschaftsforschung (Hrsg.), Gefährdet die Lohnkostenentwicklung die Wettbewerbsfähigkeit der Bundesrepublik Deutschland? (Bearb: D. Schumacher und F. Stille.) "DIW-Wochenbericht", Nr. 11. Berlin 1992.

Deutsches Institut für Wirtschaftsforschung (Hrsg.), Saldo der Direktinvestitionen: Kein Indikator für Standortschwäche. (Bearb.: H. Flassbeck, D. Schumacher und F. Stille.) "DIW-Wochenbericht" Nr. 14. Berlin 1992.

Deutsches Institut für Wirtschaftsforschung (Hrsg.), Analyse der strukturellen Entwicklung der deutschen Wirtschaft, Strukturberichterstattung 1992. Berlin 1992.

Deutsches Institut für Wirtschaftsforschung (Hrsg.), Beschäftigungswirkungen des Umweltschutzes - Abschätzung und Prognose bis 2000. (Forschungsvorhaben Nr. 101 03 120 des Umweltforschungsplans des Bundesminister für Umwelt, Naturschutz und Reaktorsicherheit.) Berlin (erscheint demnächst).

Dreyhaupt, F.J., Teilvorhaben Vollzug. In: TÜV-Rheinland (Hrsg.), Ökologisches Sanierungs- und Entwicklungskonzept. Leipzig, Bitterfeld, Halle, Merseburg. Köln 1991.

Drittes BASF-Gespräch, welches am 13./14. September 1991 in Mannheim zu dem Thema "Standortkriterien bei Investitionsentscheidungen" stattfand, gehaltenen Vorträge (in Manuskriptform vorliegend).

Endres A., Jarre J., Klemmer P. und Zimmermann K., Der Nutzen des Umweltschutzes. Synthese der Ergebnisse des Forschungsschwerpunktprogrammes "Kosten der Umweltverschmutzung/Nutzen des Umweltschutzes". (Berichte des Umweltbundesamtes, Bd. 12/91.) Berlin 1991.

ENVITEC-Pressereferat (Hrsg.), Ausstellerberichte, Stand 1992. Düsseldorf 1992.

Endres, A. Die Coase-Kontroverse. "Zeitschrift für die gesamte Staatswissenschaft", Tübingen, Jg. 133 (1977), S. 636ff.

Endres, A., Der Umwelthandel von Bergkamen. "Umwelt" Nr. 4, Jg. 1977, S. 274-279.

Eucken, W., Grundsätze der Wirtschaftspolitik. 4., unveränd. Auflage Tübingen und Zürich 1968.

EURECA-Sekretariat (Hrsg.), o.T., Brüssel 1991.

Ewringmann, D. und Schafhausen, F., Abgaben als ökonomischer Hebel in der Umweltpolitik - Ein Vergleich von 75 praktizierten oder erwogenen Abgabenlösungen im In- und Ausland. Berlin 1985.

Ewringmann, D., o.T., abgedruckt in: Umweltbundesamt (Hrsg.), Informationen zum Thema Umweltschutz und Standortwahl. Berlin 1992.

Faust, K., Früherkennung technischer Entwicklungen auf der Basis von Patentdaten. (Ifo-Studien zur Strukturforschung, Nr. 9/I.) München 1987.

Feess-Dörr, E., Prätorius, G., Steger, U., Der Einfluß von Umwelt- und Wohnqualitätsfaktoren auf industrielle Standortentscheidungen. Destrick-Winkel 1988.

Fels, G. (Hrsg.), Standort D - Nach der Vereinigung - vor dem Binnenmarkt. Köln 1992.

Fels, G., Aktuelle Trends der Standortqualität. In: G. Fels (Hrsg.), Standort D - Nach der Vereinigung - vor dem Binnenmarkt. Köln 1992.

Fietkau, H.-J., Psychologische Ansätze zu Mediationsverfahren im Umweltschutz. (Schriften zu Mediationsverfahren im Umweltschutz, Nr. 1. Wissenschaftszentrum Berlin.) Berlin 1991.

Fritzsche, B., Hummel, M., Jüttemeier, K.-H., Stille, F., Weilepp, M: Subventionen. Probleme der Abgrenzung und Erfassung. (Ifo-Studien zur Strukturforschung, Nr. 11.) München 1988.

Gabor, D. et al., Das Ende der Verschwendung. Stuttgart 1976.

Gatzweiler, H.-P. Irmen, E., Janich, H., Regionale Infrastrukturausstattung. Forschungen zur Raumentwicklung, Bd. 20, Bonn 1991.

Geppert, K., Jeschek, W., Seidel, B., Vesper, D., Kultur als Wirtschaftsfaktor. Berlin 1992 (als Manuskript vervielfältigt).

Gerstenberger, W., Zur Wettbewerbsposition der deutschen Industrie im High-Tech-Bereich, "Ifo-Schnelldienst", Berlin und München, Jg. 45 (1992), Heft 13.

Gerstenberger, W., Grenzen fallen - Märkte öffnen sich. Die Chancen der deutschen Wirtschaft am Beginn einer neuen Ära, Strukturbericht 1/1990, (Schriftenreihe des Ifo-Instituts, Bd. 27.) Berlin und München 1991.

Gierl, H., Ökologische Einstellungen und Kaufverhalten im Widerspruch. "Markenartikel", Wiesbaden, Jg. 49 (1987), S.2ff.

Graskamp, R., Halstrick-Schwenk, M., Janßen-Timmen, R., Löbbe, K. und Wenke, M., Umweltschutz, Strukturwandel und Wirtschaftswachstum. (Untersuchungen des Rheinisch-Westfälischen Instituts für Wirtschaftsforschung, Heft 4.) Essen 1992.

Gronemeyer, S., Umweltschutz und Wirtschaft. (Vorträge, Reden und Berichte aus dem Europa-Institut, Nr 93.) Saarbrücken 1987.

Haigh, N., Comparative Report: Water and Waste in Four Countries, A Study of the Implementation of the EEC Directives in France, Germany, Netherlands and Unites Kingdom, European Community Environmental Policy in Practice, Volume 1. London 1986.

Hamm, R., Hillebrand, B., Elektrizitäts- und regionalwirtschaftliche Konsequenzen einer Kohlendioxid- und Abfallabgabe. (Untersuchungen des Rheinisch-Westfälischen Institut für Wirtschaftsforschung, Heft 5.) Essen 1992.

Heyder, H., Ökologiebewußtsein und Marketing. In: R. Szallies und G. Wiswede (Hrsg.), Wertewandel und Konsum. Fakten, Perspektiven und Szenarien für Markt und Marketing. Landsberg am Lech 1990, S.342.

Hill, W., Basisperspektiven der Managementforschung. "Die Unternehmung", Nr. 1, 1991.

Hohmann, H., Die Entwicklung der internationalen Umweltpolitik und des Umweltrechts durch internationale und europäische Organisationen. In: Aus Politik und Zeitgeschichte, B 47- 48/1989, S. 29-45.

Hohmeyer, O., Abwämenutzung mit Hilfe von Wärmetauschern im verarbeitenden Gewerbe. Karlsruhe 1991. (unveröffentlichte Arbeitsunterlage.)

Holleben, H. von, Europäische Produktnormen als Instrument des freien Warenverkehrs, des Umweltschutzes und der technischen Sicherheit - aus der Sicht der Wirtschaft. In: Umwelt- und Technikrecht in den Europäischen Gemeinschaften - Antrieb oder Hemmnis? 1989, S. 145 - 158.

Horstmann, W., Direktinvestitionen - Ein Indikator für die internationale Standort-Wettbewerbsfähigkeit? "Wirtschaftsdienst", Hamburg, Jg. 72 (1992), S. 472ff.

Institut der deutschen Wirtschaft (IW), (Hrsg.), Standort Bundesrepublik Deutschland, "IW-Trends", Köln 1992, Nr. 2.

Institut für praxisorientierte Sozialforschung (Hrsg.), Einstellungen zu Fragen des Umweltschutzes 1991. Mannheim 1991.

Kahnert, R., Kunzmann, K. und Lossin, B: Entwicklungsbedingungen und regionale Verteilung der Umweltwirtschaft in Rheinland-Pfalz. "Zeitschrift für Umweltpolitik und Umweltrecht", Frankfurt a.M. 1986, S. 247 ff.

Kaiser, H. (Hrsg.), Umweltschutz macht Märkte, Statusbericht. Tübingen 1992.

Kapp, K.W., The Social Costs of Private Enterprise. Cambridge MA 1950.

Karl, H., Öko-Audits - Ein sinnvolles Informationskonzept für Umweltbelastungen? "Wirtschaftsdienst", Hamburg, Jg. 72 (1992), S. 370ff.

Karrenberg, H. und Münstermann, E., Gemeindefinanzbericht 1992. "Der Städtetag", Stuttgart 2/1992.

Klemmer, P. (I), Umweltschutz und Wirtschaftlichkeit. Grenzen der Belastbarkeit der Unternehmen (Wirtschaftspolitische Kolloquien der Adolf-Weber-Stiftung, Bd. 17.) Berlin 1990, S. 19ff.

Klemmer, P. (II), Gesamtwirtschaftliche Effekte ökonomischer Instrumente des Umweltschutzes. In: Umweltschutz - Herausforderungen und Chancen für die Wirtschaft. (Beihefte der Konjunkturpolitik, Heft 38.), Berlin 1991, S. 135ff.

Klemmer, P., Harmonisierung der Umweltprozesse in der EG. "Wirtschaftsdienst", Hamburg, 71. Jg. (1991), S. 262-268.

Klemmer, P., Umweltschutz und Bautätigkeit. "Ifo-Schnelldienst", Berlin und München 1987, Heft 20.

Knödgen, G., Umweltschutz und industrielle Standortentscheidungen. Frankfurt a.M. und New York 1982.

Knoepfel, P. und Weidner, H. (I), Handbuch des SO_2-Luftreinhaltung, Teil II: Länderberichte. (Beiträge zur Umweltgestaltung A 72.) Berlin 1980.

Knoepfel, P. und Weidner, H. (II), Handbuch der SO_2-Luftreinhaltepolitik, Teil I: Vergleichende Analyse, Beiträge zur Umweltgestaltung A 72, Berlin 1980.

Knoepfel, P., und Weidner, H. (III), Die Durchsetzbarkeit planerischer Ziele auf dem Gebiet der Luftreinhaltung aus der Sicht der Politikwissenschaft. Ergebnisse einer internationalen Vergleichsuntersuchung, Wissenschaftszentrum Berlin. (IIUG reprints no. 83-14.) Berlin 1983.

Knoepfel, P., Demokratisierung der Raumplanung. Berlin 1977.

Kotler, P. and Armstrong, G., Principles of Marketing. 5nd. ed., Englewood Cliffs 1991.

Kreditanstalt für Wiederaufbau (Hrsg.), Bericht über das Geschäftsjahr 1991. Frankfurt a.M. 1992.

Kromarek, P., Vergleichende Untersuchung über die Umsetzung der EG-Richtlinien Abfall und Wasser. Bonn 1986.

Krumrey, H., Blüte auf Pump - Hohe Steuern, scharfe Umweltauflagen, Managementdefizite - die Bundesrepublik gerät als Industriestandort ins Hintertreffen. "Wirtschaftswoche" Düsseldorf, Ausgabe vom 3. Jan. 1992.

Langer, H. unter Mitarbeit von Ligendza, E., Investitionshilfen im Umweltschutz - Ein Praxisleitfaden mit Gesetzes-, Verordnungs- und Richtliniensammlung, Köln 1991.

Lauber, W. und Draxler, H., Betriebsgeheimnis Schadstoffe? Umweltdaten und Öffentlichkeitsarbeit, Wien 1988.

Legler, H., Grupp, H., Gehrke, B. und Schasse, U. Innovationspotential und Hochtechnologie. Heidelberg 1992.

Leipziger Messe GmbH (Hrsg.), Messekatalog TERRATEC 1992. Leipzig 1992.

Löbbe, K., Graskamp, R., Kampmann, R., Scheuer, M. und Walter, J., Technische Dienstleistungen, Technologietransfer und Innovation. (Untersuchungen des Rheinisch-Westfälischen Instituts für Wirtschaftsforschung, Heft 7.) Essen 1992.

Low, P. (Hrsg.), International Trade and the Environment. Washington 1992.

Low, P. and Yeats, A., Do "Dirty" Industries Migrate? In: Low, P. (Hrsg.), International Trade and the Environment. Washington 1992.

Maddison, A., Growth and Slowdown in Advanced Capitalist Economies: Techniques and Quantitative Assessment. "Journal of Economic Literature", Nashville, TN, vol. 25 (1987), S. 649ff.

Meadows, D.L. und Forrester, J.W., Die Grenzen des Wachstums. Reinbek 1974.

Meffert, H. und Kirchgeorg, G., Marktorientiertes Umweltmanagement. Grundlagen und Fallstudien. Stuttgart 1992.

Meffert, H. und Ostmeier, H., Umweltschutz und Marketing. Möglichkeiten der Verbesserung der betriebswirtschaftlichen Situation von Unternehmen durch umweltorientierte Absatzmaßnahmen. (Berichte des Umweltbundesamtes 8/90.) Berlin 1990.

Meffert, H. und Schubert, F., Bedeutung der Ökologie für das Marketing. Theoretische Konzeption und empirische Ergebnisse. In: Meffert, H. und Wagner, H. (Hrsg.), Ökologie und Marketing - Bestandsaufnahme und Erfahrungsberichte. (Dokumentationspapiere der Wissenschaftlichen Gesellschaft für Marketing und Unternehmensführung, Nr. 38.) Münster 1987.

Meffert, H. und Wagner, H. (Hrsg.), Ökologie und Marketing - Bestandsaufnahme und Erfahrungsberichte. (Dokumentationspapiere der Wissenschaftlichen Gesellschaft für Marketing und Unternehmensführung, Nr. 38.) Münster 1987.

Meffert, H., Kirchgeorg, M. und Ostmeier, H., Werbestrategien. In: Bundesverband Junger Unternehmer (Hrsg.), Umweltschutz-Berater. Köln 1992.

Meffert, H., Kirchgeorg, M., Marktorientiertes Umweltmanagement, 1992.

Meißner, W. und Hödl, E., Auswirkungen der Umweltpolitik auf den Arbeitsmarkt. Bonn 1978.

Meißner, W., und Gräber-Seißinger, U., Umweltpolitik und internationale Wettbewerbsfähigkeit. In: U. Steeger (Hrsg.), Handbuch des Umweltmanagements. München 1992.

Meller, E., Diskussionsbeitrag zur Podiumsdiskussion: Wirtschaftsordnung und Umweltschutz in den EG. In: Umwelt- und Technikrecht in den Europäischen Gemeinschaften - Antrieb oder Hemmnis? 1989.

Mesarovic, M. und Pestel, E., Mankind at the Turning Point. London 1975.

Müller, E., Sozial-liberale Umweltpolitik - von der Karriere eines neuen Politikbereiches. "Aus Politik und Zeitgeschichte - Beilage zur Wochenzeitung Das Parlament", Nr. B 47-48/89 vom 17.11.1989, S. 4.

Nerb, G., Der Standort Westdeutschland im Urteil der Unternehmen. "Ifo-Schnelldienst", Berlin und München, Jg. 45 (1992), Heft 8.

o.V., Der ökologische Vorsprung kann Nachteile bringen. "Handelsblatt", Düsseldorf, Ausgabe vom 10. April 1992.

o.V., Öko-Trend bei Wasch-, Putz- und Reinigungsmitteln ungebrochen. "Der Verbraucher", Hamburg, Heft Nr. 7, 1992, S. 9ff.

o.V., Ostler sind noch zu zaghaft. "Die Wirtschaft" Nr. 27, 1992.

o.V., Zweierlei Recht soll Aufschwung bringen. "Berliner Zeitung", Ausgabe vom 22.10.1992.

o.V., Richtlinien des Rates vom 27. Juni 1985 über die Umweltverträglichkeitsprüfung bei bestimmten öffentlichen und privaten Projekten (85/337/EWG). In: Amtsblatt der Europäischen Gemeinschaften Nr. L175 vom 5.7.1985.

Oberholz, A., Diagnose: Verbesserungswürdig. B.A.U.M. und future - zwei Umweltverbände auf dem Prüfstand. "Umweltmagazin", Würzburg, Jg. 21 (1992), Heft 5, S. 46ff.

Organisation for Economic Co-operation and Development (Hrsg.), The OECD Environment Industry: Situation, Prospects and Government Policies. Paris 1992.

Organisation for Economic Co-operation and Development (Hrsg.), Environmental Data. Paris 1991.

Organisation of Economic Co-operation and Development (Hrsg.), OECD in figures. Statistics on the member countries. Supplement to the OECD observer No. 170, Paris, June/July 1991.

Organisation of Economic Co-operation and Development (Hrsg.), Pollution Control and Abatement Expenditure in OECD Countries. A Statistical Compendium. (Environment Monographs, Nr. 38.) Paris 1990.

Pernice, I., Kompetenzordnung und Handlungsbefugnisse der Europäischen Gemeinschaft auf dem Gebiet des Umwelt- und Technikrechts. In: Umwelt- und Technikrecht in den Europäischen Gemeinschaften - Antrieb oder Hemmnis? 4. Trierer Kolloquium zum Umwelt- und Technikrecht vom 21. bis 23. September 1988. (Umwelt- und Technikrecht, Band 7.) Düsseldorf 1989.

Pigou, A.C., The Economics of Welfare. 4th ed. London 1962.

Porter, M.E., The Competitive Advantage of Nations. London, 1990.

Prätorius, G., Umweltschutz als Standortfaktor. In: U. Steger (Hrsg.), Handbuch des Umweltmanagements. München 1992, S. 146ff.

Rat von Sachverständigen für Umweltfragen (Hrsg.), Umweltgutachten 1974.

Rat von Sachverständigen für Umweltfragen (Hrsg.), Umweltgutachten 1987, Stuttgart und Mainz 1988.

Rehbinder, E., Das Vorsorgeprinzip im internationalen Vergleich. (Umweltrechtliche Studien Nr. 12). Düsseldorf 1991.

Rehbinder, E., Rechtliche Rahmenbedingungen der EG- Umweltpolitik: Korrektiv für die ökologischen Folgen des Binnenmarktes? In: Der Minister für Umwelt, Raumordnung und Landwirtschaft des Landes Nordrhein-Westfalen, 1990, S. 73-81.

Reidenbach, M., Umweltschutzausgaben des öffentlichen Bereichs - Darstellung, Erfassung und Finanzierung 1971- 1981. Berichte des Umweltbundesamtes 2/85, Berlin 1985, S. 43 ff.

Rheinisch-Westfälischs Institut für Wirtschaftsforschung (Hrsg.), Analyse der strukturellen Entwicklung der deutschen Wirtschaft - RWI-Strukturberichterstattung 1987, Bd. 3 (Schwerpunktthema): Die Auswirkungen staatlicher Marktregulierungen auf die sektorale Strukturbildung und Faktorallokation - Möglichkeiten und Auswirkungen von Deregulierungen in einzelnen Wirtschaftszweigen. Gutachten im Auftrag des Bundesministers für Wirtschaft. (Bearb. K. Löbbe.) Essen 1986.

Rheinisch-Westfälisches Institut für Wirtschaftsforschung (Hrsg.), Analyse der strukturellen Entwicklung der deutschen Wirtschaft - RWI-Strukturberichterstattung 1987. Bd. 4 (Schwerpunktthema); Strukturwandel und Umweltschutz -

Umweltwirkungen des Strukturwandels, Auswirkungen von Maßnahmen des Umweltschutzes auf die gesamtwirtschaftliche Produktivitätsentwicklung und das Wachstum ausgewählter Wirtschaftszweige. Gutachten im Auftrag des Bundesministers für Wirtschaft (Bearb: M. Halstrick und K. Löbbe.) Essen 1987.

Rheinisch-Westfälisches Institut für Wirtschaftsforschung (Hrsg.), Analyse der strukturellen Entwicklung der deutschen Wirtschaft - RWI-Strukturberichterstattung 1987, Bd. 6: Methoden und Materialien. Gutachten im Auftrag des Bundesministers für Wirtschaft. Essen 1988.

Rheinisch-Westfälisches Institut für Wirtschaftsforschung (Hrsg.), Analyse der strukturellen Entwicklung der deutschen Wirtschaft (RWI-Strukturberichterstattung 1987), Schwerpunktthema 1988: Standortqualität der Bundesrepublik Deutschland und Veränderungen der Standortanforderungen im sektoralen Strukturwandel. Gutachten im Auftrag des Bundesministers für Wirtschaft. (Berarb: Klaus Löbbe u.a.). Essen 1989.

Rheinisch-Westfälisches Institut für Wirtschaftsforschung (Hrsg.), Kosten und Erträge der Energieerzeugung in der Bundesrepublik Deutschland. Gutachten im Auftrag der Gasunie b.V. Essen 1989.

Ryll, A., Zur volkswirtschaftlichen Gesamtrechnung des monetären Umweltschutzes 1975 bis 1985. Internationales Institut für Umwelt und Gesellschaft, (reports 87-8.) Berlin 1987, S. 33 ff.

Schäfer, D. und Stahmer, C., Input-Output-Modelle zur Gesamtwirtschaftlichen Analyse von Umweltschutzaktivitäten. "Zeitschrift für Umweltpolitik und Umweltrecht", Frankfurt a.M. (1989), Nr. 2.

Schaltegger, S. und Sturm, A., Erfolgskriterien ökologieorientierten Managements. Die Notwendigkeit einer ökologischen Rechnungslegung. "Zeitschrift für Umweltpolitik und Umweltrecht", Frankfurt a.M., Jg. 15 (1992).

Schmidt, J., Zur Entwicklung der Kapitalrentabilität in den Unternehmensbereichen der Bundesrepublik Deutschland. "RWI-Mitteilungen", Berlin, Jg. 31 (1980), S. 207ff.

Schulz W., Ansätze und Grenzen der Monetarisierung von Umweltschäden. "Zeitschrift für Umweltpolitik und Umweltrecht", Frankfurt a.M., Jg. 12 (1989), S. 55-72.

Schulz, W. und Schulz, E., Zur umweltpolitischen Relevanz von Nutzen-Kosten-Analysen in der Bundesrepublik Deutschland. "Zeitschrift für Umweltpolitik und Umweltrecht", Frankfurt a.M., Jg. 14 (1991), S. 309.

Schulz, W. und Wicke, L., Der ökonomische Wert der Umwelt. "Zeitschrift für Umweltpolitik und Umweltrecht", Frankfurt a.M., Jg. 10 (1987), S. 109-156.

Schulz, W. und Wicke, L., Die Kosten der Umweltverschmutzung - Beispiel: Waldsterben. "Umwelt und Energie", Jg. 7 (1986).

Sprenger, R.-U., Beschäftigungswirkungen der Umweltpolitik - eine nachfrageorientierte Untersuchung. (Berichte des Umweltbundesamtes, Nr. 4.) Berlin 1989.

Sprenger, R.-U., Die EG muß auch eine Umweltschutzgemeinschaft werden, Zur ökologischen Dimension der Vollendung des Binnenmarktes. "Ifo-Schnelldienst", Berlin und München, Jg. 43 (1990) Heft 5/6, S. 31ff.

Sprenger, R.-U., Keine beschäftigungspolitische Wende durch die Umweltpolitik. "Ifo-Schnelldienst", Berlin und München, Jg. 42 (1989), Heft 15, S. 8ff.

Sprenger, R.-U. und Knödgen, G., Umweltschutztechnik - ein wachstumsstarker Markt. Sonderband des Umwelt-Magazins. Würzburg 1985.

Stäglin, R. und Pischner, R., Darstellung des um den Keynes'schen Multiplikator erweiterten offenen statischen Input-Output-Modells. "Mitteilungen aus der Arbeitsmarkt- und Berufsforschung", Stuttgart u. a., Jg. 9 (1976) S. 345ff.

Statistisches Bundesamt (Hrsg.), Ausgewählte Ergebnisse zur Umweltökonomischen Gesamtrechnung 1975 bis 1990, (Ausgewählte Arbeitsunterlagen zur Bundesstatistik, Heft 18.) Wiesbaden 1991.

Statistisches Bundesamt (Hrsg.), Investitionen für Umweltschutz im Produzierenden Gewerbe 1986. Fachserie 19, Reihe 3. Wiesbaden 1989.

Statistisches Bundesamt, (Hrsg.), Schätzung des Produktionsvolumens von Umweltschutzgütern 1983 bis 1988. Wiesbaden 1990.

Steger, U. (Hrsg.), Handbuch des Umweltmanagements. München 1992.

Steinberg, R., Allert, H.-J., Grams, C. und Schariot, J., Zur Beschleunigung des Genehmigungsverfahrens für Industrieanlagen. Eine empirische und rechtspolitische Untersuchung. Baden-Baden, 1991.

Stihl, H.-P., Unternehmerische Standortstrategien für die neunziger Jahre. In: G. Fels (Hrsg.).

Stille, F: Umorientierung der Subventionspolitik des Bundes? (DIW-Wochenbericht Nr. 35.) Berlin 1989.

Streck, W., Chemische Industrie, Strukturwandlungen und Entwicklungsperspektiven. (Schriftenreihe des Ifo-Instituts für Wirtschaftsforschung, Reihe Industrie, Heft 36.)

Szallies, R. und Wiswede, G. (Hrsg.), Wertewandel und Konsum. Fakten, Perspektiven und Szenarien für Markt und Marketing. Landsberg am Lech 1990.

Töpfer, K., Bundesminister für Umwelt, Naturschutz und Reaktorsicherheit und Repnik, H.-P., Bericht an die Abgeordneten des Deutschen Bundestages. In: Bundesminister für Umwelt, Naturschutz und Reaktorsicherheit Bundesminister für Umwelt, Naturschutz und Reaktorsicherheit (Hrsg.), "Umwelt", Nr. 7-8, Bonn, Jg. 1992, S. 280-282.

Tsuru, S. und Weidner, H. (Hrsg.), Ein Modell für uns: Die Erfolge der japanischen Umweltpolitik. Köln 1985.

TÜV-Rheinland (Hrsg.), Ökologisches Sanierungs- und Entwicklungskonzept. Leipzig, Bitterfeld, Halle, Merseburg. Köln 1991.

Ullmann, A. und Zimmermann, K: Umweltpolitik und Umweltschutzindustrie in der BRD. (Berichte des Umweltbundesamtes.) Nr. 1, Berlin 1981.

Umweltbundesamt (Hrsg.), Zur monetären Bewertung von Umweltschäden. Methodische Untersuchung am Beispiel der Waldschäden. (Bearb: H.-J. Ewers) (Berichte des Umweltbundesamtes, Bd. 4/1986.) Berlin 1986.

Umweltbundesamt (Hrsg.), Das Umweltzeichen. Ziele - Hintergründe - Produktgruppen. Berlin 1990.

Umweltbundesamt (Hrsg.), Daten zur Umwelt. 1990/1991, Berlin 1992.

Umweltbundesamt (Hrsg.), Die Nachfrage nach Umweltqualität in der Bundesrepublik Deutschland. (Bearbeiter K. Holm-Müller, H. Hansen, M. Klockmann und P. Luther.) (Berichte des Umweltbundesamtes, Bd. 4/91.) Berlin 1991.

Umweltbundesamt (Hrsg.), Kosten der Umweltverschmutzung. Tagungsband zum Symposium im Bundesministerium des Inneren am 12. und 13. September 1985. (Berichte des Umweltbundesamtes, Bd. 7/86.) Berlin 1986.

Umweltbundesamt (Hrsg.), Umweltfreundliche Beschaffung. Handbuch zur Berücksichtigung des Umweltschutzes in der öffentlichen Verwaltung und im Einkauf. 2. Aufl. Berlin 1989.

Umweltbundesamt (Hrsg.), Umweltorientierte Unternehmensführung. Möglichkeiten zur Kostensenkung und Erlössteigerung - Modellvorhaben und Kongress. (Berichte des Umweltbundesamtes, Bd. 11/91.). Berlin 1991.

United Nations Development Programme (UNDP) (Hrsg.), Human Development Report, New York, 1992.

Verband Deutscher Maschinen- und Anlagenbau (Hrsg.), Statistisches Handbuch für den Maschinenbau.

Vogel-Verlag (Hrsg.), Umweltmarkt von A-Z 1991/92, Würzburg 1991.

Voss, G., Standort Bundesrepublik Deutschland. "IW-trends", Köln, Jg. 1992, Nr. 2, S. 43ff.

Wackerbauer, J., Der Umweltschutzmarkt: Zunahme des regionalen Wettbewerbs um Marktanteile. "Ifo-Schnelldienst" Berlin und München, Jg (1992), Heft 14.

Wagner, G.R., Unternehmung und ökologische Umwelt - Konflikt oder Konsens? In: ders. (Hrsg.) Unternehmung und ökologische Umwelt. München 1990, S. 12ff.

Weber, B., EG-Binnenmarkt und Umweltschutz aus der Sicht des Europäischen Parlaments. In: Der Minister für Umwelt, Raumordnung und Landwirtschaft des Landes Nordrhein-Westfalen, 1990, S. 67-72.

Wegehenkel, L., Coase - Theorem und Marktsystem. "Wirtschaftswissenschaftliche und wirtschaftsrechtliche Untersuchungen", Bd. 15, Tübingen 1980.

Weiss, H., Industrie und Umweltschutz im europäischen Wettbewerb. "Der Markenartikel", Wiesbaden, Jg. (1992), S. 166.

Welsch, J., Umweltschutz und regionale Beschäftigungspolitik. "WSI- Mitteilungen", Köln, 1985.

Wicke, L., Die ökologischen Millarden. Das kostet die zerstörte Umwelt - so können wir sie retten. München 1986.

Wicke, L., Haasis, H.D., Schafhausen, F., Schulz, W., Betriebliche Umweltökonomie. München 1992.

Wieselhuber, Dr. & Partner (Hrsg.), Ökologie-Management als strategischer Erfolgsfaktor. (Vorabauswertung einer Befragung von über 500 bundesdeutschen und österreichischen Unternehmen im Frühjahr 1992.) München 1992.

Wimmer, F. und Schuster, R., Ökologisches Marketing. In: Umweltbundesamt (Hrsg.), Nr. 11/1991.

Witte, H., Weinberger, M. und Willeke, R., Umweltschutzmaßnahmen und volkswirtschaftliche Rentabilität. (Berichte des Umweltbundesamtes, 4/92.) Berlin 1992.

Zieschank, R., Mediationsverfahren als Gegenstand sozialwissenschaftlicher Umweltforschung. "Zeitschrift für Umweltpolitik und Umweltrecht", Frankfurt a.M., Jg. (1991), S. 27ff.

Veröffentlichungen des Umweltbundesamtes

Umweltprobleme kleiner und mittlerer Betriebe in Gemengelagen - eine empirische Untersuchung

Berichte 5/90
Band I: Kommunale Handlungsstrategien
von Hanns Werner Bonny, Karl-Heinz Fiebig, Michael Happe, Ajo Hinzen, Deutsches Institut für Urbanistik • Im Auftrag des Umweltbundesamtes
II, 304 Seiten, 17 x 24 cm, kartoniert, DM 56,-, ISBN 3 503 03104 9

Berichte 6/90
Band II: Betriebliche Umweltschutzinvestitionen und Förderprogramme
von Hanns Werner Bonny, Karl-Heinz Fiebig, Michael Happe, Ajo Hinzen, Deutsches Institut für Urbanistik • Im Auftrag des Umweltbundesamtes
II, 260 Seiten, 17 x 24 cm, kartoniert, DM 49,-, ISBN 3 503 03105 7

Berichte 10/90
Umweltschutz bei Planung und Bau von Industrie- und Gewerbeanlagen
Von Wolfgang Henze, Ajo Hinzen, Heinz Pieper und Rainer Pohlenz, Büro für Kommunal- und Regionalplanung, Aachen • Im Auftrag des Umweltbundesamtes
IV, 346 Seiten, 17 x 24 cm, kartoniert, DM 76,-, ISBN 3 503 03176 6

Berichte 1/91
Planungsverfahren für Umweltfachpläne
Von Mathias Holst, Prognos AG, Berlin, Jochen Hoffmeister, Ulrich Potthoff, Heinrich Schoof, Johannes Stemmler und M. Wiemann, Universität Dortmund
XII, 358 Seiten, 17 x 24 cm, kartoniert, DM 74,-, ISBN 3 503 03201 0

Berichte 4/91
Die Nachfrage nach Umweltqualität in der Bundesrepublik Deutschland
Von Dr. Karin Holm-Müller, Hendrik Hansen, Michael Klockmann und Peter Luther, Institut für Stadtforschung und Strukturpolitik GmbH, Berlin
Herausgegeben vom Umweltbundesamt
XXII, 228 Seiten und 118 Seiten Anhang, 17 x 24 cm, kartoniert, DM 56,-, ISBN 3 503 03227 4

Berichte 12/91
Der Nutzen des Umweltschutzes
Synthese der Ergebnisse des Forschungsschwerpunktprogrammes "Kosten der Umweltverschmutzung/Nutzen des Umweltschutzes"
Von Prof. Dr. Alfred Endres, Prof. Dr. Jan Jarre, Prof. Dr. Paul Klemmer und Prof. Dr. Klaus Zimmermann
Im Auftrag des Umweltbundesamtes
II, 152 Seiten, 17 x 24 cm, kartoniert, DM 29,-, ISBN 3 503 03288 6

Berichte 2/92
Umweltschutz und Mittelstand
Modellversuch "Verstärkte Berücksichtigung mittelstandspolitischer Gesichtspunkte im Rahmen der Umweltpolitik"
Von der Forschungsgruppe "Umweltschutz und Mittelstand"
Gesamtfederführung: Dr. Reiner Beer, IHK Nürnberg. Fachliche Federführung: Dr. Andreas Troge, Institut für gewerbliche Wasserwirtschaft und Luftreinhaltung e. V. (IWL), Köln
Im Auftrag des Umweltbundesamtes
II, 178 Seiten und 44 Seiten Anhang, 17 x 24 cm, kartoniert, DM 46,-, ISBN 3 503 03296 7
Die in dem Modellversuch gewonnenen Erkenntnisse sollen es der staatlichen Umweltpolitik zukünftig ermöglichen, typische Besonderheiten mittelständischer Unternehmen verstärkt zu berücksichtigen.

Erich Schmidt Verlag • Berlin